Unternehmensführung im internationalen Kontext

mit Fallstudien, Übungsaufgaben und Lösungen

von

Prof. Dr. Thomas R. Hummel

Oldenbourg Verlag München

Bibliografische Information der Deutschen Nationalbibliothek

Die Deutsche Nationalbibliothek verzeichnet diese Publikation in der Deutschen Nationalbibliografie; detaillierte bibliografische Daten sind im Internet über <http://dnb.d-nb.de> abrufbar.

© 2011 Oldenbourg Wissenschaftsverlag GmbH
Rosenheimer Straße 145, D-81671 München
Telefon: (089) 45051-0
oldenbourg.de

Lektorat: Dr. Jürgen Schechler
Herstellung: Constanze Müller
Coverentwurf: hauser lacour www.hauserlacour.de
Gedruckt auf säure- und chlorfreiem Papier
Gesamtherstellung: Grafik + Druck GmbH, München

ISBN 978-3-486-70248-4

Vorwort

Der vorliegende Band behandelt insbesondere für deutsche Unternehmen ein äußerst aktuelles Thema. Die Internationalisierung und Globalisierung sozialer, ökonomischer und politischer Aktivitäten gewinnen seit vielen Jahren an zunehmender Bedeutung; sie finden sowohl in der Unternehmenspraxis als auch in der wissenschaftlichen Diskussion ihren Niederschlag. Neue Herausforderungen ergeben sich nicht zuletzt durch die Osterweiterung der Europäischen Union, seit Anfang des Jahres 2004. Interkulturelles Management stellt sich so als Herausforderung für die Unternehmensführung dar.

Dabei zeichnet sich in wirtschaftlicher Hinsicht immer mehr ab, dass ein erfolgreiches Agieren im internationalen Umfeld besondere Anforderungen an die betroffenen Manager stellt. Diese Anforderungen beziehen sich dabei nicht nur auf „harte" betriebswirtschaftliche Faktoren, sondern insbesondere auf die immer wichtiger werdenden „weichen" Faktoren. Hierzu zählen vor allem die kulturellen Voraussetzungen, unter denen wirtschaftliches Handeln stattfindet. Interkultureller Personalarbeit kommt vor diesem Hintergrund zukünftig verstärkte Bedeutung zu.

Insgesamt bietet der Band damit eine fundierte Auseinandersetzung zur Beantwortung wichtiger Fragen interkultureller Differenzen von Managementhandeln.

Unternehmen sind immer öfter gezwungen, Führungskräfte ins Ausland zu senden. Gründe dafür gibt es verschiedene: Die Globalisierung der Märkte, länderübergreifende Projekte, Besetzung von Schlüsselpositionen, Know-how-Transfer, Management Development oder fehlende Fachkräfte in den ausländischen Niederlassungen.

Personalleitung und Management werden vor eine schwierige Entscheidung gestellt, da die Auserwählten oft wichtige Aufgaben erfüllen sollen und ein Scheitern der Entsendung tief greifende Folgen haben kann. Die Auswahl muss daher gut durchdacht werden und auf den richtigen Kriterien beruhen. Eine Reihe von Auswahlkriterien muss bei der Entsendung besonders beachtet werden und auch die Vorbereitung wird häufig unterschätzt. Der Aufenthalt in einem fremden Land bringt für den Entsendeten immer persönliche Vorteile, allerdings muss auch mit erheblichen Nachteilen gerechnet werden. Oft bereiten die Unterschiede des Gastlandes zum Heimatland große Schwierigkeiten. Auch die Wiedereingliederung darf nicht unterschätzt werden. Probleme können hier von Fall zu Fall unterschiedlich stark ausgeprägt auftreten. Manchmal ist nur durch Unterstützung des Unternehmens eine volle Reintegration möglich.

Vor diesem Hintergrund bietet der vorliegende Band eine Reihe von Anregungen und Vertiefungsmöglichkeiten für praktisches Managementhandeln. Die einzelnen Kapitel zu zentralen internationalen Bereichen sind so konzipiert, dass auch der Nicht-Fachmann einen fundierten Überblick über das jeweilige Fachgebiet erhält. Es werden alle für erfolgreiches internationales Handeln relevanten Bereiche erfasst und analysiert.

Nachdem mittlerweile flächendeckend an bundesdeutschen Hochschulen Bachelor- und Masterstudiengänge mit dem Schwerpunkt „Internationales Management" angeboten werden, kann der vorliegende Band auch hier gewinnbringend eingesetzt werden. Speziell zur Überprüfung der jeweiligen Kapitelinhalte werden daher für jedes Kapitel Lernziele formuliert, die am Ende durch die Beantwortung von Übungsfragen überprüft werden können.

Das umfangreiche Stichwortverzeichnis sowie ein ausführliches Literaturverzeichnis lassen das Buch zudem zu einem Nachschlagewerk und Handbuch für Studium und Praxis werden. Auftauchende Fachbegriffe oder Fragestellungen sowie die vertiefende Auseinandersetzung mit Fragen des internationalen Managements lassen sich damit rasch klären.

Fulda/Hamburg   Thomas R. Hummel

Inhalt

Vorwort   V

Einleitung: Einige Rahmendaten zur Internationalisierung von Unternehmen   1

1   Internationales Management – Neuere Entwicklungen   5

1.1   Entwicklung der Unternehmensstrategie...5
1.1.1   Internationales Projektmanagement 5
1.1.2   Bildung von internationalen Kompetenzzentren 6
1.1.3   Interkulturelle Rahmenbedingungen 6

1.2   Übungsaufgaben zur Selbstkontrolle..11

2   Beiträge des Personalwesens   13

2.1   Grundlagen des internationalen Personalmanagements 14

2.2   Internationales Personalmanagement als Managementaufgabe..................15

2.3   Übungsaufgaben zur Selbstkontrolle..17

3   Internationales Management als Herausforderung
        für die Unternehmungsführung   19

3.1   Auswirkungen durch Europäisierung und Globalisierung..........................20
3.1.1   Arbeitgeber und Gewerkschaften 20
3.1.2   Globalisierung und Wirtschaft..21
3.1.3   Globalisierung und Gesellschaft...23
3.1.4   Reales Bild der Globalisierung..24
3.1.5   Globalisierung und Politik...25

3.2   Steuer- und Finanzpolitik 26

3.3   Rentenversicherung 27

3.4   Tarifpolitik...27

3.5   Arbeitsmarktpolitik 28

3.6   Bildungspolitik 29

3.7   Zum Stand der Ausbildungs- und Fähigkeitsnachweise in Deutschland 37

3.8   Übungsaufgaben zur Selbstkontrolle..41

4   Konsequenzen für die (internationale) Personalentwicklung   43

4.1   Fachliche Qualifikationen 45

4.2   Überfachliche Qualifikationen 46

4.3   Organisationsstruktur 47
4.3.1   Unternehmenskultur 48
4.3.2   Personalrekrutierung 49
4.3.3   Zusammenfassung.. 50

4.4   Übungsaufgaben zur Selbstkontrolle 51

5   Abkehr vom Zentralismus   53

5.1   Internationales Qualifikationsprofil 54

5.2   Einflussfaktoren auf den Unternehmenserfolg...................................... 56

5.3   Übungsaufgaben zur Selbstkontrolle 58

6   Kulturelles und politisches Umfeld   59

6.1   Internationale Zusammenarbeit und Kultur 60

6.2   Der Stellenwert internationaler Organisationen 60

6.3   Übungsaufgaben zur Selbstkontrolle 61

7   Interkulturelle Personalarbeit   63

7.1   Vorbemerkung – der Status-Quo 63
7.1.1   Eigenarten nicht unterschätzen.. 63
7.1.2   Angleichung und Zentralismus kein Allheilmittel 64

7.2   Vorbereitung des Personals auf Auslandseinsätze-Entsendungsprobleme 67

7.3   Einflussfelder internationaler Unternehmensstrukturen......................... 70

7.4   Methodische Ansätze zur Anforderungsanalyse..................................... 73

7.5   Beurteilungskriterien für internationale Positionen............................... 77

7.6   Recruitment für internationale Positionen.. 81

7.7   Remuneration für internationale Positionen.. 84

7.8   Übungsaufgaben zur Selbstkontrolle 86

8   Nachhaltiges Management im globalen Wettbewerb   87

8.1   Auslandseinsatz: Entwicklungsperspektiven und Arbeitsverhalten –
        Ergebnisse empirischer Untersuchungen 88
8.1.1   Die IW-Umfrage 90
8.1.2   Die IFIM-Studie... 92
8.1.3   Die Studie der Ernst & Young AG 93

8.2	Kosten werden unterschätzt	93
8.2.1	Mitarbeiterförderung tritt in den Hintergrund – Wirtschaftlicher Nutzen hat Priorität	94
8.2.2	Die Vorbereitung auf das Ausland: Sprung ins kalte Wasser	94
8.2.3	Karriereknick statt Karrierekick	94
8.2.4	Die Ergebnisse der Organization Resources Counselors (ORC) Worldwide Studie	95
8.2.5	Entsendungsdauer	95
8.2.6	Expatriate-Vergütung	96
8.2.7	Intra-europälsche Transfers	97
8.2.8	Übungsaufgaben zur Selbstkontrolle	98

9 Die Bedeutung internationaler Teams – der Ansatz von Hofstede 99

9.1	Problemstellung	99
9.2	Kultur und Kulturunterschiede – der Ansatz von Hofstede	100
9.3	Zur Notwendigkeit der Bildung internationaler Teams	102
9.3.1	Herausforderungen an internationale Teams	103
9.3.2	Interkultureller Lernprozess für multinationale Arbeitsteams	103
9.3.3	Effektivität von multikulturellen Teams	104
9.3.4	Die Phasen der Teamentwicklung	105
9.3.5	Leitung multikultureller Teams	105
9.3.6	Situationsbezogene Leitung	106
9.3.7	Management von Machtbeziehungen	108
9.3.8	Fazit	109
9.4	Zusammenfassung – 7 Thesen	110
9.5	Übungsaufgaben zur Selbstkontrolle	111

10 Organisationsstrukturen internationaler Unternehmungen 113

10.1	Determinanten der Organisationsstruktur internationaler Unternehmen	113
10.2	Unspezifische Organisationsstrukturen internationaler Unternehmungen	115
10.3	Segregierte Organisationsstrukturen internationaler Unternehmungen: Die internationale Division	116
10.4	Integrierte Organisationsstrukturen internationaler Unternehmungen	118
10.5	Eindimensionale integrierte Strukturen	119
10.5.1	Integrierte Funktionalstrukturen	119
10.5.2	Integrierte Geschäftsbereichs- und Produktstrukturen	120
10.5.3	Integrierte Regionalstrukturen	122
10.6	Mehrdimensionale integrierte Strukturen	123
10.6.1	Hybride Organisationsstrukturen	124
10.6.2	Holdingstruktur	125
10.6.3	Projektorganisation	126

10.7   Zusammenfassung 127

10.8   Übungsaufgaben zur Selbstkontrolle 128

11   Besonderheiten der Zusammenarbeit mit den Ländern Osteuropas –
das Beispiel Polen   129

11.1   Engagement in Osteuropa – deutsche Hilfe bei der Transformation 129
11.1.1   Einige Hintergrundinformationen 130

11.2   Kultureller Hintergrund 131
11.2.1   Machtdistanz 131
11.2.2   Meiden von Unsicherheit 133
11.2.3   Kollektivität versus Individualität 133
11.2.4   Männlichkeit versus Weiblichkeit 134
11.2.5   Sprache, Ausbildung und Arbeit 135
11.2.6   Situation der Gewerkschaften 136

11.3   Personalpolitische Strategien 137
11.3.1   Strategische Annäherung 137
11.3.2   Sprache 137
11.3.3   Ausbildungsstrategien 137
11.3.4   Annäherung an die polnische Kultur 138
11.3.5   Auswahl und Einstellung 138
11.3.6   Training und Entwicklung 139
11.3.7   Belohnung und Vergütungen 139

11.4   Weiterbildung osteuropäischer Führungskräfte und ihre Bedeutung
im Transformationsprozess 140
11.4.1   Die organisatorischen Rahmenbedingungen: Lernort, Lehr- und Lernformen 141
11.4.2   Qualifizierungsprogramme und -ziele: Exemplarische Beispiele 142
11.4.3   Zusammenfassung 145

11.5   Übungsaufgaben zur Selbstkontrolle 147

12   Besonderheiten der Zusammenarbeit mit Ländern Westeuropas –
das Beispiel Frankreich   149

12.1   Interkulturelles Management – Ziele und Fakten 149
12.1.1   Ein deutsch-französisches Spezialthema? 150
12.1.2   Chancen der Komplementarität 150
12.1.3   Wirtschaft und Kultur sind untrennbar 151
12.1.4   Entscheidend sind die Personen 151

12.2   Unternehmenskultur – Hindernis bei Fusionen 152
12.2.1   Der Mittelstand als Beispiel 152
12.2.2   Unternehmenskultur vor Nationalität 153
12.2.3   Ist das interkulturelle Management überholt? 153
12.2.4   Plurikulturelle Ansätze und praktische Lösungen 154
12.2.5   Zusammenarbeit zwischen Lehre und Praxis 154

12.3   Interkulturelles Management aus deutsch-französischer Sicht..............................155

12.4   Gescheiterte Fusionen 156
12.4.1   Mitarbeiter frühzeitig einbeziehen 156
12.4.2   Erfahrungen mittelständischer Unternehmen 157
12.4.3   Bausteine einer interkulturellen Theorie 157
12.4.4   Zusammenarbeit zwischen Lehre und Praxis 158
12.4.5   Weltweite interkulturelle Vernetzung 159
12.4.6   Stufen kultureller Identität..159
12.4.7   Fach-, Sprach- und Landeswissen 160
12.4.8   Praktische Umsetzung im Unternehmen 160
12.4.9   Interkulturelles Schulungskonzept 161

12.5   Übungsaufgaben zur Selbstkontrolle...161

13   Besonderheiten der Auslandsentsendung nach Asien   163

13.1   Vorbemerkung 163

13.2   Personalmanagement..164
13.2.1   Personalbeschaffung vor Ort 164
13.2.2   Besetzung von Führungspositionen..165
13.2.3   Personalführung und Anreizgestaltung..168

13.3   Personalentwicklung 169

13.4   Darstellung von Institutionen der Außenwirtschaftsförderung............................170
13.4.1   Integrierter Beratungsdienst für die Privatwirtschaft in den Partnerländern 170
13.4.2   Leistungsspektrum der Industrie- und Handelskammern 171
13.4.3   Der Ostasiatische Verein e.V. 171
13.4.4   Die Deutschen Industrie- und Handelszentren in Asien 172
13.4.5   Leistungen der Wirtschaftsabteilungen der Vertretungen 173
13.4.6   Die Auslandshandelskammern und Delegiertenbüros der Deutschen Wirtschaft...173
13.4.7   Die Bundesstelle für Außenhandelsinformationen 173
13.4.8   Bewertung der Außenwirtschaftsförderung...174
13.4.9   Übungsaufgaben zur Selbstkontrolle...175

14   Besonderheiten der Zusammenarbeit mit den USA   177

14.1   Rekrutierung von Führungskräften in den USA...177
14.1.1   Das Kandidatenprofil 178
14.1.2   Die Firmendarstellung...179
14.1.3   Die Kandidatensuche...180
14.1.4   Kandidatenresumes 181
14.1.5   Offer of Employment 182
14.1.6   6 Monate Follow-Up 183

14.2   Übungsaufgaben zur Selbstkontrolle...184

15   Zusammenfassung und Ausblick   187

16   Lösung der Übungsaufgaben   195

17   Glossar   207

Literaturverzeichnis   213

Fachzeitschriften   219

Internet-Adressen   221

Stichwortverzeichnis   223

Einleitung: Einige Rahmendaten zur Internationalisierung von Unternehmen

Die Internationalisierung von Unternehmen ist ein Thema, das seit einigen Jahren in der breiten Öffentlichkeit immer intensiver diskutiert wird. Diese Diskussion ist geprägt von gegensätzlichen Positionen: Von den einen wird Internationalisierung resp. Globalisierung gleichgesetzt mit Bedrohung und sozialer Kälte. Die anderen sehen Globalisierung als entscheidenden Schritt zu internationaler Wettbewerbsfähigkeit.

Wie sieht die Realität aus? Tatsache ist, dass die heutige Internationalisierung der Märkte einen Grad erreicht hat, der noch vor zwei Jahrzehnten nicht vorstellbar war. International tätige Unternehmen treffen heute in allen Regionen auf dieselben Wettbewerber. Gleichzeitig haben viele Regionen dieser Welt rasante wirtschaftliche Entwicklungen vollzogen: Fernost und Lateinamerika sind nur zwei Beispiele. Auch in Ost-Europa werden durch die Integration in die Europäische Union im Jahre 2004 in den kommenden Jahren die gestarteten Aufholprozesse große Dynamik zeigen (Vgl. Hummel/Steger/Wagner 2008).

Niedrige Transportkosten und neue Informationstechnologien beschleunigen den globalen Handel und damit die Angleichung von Kundenwünschen sowie Wissensstandards. Informationsvorsprünge messen sich heute nicht mehr in Jahren, sondern in Minuten. Was sich verändert hat, sind nicht so sehr die Produkteigenschaften wie Qualität, Design, Preis, etc. Die Rahmenbedingungen des Wettbewerbs haben sich fundamental gewandelt. Die gesamte Wertschöpfungskette eines Produktes wird heute global betrachtet. Daraus können Kostenvorteile erwachsen. Durch die schnellen Wege der Informationsbeschaffung wird für den Kunden die Transparenz weltweit erhöht, d.h. Differenzierungsspielräume bei Produktkonditionen werden kleiner und der Wettbewerb findet in anderen Feldern statt: Innovation, Kosten und Service/added value.

Globale Unternehmen haben die Fähigkeit, ihren Kunden weltweit die gleiche Leistungspalette zur Verfügung zu stellen. Diese Fähigkeit setzt voraus, dass die erforderlichen Kernkompetenzen entlang der Wertschöpfungskette von Forschung und Entwicklung über die Produktion bis zum Vertrieb global ausgerichtet und optimiert werden (vgl. Macharzina/Oesterle (Hrsg., 2002) sowie Söllner 2009).

> **Merke:** **Globalisierung der Geschäftsprozesse ist kein Gegensatz zur Beachtung regionaler oder lokaler Unterschiede in den jeweiligen Märkten. Globales Management hat nicht das Ziel einer Zentralisierung aller Geschäftsprozesse. Im Gegenteil: Es geht auch um eine konsequente Nutzung von lokalen Stärken. Diese können sich beziehen auf das lokale oder regionale Geschäft, aber auch auf Know-how, das für das gesamte Unternehmen von Bedeutung ist.**

Anzustreben ist ein vernünftiges Gleichgewicht zwischen globalen und lokalen Prozessen. Global heißt, Kernkompetenzen durch den Aufbau von Netzwerken und globalen Teams zu bündeln, vorhandene Kapazitäten weltweit zu optimieren sowie mentale und kulturelle Unterschiede für Synergien zu nutzen.

Nach einem langen Boom schaltete der weltweite Waren- und Kapitalverkehr ab 2001 zeitweise einen Gang zurück. Inzwischen nimmt die Globalisierung wieder Fahrt auf. Die Kritiker der internationalen Arbeitsteilung haben die Atempause jedoch nicht genutzt, um ihre oft widersprüchlichen Ansichten zu überdenken. Die Globalisierung schien lange wie ein Selbstläufer – seit den achtziger Jahren war der grenzüberschreitende Strom aus Gütern und Kapital unaufhörlich angeschwollen. Die Krise der New Economy und einschneidende Ereignisse wie die Anschläge vom 11. September 2001 haben die Globalisierung jedoch vorübergehend gebremst.

Deutsche Unternehmen, die mit einem Bein im Ausland stehen, beurteilen ihre eigene Wettbewerbsstärke wesentlich positiver als Firmen, die nur im Inland produzieren und auch keine Geschäftsbeziehungen mit Fremden pflegen. Hiesige Standortnachteile lassen sich durch ein Auslandsengagement offenbar dadurch abmildern, dass man heimische Stärken mit Vorteilen anderswo kombiniert – etwa geringeren Arbeitskosten. Zu diesem Ergebnis kommt eine Befragung des Instituts der deutschen Wirtschaft Köln bei 633 Unternehmen. Nicht jammern, sondern Ärmel aufkrempeln und die Reformaufgaben anpacken, müsste eigentlich die Devise der Politik in der momentan verfahrenen wirtschaftlichen Situation heißen. Die Mängelliste für den Standort Deutschland ist lang – angefangen von den hohen Arbeitskosten über die Bildungsmisere bis hin zu den maroden Sozialsystemen. Deutschlands Unternehmen haben sich davon allerdings bislang nicht unterkriegen lassen – und sich selbst einem Fitnessprogramm unterzogen. Unrentable Bereiche wurden aufgegeben – oder ins Ausland verlagert, wo dank niedrigerer Kosten aus dem Verlustbringer oft doch noch ein Gewinngeschäft wurde. Insofern verwundert es nicht, dass immerhin 60 Prozent der vom IW befragten Firmen ihr eigenes Unternehmen für wettbewerbsfähig halten, ein Fünftel davon sogar für „sehr" wettbewerbsfähig. Nur 7 Prozent kommen in ihrem Umfeld derzeit nicht klar.

Auch die eigene Branche steht einer knappen Mehrheit der Befragten zufolge – trotz aller Widrigkeiten – nach wie vor am Markt gut da. Wobei aber viele Betriebe ihre Konkurrenz als langsamer einstufen. Nur so lässt sich erklären, dass die eigene Wettbewerbsfähigkeit im Durchschnitt höher eingeschätzt wird als die der gesamten Branche.

Vor allem die Chemische und die Kunststoff verarbeitende Industrie strotzen geradezu an Wettbewerbskraft – es gibt hier nur wenige, die glauben, die Branche sei „abgemeldet". Weniger optimistisch ist dagegen das Bau- und Ausbaugewerbe – kein Wunder, denn Geschäfte und Beschäftigung laufen seit Jahren schlecht. Der Mittelstand fühlt sich in seiner Haut nicht ganz so wohl wie die größeren Unternehmen. Von den Kleinstbetrieben mit maximal neun Beschäftigten beurteilen lediglich 40 Prozent ihre Konkurrenzposition als gut, bei mittelgroßen Unternehmen sind es bereits 50 Prozent und bei Großunternehmen mit mehr als 500 Beschäftigten rund drei Viertel.

Auf der Suche nach den Gründen für das geringere Selbstbewusstsein der Kleinen sticht sofort ein anderes Ergebnis der Umfrage ins Auge. Wer die Globalisierungskarte spielt, indem er etwa eine Produktions- oder Vertriebsstätte im Ausland errichtet, hat ein besseres Blatt. Acht von zehn Firmen, die in die Fremde gehen, stufen sich als konkurrenzfähig ein. Augenscheinlich schlagen sie so den Handikaps am heimischen Standort ein Schnippchen. Wer viel ins Ausland verkauft, hat von seiner eigenen Firma ebenfalls eine bessere Meinung: So finden sich acht von zehn Unternehmen top, die mehr als die Hälfte ihres Umsatzes im Ausland machen. Mit Recht: Denn sie setzen sich ja erfolgreich gegen die ausländischen Konkurrenten durch. Von den Firmen, die weniger als 10 Prozent exportieren, schätzen dagegen lediglich sechs von zehn ihre eigene Wettbewerbsfähigkeit als gut ein.

Es sind aber eher die großen Unternehmen, die über internationale Geschäftskontakte oder Tochterfirmen im Ausland verfügen (vgl. Schmeisser/Hummel (Hrsg., 2009).

Von Kleinstunternehmen haben knapp 10 Prozent Produktions- oder Vertriebsstätten im EU-Ausland, bei den Großunternehmen sind es über 80 Prozent. Jeweils ähnlich viele Mittelständler und Konzerne haben Ableger jenseits der EU-Grenzen. Nicht ganz so krass fällt der Unterschied bei den Geschäftskontakten aus – auch kleine Firmen bewegen sich längst nicht mehr nur innerhalb der bundesdeutschen Grenzen. Unternehmen, die auf internationalen Märkten mitmischen, empfinden die heimischen Standortmängel indes als weniger störend. Man kann ja ausweichen – dorthin, wo bestimmte Teile billiger herzustellen sind, oder wo der Vertrieb kostengünstiger arbeitet als im Inland. Von solchen Ausweichstrategien profitiert dann die ganze Firma beziehungsweise Branche – und macht so die Jobs in Deutschland sicherer.

> **Merke:** **Globalisierung der Geschäftsprozesse ist kein Gegensatz zur Beachtung regionaler oder lokaler Unterschiede in den jeweiligen Märkten**

Globales Management hat nicht das Ziel einer Zentralisierung aller Geschäftsprozesse. Im Gegenteil: Es geht auch um eine konsequente Nutzung von lokalen Stärken. Diese können sich beziehen auf das lokale oder regionale Geschäft, aber auch auf Know-how, das für das gesamte Unternehmen von Bedeutung ist (vgl. Hummel (Ed., 2004).

Anzustreben ist ein vernünftiges Gleichgewicht zwischen globalen und lokalen Prozessen. Global heißt, Kernkompetenzen durch den Aufbau von Netzwerken und globalen Teams zu bündeln, vorhandene Kapazitäten weltweit zu optimieren sowie mentale und kulturelle Unterschiede für Synergien zu nutzen.

Charakterisierung internationales Management

Unternehmensführung unter folgenden Bedingungen:

1. Operationsgebiet der Unternehmung reicht über die Grenze des eigenen Staatsgebietes (Stammland) hinaus.
2. Einsatz und Koordination personeller sowie sachlicher Ressourcen erfolgen grenzüberschreitend.
3. Zielbezogene Kommunikation mit ausländischen Interaktionspartnern ist erforderlich.

1 Internationales Management – Neuere Entwicklungen

Lernziele

Nach dem Studium dieses Kapitels sollten Sie in der Lage sein:

- die Bedeutung der Internationalisierung für Unternehmens zu erkennen,
- den Handlungsrahmen, dem international operierende Unternehmen ausgesetzt sind, kritisch bestimmen zu können.

Als typische Beispiele globaler Managementprozesse sollen nachfolgend folgende Aufgabenfelder betrachtet werden:

1. Entwicklung der Unternehmensstrategie
2. Internationales Projektmanagement
3. Bildung von internationalen Kompetenzzentren

1.1 Entwicklung der Unternehmensstrategie

Die Unternehmensstrategie ist der Rahmen, in dem sich alle Einzelprozesse abspielen. Die Festlegung einer solchen Strategie sollte in der Regel ein global organisierter Prozess sein. Ihre Umsetzung erfordert jedoch sehr oft zumindest teilweise regional durchgeführte Prozesse.

Strategieentwicklung wie ihre Umsetzung sollte das internationale Management einbeziehen. Die Integration des internationalen Managements in den Strategieprozess hat nicht nur den Vorteil einer hohen Entsprechung von Strategie und operativem Handeln, sondern hat darüber hinaus auch einen großen Identitätsstiftenden Effekt (vgl. Morschett/Schramm-Klein/Zentes 2009).

1.1.1 Internationales Projektmanagement

Ein Kennzeichen der Globalisierung ist die zunehmende Komplexität der zu bearbeitenden Aufgaben. Ihre Lösung ist häufig nur mit internationalen Teams möglich, die fallweise für bestimmte Projekte zusammengesetzt werden. Globale Teams integrieren Mitarbeiter aus verschiedenen Landesgesellschaften. Hierfür sind zum einen klare Steuerungs- und Verantwortungsprinzipien im Rahmen eines internationalen Projektmanagements, zum anderen eine hohe Flexibilität und Teamfähigkeit der betreffenden Mitarbeiter notwendig (vgl. Hummel 2001).

1.1.2 Bildung von internationalen Kompetenzzentren

Die Leistungs- und Innovationsfähigkeit von Unternehmen hängt davon ab, jeweils auf die höchsten Wissens- und Informationsstandards zurückgreifen zu können und sie möglichst schnell in anwendungsreife Technologien oder marktfähige Produkte umzusetzen. Hierzu kann es sinnvoll sein, Kompetenzzentren zu bilden und ihnen gleichzeitig auch die globale Verantwortung für bestimmte Teilprozesse zu übertragen. Dies erfordert von den Mitarbeitern in den Kompetenzzentren u.a. gute Kenntnisse internationaler Standards und Kundenbedürfnisse

1.1.3 Interkulturelle Rahmenbedingungen

Trotz verstärkter Globalisierung ist die Bedeutung nationaler Eigenarten stark (Vgl. Apfelthaler 1999). Manchen geht die gegenwärtige Liberalisierung schon zu weit. Nach Meinung des langjährigen Chefökonoms der OECD, Henderson, wollen die Menschen ihre Besitzstände wahren und sich durch spezielle Bevorzugung Vorteile erringen. In Deutschland so z.B. die Gewerkschaften: Sie wollen ihre Besitzstände wahren, haben eine sehr starke Position und wollen nicht in die Situation wie in Ostdeutschland geraten, wo es mehr Wettbewerb auf dem Arbeitsmarkt gibt. Henderson wendet sich gegen zu viele Regulierungen und Kontrollen, denn die Weltwirtschaft hat eine unglaubliche, nicht zu managende Komplexität; Henderson führt aus: „Gerade deshalb ist es so wichtig sicherzustellen, dass die Märkte richtig funktionieren. Es bereitet mir große Sorgen, wenn Leute anfangen, von der Notwendigkeit einer globalen Regierung zu sprechen."

Bereits auf der Welthandelskonferenz in Singapore und jüngst in Doha wandten sich die Entwicklungsländer gegen Mindestbedingungen der sozialen Standards und des Umweltschutzes. Die Armenländer und die ärmsten Bevölkerungsschichten würden ihrer Chancen beraubt. Unverständlich, für viele, im Namen der Menschenrechte Forderungen zu erheben, die durch formelle Gleichbehandlungen und Regulierungen mehr Schaden anrichten als Nutzen bringen.

Die engere Zusammenarbeit treibt auch auf internationalem Gebiet die Personalführung als wichtige Teilfunktion der Unternehmensführung nach vorne (vgl. Schmeisser/Krimphove 2010).

Merke:	Wird die Unternehmensführung von den Unternehmenszielen und den daraus abgeleiteten unternehmenspolitischen Strategien bestimmt, so verkörpert die Personalpolitik wiederum einen bedeutenden Teilbereich der Unternehmenspolitik. Personalführung erfolgt primär durch Führungskräfte.

Eine gute Personalführung kann stark erleichtert werden, wenn innerhalb eines Unternehmens ein verbindlicher Handlungsrahmen und anerkannte Maximen der Zusammenarbeit vorliegen. Eine funktions- und leistungsfähige Personalführung hat einen hohen Stellenwert für den langfristigen Unternehmenserfolg, ihre Prinzipien gehören zum Kernbereich der Unternehmensführung bei (inter)national tätigen Unternehmen (vgl. Dülfer/Jöstingmeier 2008).

Kaum ein multinationales Unternehmen hat noch ein nationales Zentralmanagement. Vertreter aus wichtigen Ländern werden in die obersten Führungsetagen berufen. Für die Personalführung gelten aber einige Besonderheiten.

Personalpolitik und Personalführung müssen auf unterschiedliche Sitten, Gewohnheiten, Erfahrungen und Ansprüche der Mitarbeiter der Landesunternehmen Rücksicht nehmen und vom Grundsatz her dezentral ausgerichtet sein. Der Einfluss der Zentrale sollte sich auf Grundsätze der Personalpolitik und auf Probleme beschränken, die mehrere Länder gleichzeitig betreffen; Entscheidungen sollten nach übergreifenden Gesichtspunkten dort gefällt werden, wo die größte Sachkenntnis vorhanden ist (vgl. Fritz 2001).

Multinationale Unternehmen brauchen zur Investitionsplanung und Finanzierung ein Mindestmaß an Zusammenhalt, ohne das die Unternehmensstruktur zerfallen würde.

Große Unternehmen besetzen Führungspositionen meist aus den eigenen Reihen, internationale Chancengleichheit wird forciert, weibliche Führungskräfte werden berücksichtigt: Auslandserfahrungen und die Fähigkeit, sich in andere Kulturkreise einzuleben, werden immer wichtigere Qualifikationen für Führungspositionen (vgl. Deutsche Gesellschaft für Personalführung (Hrsg., 1995).

Die gesellschaftliche und politische Globalisierung erhöht die Kontakte zwischen Personen unterschiedlicher Kulturzugehörigkeit. Die grenzüberschreitende Bevölkerungsmigration in den westlichen Industrienationen steigt z.T. stark an und verstärkt die Bildung multiethnischer und multikultureller Bevölkerungsstrukturen. Interkulturelle Kontakte werden damit unvermeidbar, die Angehörigen der verschiedenen Kulturen und ethnischen Gruppen müssen lernen, sich auf die jeweils andere Identität einzustellen. Durch die Entstehung ländergrenzenübergreifender politischer Gebilde wie EU, NAFTA, NATO schwächt sich die nationale Identität zusätzlich ab. Der politische Bedeutungsrückgang des Nationalstaats fördert grenzüberschreitende Begegnungen unterschiedlicher Kulturen ebenso wie die weitere Migration ethnischer Bevölkerungsgruppen.

> **Merke:**　　　　**In Zukunft wird das Zusammenleben der Menschen stärker als ‚je zuvor vom erfolgreichen Umgang mit kulturellen Unterschieden abhängen. Fast in allen Lebensbereichen reift die interkulturelle Kompetenz der Menschen zu einer Schlüsselqualifikation heran.**

Bikulturell kompetent ist derjenige, der die fremde Kultur soweit verstanden hat, dass er die Erwartungen, Verhaltensweisen und Reaktionen ihrer Mitglieder ähnlich gut vorhersehen bzw. nachvollziehen kann wie die seiner eigenen Kultur und weiß, wie er sich selbst in bestimmten Situationen verhalten muss. Interkulturelle Kompetenz impliziert dabei eine auf neue Länder und Gesellschaften übertragbare Lernerfahrung der Erschließung anderer Kulturen.

> **Merke:**　　　　**Interkulturelles Management beschäftigt sich mit den kulturbedingten Unterschieden in Arbeitsorganisationen sowie im Führungs- und Arbeitsverhalten der Menschen.**

In jeder Kultur gibt es klare Erwartungen, wie Vorgesetzte und Untergebene miteinander umgehen sollten. Obwohl jede Führungskraft ihren eigenen persönlichen Stil entwickelt, wird sie nur anerkannt und erfolgreich sein, wenn ihr Stil wichtigen Erwartungen der Kultur nicht dauerhaft zuwiderläuft (vgl. Hummel/Jochmann 1998).

Neben Verständnis von Arbeitsverhältnissen und Geschäftsbeziehungen, Planung und Entscheidungsfindung etc., ist Personalführung in unterschiedlichen Kulturen aber nur ein Gegenstand des interkulturellen Managements (vgl. Hummel/Zander 2002). Menschliches Handeln findet im Rahmen kulturell geprägter Vorstellungen statt; die Mitarbeiterorientierung eines Unternehmens und die Qualität seiner Human Ressourcen zählen daher zu den wichtigsten Quellen des Unternehmenserfolges. U.a. bei international tätigen Unternehmen, deren Erfolg auf Auslandsmärkten wesentlich vom Einsatz auslandsorientierter und international erfahrener Führungskräfte und Mitarbeiter abhängt.

Für die Stabilität eines multinationalen Unternehmens müssen gemeinsame Prinzipien der Personalführung für die obere Führungsebene vorhanden sein. Im Idealfall könnte das obere Management so geführt werden, dass nur die Vorteile verschiedener Stilvarianten zur Geltung kämen, doch das multinational besetzte Management gibt es bislang relativ selten. Sind aber herausragende Führungskräfte vorhanden, ist es sinnvoll, sie anzustreben (vgl. Launer 2006).

Dies hätte u.a. zur Konsequenz, dass das Management-Development des multinationalen Unternehmens den Führungsnachwuchs aller Tochtergesellschaften systematisch erfasst und in Förderprogramme mit internationalem Wechsel zwischen verschiedenen Führungspositionen einschließt. In der Realität werden meistens Angestellte des Stammhauses für eine bestimmte Zeit zu den Landesgesellschaften entsandt. Diese Praxis hat nicht nur historische Gründe. Das in vielen Ländern fehlende Know-how der Mitarbeiter wich in letzter Zeit einer Verbesserung des Ausbildungsstandes, so dass der Anteil der Expatriates eher abnehmen dürfte. Ganz zu schweigen von den zunehmenden Schwierigkeiten, genügend inländische Mitarbeiter zu finden, die ins Ausland gehen wollen (vgl. Macgarzina/Wolff 1996).

Merke:	**Man wird den kulturellen und gesellschaftlichen Bedingungen der einzelnen Länder am besten gerecht, wenn die Geschäftsführung der Landesgesellschaften Führungskräften des jeweiligen Landes übertragen wird, soweit die fachlichen und Führungsmäßigen Voraussetzungen vorhanden sind.**

Das nationale Management sollte die Prinzipien der Personalführung im Hinblick auf kulturelle Besonderheiten (z.B. Bedürfnisstrukturen, Einstellung zur Arbeit) modifizieren. Manchmal scheint die internationale Zusammenarbeit so weit fortgeschritten, dass Probleme der Kulturen in den Hintergrund getreten sind. Diese Entwicklung gilt aber von Ausnahmen abgesehen noch nicht oder wird auch in absehbarer Zeit nicht realisiert werden.

Anhaltspunkte, dass sich Kulturen mit der Zeit international nähern, gibt es kaum. Unterschiede in den Werten – bereits vor Jahrhunderten beschrieben – gelten trotz fortdauernder intensiver Kontakte bis heute. Es entsteht sogar der Eindruck, dass die Unterschiede innerhalb eines Landes immer größer werden, dass sich ethnische Gruppen ihrer Identität erneut bewusst werden und politische Anerkennung fordern.

Merke:	**Multinationale Unternehmen agieren in Ländern mit unterschiedlichen Wirtschafts- und Gesellschaftsstrukturen, auf die sie ebenfalls Rücksicht nehmen müssen.**

Auch internationale Organisationen, z.B. die UNO oder die EG, versuchen, Rahmenvorschriften auf bestimmten Rechtsgebieten zu erfassen, wovon abzuraten ist.

Insgesamt handelt es sich um den Versuch, einheitliche Maßstäbe bzw. Vorschriften festzulegen, die für alle Länder und Unternehmen gleichermaßen gelten sollen. Den politischen, gesellschaftlichen und kulturellen Besonderheiten der einzelnen Länder steht der zwanghafte Wunsch zur Vereinheitlichung und Schematisierung gegenüber. Dies kann nur zu Bürokratie und Inflexibilität führen, wenn auch manchem Unternehmen in der Vergangenheit genauso schematisch und undifferenziert vorgegangen ist, was auch auf den Welthandelskonferenzen in Singapore und Doha deutlich wurde.

Es muss darüber nachgedacht werden, wie sich die Vorteile der unterschiedlichen Führungsformen in den einzelnen Ländern der Erde am besten auswirken können. Erfolgreiche Führungsprinzipien können nicht ohne weiteres auf andere Länder übertragen werden (vgl. z.B. Müller/Kornmeier 2002).

Als die Deutsche Gesellschaft für Personalführung (DGFP) ihr 25-jähriges Jubiläum feierte, berichteten die Zeitungen und Zeitschriften darüber ausführlich. Dabei wurden folgende Thesen herausgestellt:

Der Mensch tritt immer mehr in den Mittelpunkt der Öffentlichkeit, der Wirtschaft und der Unternehmen. Dies zu fördern, muss Aufgabe der Personalpolitik sein, indem sie seine berechtigten Interessen und Bedürfnisse mit den Unternehmenszielen in Einklang bringt.

Gesellschaftspolitische Einflüsse bestimmen mehr und mehr die Grundsätze der Personalführung; der personalpolitische Spielraum wird hierbei vor allem durch gesetzliche Vorschriften zunehmend eingeengt; diesen Trend gilt es aktiv entgegenzuwirken.

Die Mitbestimmung in Unternehmen und Betrieb steigert den Einfluss von Gewerkschaften und Betriebsräten.

Während des Baden-Badener Unternehmergesprächs wurde ausführlich diskutiert, ob wir bei der Tarifpolitik von vorne beginnen müssen. Weitere Schwerpunkte waren: Erwartungshaltung und flexible Anpassung, Verpflichtet auf das Gesellschaftsinteresse, Mitbestimmung als Entscheidungsbremse, Das soziale Netz wird unbezahlbar, Freiräume für die Leistung erhalten.

Die Ausführungen waren so gefragt, dass die Frankfurter Allgemeine Zeitung einen Sonderdruck herausgab, der während der Jubiläumsfeier zum 40-jährigen Bestehen der Akademie für Führungskräfte in Bad Harzburg im Jahre 1996 diskutiert wurde. Übrigens waren die Thesen vom 25jährigen Jubiläum der DGFP auch im Jahre 2002 im Zusammenhang mit dem 50-jährigen Jubiläum der Gesellschaft zum großen Teil noch aktuell.

Aus allem ist erkennbar, wie schwierig Veränderungen zu realisieren sind. Das sollte uns aber nicht davon abhalten, sie – ohne zu hohe Ansprüche – immer wieder anzustreben und alle Beteiligten zu besserer Kooperation anzuhalten; denn Konfrontation bedeutet Lähmung der betrieblichen Arbeit.

Merke:	Die sich ändernde soziale Umwelt erfordert – auch im Personalwesen – einen neuen Vorgesetztentyp Er muss neben einer breiten fachlichen Qualifikation auch kooperativ, politisch interessiert, gesellschaftsorientiert und ausgleichsfördernd sein.

Information und Kommunikation gewinnen ganz allgemein an Bedeutung. Dadurch wird die Öffentlichkeitsarbeit zu einer zentralen Aufgabe der Personalpolitik und der Unternehmenspolitik von morgen.

Die Beteiligung der Mitarbeiter am Produktivvermögen wächst. Dies führt nicht zuletzt zum größeren Engagement der Mitarbeiter an der marktwirtschaftlichen Ordnung. Die Beteiligung der Mitarbeiter an den Betrieben ist als eine gesellschaftspolitische Kernfrage zu fördern.

Technische Veränderungen und gewerkschaftliche Forderungen bewirken Systematisierung und Nivellierung in der Entgeltpolitik; die Tendenz zur Beseitigung von Leistungsentgelten setzt sich fort. Bei unterschiedlicher Gehaltshöhe werden Bewertungsmaßstäbe erforderlich (vgl. Schmeisser/Brinkkötter/Krimphove 2004).

Die Verbesserung der Arbeitsgestaltung (Humanisierung der Arbeit) wird zusammen mit der Gleichstellung von Arbeitern und Angestellten zu einer Hauptaufgabe betrieblicher Personalpolitik. Sie hat dabei die Erwartungen der Mitarbeiter ebenso zu berücksichtigen wie die Zielvorgabe des Unternehmens.

1.2 Übungsaufgaben zur Selbstkontrolle

Aufgabe 1:

a) Benennen Sie die drei wesentlichen Aufgabenfelder internationalen Managementhandelns;

b) Weshalb wird die Schlüsselqualifikation „Interkulturelle Kompetenz" für internationale Manager an Bedeutung zunehmen?

Aufgabe 2:

a) Benennen Sie die wichtigsten Gründe, weshalb ein Unternehmen sich zukünftig international orientieren sollte;

b) Nennen Sie einige Standortfaktoren, die für zunehmende Internationalisierung sprechen.

2 Beiträge des Personalwesens

Lernziele

Nach dem Studium dieses Kapitels sollten Sie in der Lage sein:

* die Bedeutung des Faktors Personal für erfolgreiche internationale Unternehmensführung zu erkennen.

Vorbemerkung

Unternehmen sind immer öfter gezwungen, Führungskräfte ins Ausland zu senden. Gründe dafür gibt es verschiedene: Die Globalisierung der Märkte, länderübergreifende Projekte, Besetzung von Schlüsselpositionen, Know-how-Transfer, Management Development oder fehlende Fachkräfte in den ausländischen Niederlassungen (vgl. Kutschker/Schmid 2008). Aber auch für die Führungskräfte gibt es gute Gründe für einen Auslandseinsatz. Allgemein wird geschätzt, dass ungefähr 150000 Mitarbeiter deutscher Firmen momentan im Ausland arbeiten. Personalleitung und Management werden vor eine schwierige Entscheidung gestellt, da die Auserwählten oft wichtige Aufgaben erfüllen sollen und ein Scheitern der Entsendung tief greifende Folgen haben kann. Die Auswahl muss daher gut durchdacht werden und auf den richtigen Kriterien beruhen. Eine Reihe von Auswahlkriterien muss bei der Entsendung besonders beachtet werden und auch die Vorbereitung wird häufig unterschätzt. Der Aufenthalt in einem fremden Land bringt für den Entsendeten immer persönliche Vorteile, allerdings muss auch mit erheblichen Nachteilen gerechnet werden. Oft bereiten die Unterschiede des Gastlandes zum Heimatland große Schwierigkeiten (vgl. Stahl 2000). Auch die Wiedereingliederung darf nicht unterschätzt werden. Probleme können hier von Fall zu Fall unterschiedlich stark ausgeprägt auftreten. Manchmal ist nur durch Unterstützung des Unternehmens eine volle Reintegration möglich (vgl. Ladewig/Loose 2000). Im Zuge der Ausführungen wird zuerst grundlegend auf die bereits angedeuteten Probleme der Führungskräfteentsendung eingegangen. Praxisbeispiele verknüpft mit der im ersten Teil dargestellten Theorie sollen die Problematik in ausreichender Tiefe darstellen (vgl. auch Schmid 2007). Theorie lässt sich natürlich nicht vollkommen isoliert betrachten. Es wird daher – neben den angegebenen wissenschaftlichen Quellen – auch auf eigene Erfahrungen zurückgegriffen.

2.1   Grundlagen des internationalen Personalmanagements

Das internationale Personalmanagement beschäftigt sich mit allen Maßnahmen, durch die geeignete Humanressourcen in international tätigen oder multinationalen Unternehmen dauerhaft sichergestellt werden kann. Zum einen geht es dabei um Impulse, die das Personalmanagement gerade bei der Abwägung geben kann, ob, wo und wie sich das Unternehmen im Ausland engagieren sollte. Zum anderen geht es dabei um die Konzeption, Umsetzung und Steuerung des grenzüberschreitenden, internationalen Personalmanagements (vgl. Hummel/Zander 2005).

Interkulturelles Personalmanagement beschäftigt sich mit den kulturbedingten Unterschieden in Arbeitsorganisationen sowie im Führungs- und Arbeitsverhalten von Menschen. Beispiel: In jeder Kultur gibt es klare Erwartungen, wie Vorgesetzte und Untergebene miteinander umgehen sollten: Ob der Vorgesetzte leicht zugänglich sein sollte, ob er mit Mitarbeitern scherzen darf, ob er eigene Fehler zugeben sollte, in wieweit er sich für das Privatleben seiner Mitarbeiter interessieren sollte, ob Mitarbeiter ihm widersprechen dürfen, wenn sie fachlich anderer Meinung sind, welche Statussymbole angemessen sind, etc. Obwohl jede Führungskraft ihren eigenen persönlichen Stil entwickelt, wird sie nur anerkannt und erfolgreich sein, wenn ihr Stil wichtigen Erwartungen der Kultur nicht dauerhaft zuwiderläuft (vgl. Hummel/Schmeisser 2006, Teil 1 und Teil 2).

Personalführung in unterschiedlichen Kulturen ist aber nur ein Gegenstand des interkulturellen Managements, andere Themen sind das Verständnis von Arbeitsverhältnissen und Geschäftsbeziehungen, Verhandlungsstile, Konfliktmanagement, Kundenbeziehungen, Planung und Entscheidungsfindung, Risikobereitschaft und Regelungsbedarf im Arbeitsleben, Arbeitsanweisungen und Wissensvermittlung, Vertragsverständnis, Präsentation und viele andere (vgl. Rothlauf 2009).

Alles, was Menschen im Arbeitsleben tun, findet im Rahmen kulturell geprägter Vorstellungen statt.

Obwohl die Bedeutung des Personalmanagements für den Erfolg des Auslandsengagements nahezu allen international tätigen Unternehmen bewusst ist, scheitern zwischen 13 und 30% aller Auslandsentsendungen. Häufig genannte Ursachen sind neben kulturellen Konflikten dabei gerade bei kleineren Unternehmen der Mangel an personellen Alternativen und die Umsetzung der Entsendung im Alltagsgeschäft. Gegenüber international tätigen Großunternehmen ist festzustellen, dass KMU nicht über die finanziellen und personellen Ressourcen verfügen um uneingeschränkt auf bestehende Instrumente zur Gestaltung von Auslandseinsätzen zurückgreifen zu können.

2.2 Internationales Personalmanagement als Managementaufgabe

Die Gestaltung des Global Employment-Prozesses ist eine komplexe Managementaufgabe. Bei der Entsendung von Fach- bzw. Führungskräften ins Ausland respektive der Beschäftigung ausländischer Arbeitnehmer in Deutschland sind nämlich sowohl betriebswirtschaftliche und psychologische Aspekte als auch die juristischen Rahmenbedingungen wie namentlich das Öffentliche Recht (Aufenthalts- und Arbeitsgenehmigungsrecht), das Arbeitsrecht, das Steuerrecht sowie das Sozialversicherungsrecht zu beachten. Zur nachhaltigen Realisierung der avisierten Unternehmensziele hat das Unternehmen mithin den grenzüberschreitenden Personaleinsatz konsequent und systematisch zu planen, durchzuführen sowie zu überwachen(vgl.Clermont/Schmeisser/Krimphove(Hrsg.,2001).

Die Gestaltung des internationalen Personaleinsatzes sollte sich am sog. Global Employment-Cycle orientieren, dem die Auswahl-, die Vorbereitungs-, die Einsatz- und die Wiedereingliederungsphase entsprechend dem zeitlichen Ablaufprozess zugrunde liegt (vgl. Gannon/Newmann (Ed., 2002). Diese vier aufeinander aufbauenden Phasen sind unabhängig von Ursprung und Ziel der grenzüberschreitenden Beschäftigung. Im Zuge der fortschreitenden Internationalisierung der Geschäftstätigkeiten ergeben sie sowohl aus der Sicht der Unternehmen als auch aus der Sicht der betroffenen Arbeitnehmer einen geschlossenen Prozesskreislauf. Aus der Perspektive der Unternehmen können nämlich die Erfahrungen und Erkenntnisse aus einem beendeten Personaleinsatz unmittelbar in die nächsten Transfervorgänge einfließen, sofern es nicht bei der einen grenzüberschreitenden Beschäftigung bleibt. Auch für den einzelnen Arbeitnehmer kann sich die internationale Betätigung wiederholen. Denn für die Fach- und Führungskräfte werden Personalentwicklungspläne mit mehrfachen Einsätzen im Ausland immer häufiger. Zudem vermag ein erster gelungener Auslandseinsatz den Wunsch des Arbeitnehmers nach weiteren Tätigkeiten im Ausland zu bestärken. Beim Global Employment-Cycle kann sich jener sofort nach der – dann kurz gehaltenen – Wiedereingliederungsphase oder nach einem temporären Ausstieg aus dem globalen Beschäftigungskreislauf wieder für weitere Auslandseinsätze bewerben bzw. vom Unternehmen hierfür ausgesucht werden. Dagegen erscheint die Auswahl des Arbeitnehmers für seine nächste internationale Tätigkeit bereits während der Vorbereitungs- oder Einsatzphase nicht ratsam, da jenem zur Beurteilung seiner weiteren Lebens- und Karriereplanung zunächst eine gewisse Distanz zu der erst noch bevorstehenden bzw. laufenden Auslandstätigkeit zugestanden werden sollte.

Das Management des Global Employment-Prozesses lässt sich in die operative, taktische und strategische Ebene untergliedern. Das operative Personalmanagement beschäftigt sich mit der Abwicklung der konkreten Einzelfälle. Mit der Gruppe von Expatriates bzw. von in Deutschland beschäftigten ausländischen Arbeitnehmern setzt sich die taktische Managementebene auseinander; so hat jene sich etwa um die Erarbeitung von Richtlinien für die vertragliche Regelung des grenzüberschreitenden Personaleinsatzes oder um die Erstellung bzw. laufende Aktualisierung eines Unternehmenshandbuchs für die einzelnen Global Employment-Phasen zu kümmern. Das strategische Management hat schließlich die Ziele des grenzüberschreitenden Personaleinsatzes vorzugeben sowie ggf. Zielkorrekturen vorzunehmen.

Das Personalwesen spielt eine wichtige Rolle bei der Gestaltung und Förderung der globalen Managementprozesse. Die Kenntnis der geschäftsspezifischen Anforderungen sowie kulturellen Unterschiede der wichtigsten Landesgesellschaften kann zu einer optimalen Mischung globaler und regionaler Prozesse für die Strategieentwicklung sowie deren Umsetzung führen. Hierbei wird es sehr häufig darauf ankommen, die Rollen und Verantwortlichkeiten der einzelnen Personen mit Unterstützung des Personalwesens in verständlicher Form zu definieren.

Ein weiterer Beitrag kann in der Förderung global abgestimmter Zielsetzungsprozesse sowie von Incentive-Systemen, die auf diese globalen Ziele ausgerichtet sind, liegen. Hierdurch können die mit globalen Aufgaben betrauten Mitarbeiter über die Ziele ihrer jeweiligen regionalen Organisationen hinaus in globale Management-Prozesse eingebunden und entsprechend motiviert werden.

Merke:	Die Bildung von internationalen Teams, sowie die hierfür notwendige Mobilität von Mitarbeitern, erfordert Unterstützungsmaßnahmen durch das Personalwesen. Die internationale Zusammenarbeit kann nur funktionieren, wenn die einzelnen Mitglieder in den Teams überkulturelle Unterschiede und Sprachbarrieren hinweg miteinander kommunizieren können.

Dies erfordert nicht nur sprachliche Fähigkeiten, sondern auch die Fähigkeit zum Denken und Handeln in interkulturellen Zusammenhängen. Dafür müssen kulturelle und sprachliche Schranken überwunden werden, um so eine internationale, auf gemeinsame Ziele ausgerichtete Team-Entwicklung zu ermöglichen (vgl. Hummel/Lu 2005).

Die in internationalen Teams oder Kompetenzzentren erforderlichen Kenntnisse globaler Standards und Systeme stellen zusätzliche Anforderungen an Qualifizierungsmaßnahmen durch das Personalwesen. Häufig erfordert dies eine Zusammenarbeit der Personalfunktionen über Landesgrenzen hinweg, denn neben Weiterbildungsmaßnahmen geht es auch um das Zusammenwirken bei internationalen Personalrotationen.

Merke:	Der internationale Aspekt der Personalentwicklung gewinnt zunehmend an Bedeutung. Natürlich muss nicht jede potentielle Führungskraft international entwickelt werden. Insgesamt steigt aber der Bedarf an international erfahrenen Managern in globalisierten Unternehmen in nahezu allen Fachfunktionen ganz erheblich an.

Um diesen Bedarf durch interne Personalentwicklung zu decken, sollten bei Nachwuchsführungskräften vielfältige Qualifizierungsmaßnahmen wie der Einsatz in internationalen Projekten oder Rotationen über Landesgrenzen hinweg vorgesehen werden.

Die Förderung von Fähigkeiten zur internationalen Zusammenarbeit sollte sich jedoch nicht nur auf Nachwuchskräfte beziehen. Sprachliche Barrieren bzw. Unkenntnis kultureller Unterschiede können auch bei erfahrenen Fach- und Führungskräften wichtige Defizite in der internationalen Kooperation bilden. Auch hierbei sollten die Personalfunktionen Hilfestellungen bezüglich fachlicher Qualifizierung und Bewusstseinsbildung geben. Gerade letzterer Punkt einer Bewusstseinsbildung in Richtung auf einen „Global Mind Set" sind auch bei ansonsten hervorragend qualifizierten lokalen Managern häufig dringend erforderlich.

Zusammenfassend wird die Bedeutung des Personalwesens im Rahmen der Globalisierung von Management-Prozessen an vielen Punkten deutlich. Qualifizierungs-, Teamentwicklungs- und Motivationsinstrumente schaffen häufig erst die Voraussetzung für eine gute internationale Zusammenarbeit in globalisierten Geschäftsprozessen (vgl. Müller/Kornmeier 2002).

Merke:	**Definition: Internationale Unternehmensführung: Der spezifische Einsatz betrieblicher Führungsinstrumente in Bezug auf die rationale Steuerung grenzüberschreitender Interaktionsbeziehungen der Unternehmung. Danach umfasst die Internationalität von Unternehmensführung ein sehr heterogenes Spektrum betriebswirtschaftlicher Aktivitäten. Die Bandbreite reicht prinzipiell vom exportierenden kleinen oder mittelständischen Unternehmen (KMU) bis hin zum multinationalen Konzern.**

2.3 Übungsaufgaben zur Selbstkontrolle

Aufgabe 3:
Welches sind die wichtigsten Personalentwicklungsmaßnahmen für potentielle Auslandsmanager?

Aufgabe 4:
Womit beschäftigt sich das Interkulturelle Personalmanagement?

Aufgabe 5:
Woran sollte sich der internationale Personaleinsatz orientieren?

3 Internationales Management als Herausforderung für die Unternehmungsführung

Lernziele

Nach dem Studium dieses Kapitels sollten Sie in der Lage sein:

- die Einflussgruppen auf internationale Unternehmensführung zu benennen;
- die wesentlichen Einflussfaktoren aus nationaler Sicht zu benennen und deren Bewertung für Handlungsalternativen internationaler Unternehmen vornehmen zu können.

Die rasante technische und wirtschaftliche Entwicklung in der Welt spüren wir alle. Geht sie aber manchmal nicht so schnell, dass die Zusammenarbeit der Menschen nicht mitkommt? Dabei reagieren die Menschen sehr unterschiedlich, was an zwei kleinen **Beispielen** dargestellt werden soll.

Kürzlich brachte mich ein gut deutsch sprechender Taxifahrer aus Pakistan morgens zum Flugplatz in Hamburg. Er berichtete auf meine Frage von seinem Heimatland, das er regelmäßig besucht. Es würde nicht mehr so viel geschossen, die Bevölkerung kümmert sich kaum um die Politik, da die meisten Politiker korrupt seien und doch nichts zu ändern wäre.

In Frankfurt brachte mich ein Ghanaer zum Flugplatz, der darauf hinwies, wie gut das Taxigeschäft während der Messen sei. Er erzählte mir, dass viele Ghanaer zum größten Teil legal in Frankfurt arbeiten und leben.

Mein Taxifahrer abends in Hamburg stammte aus Afghanistan und lebte schon einige Jahre in Deutschland. Er hatte in Afghanistan studiert, hasste die Kommunisten und das jetzige Regime. Es sei ihm auch nicht möglich, seine Heimat und seine Verwandten zu besuchen.

Der vielleicht ungewöhnlichen Anpassungsfähigkeit dieser Taxifahrer stehen andere Erlebnisse gegenüber. So brachte ein Kapitän nach einem Schiffsunglück die Passagiere in kürzester Zeit dazu, mit Schwimmweste von Bord zu springen, was er wie folgt begründete:

Merke:	**„Den Engländern habe ich gesagt, es sei unsportlich, nicht zu springen, den Franzosen, es sei schick, den Deutschen, dies sei ein Befehl, den Japanern, es sei gut für die Potenz, den Amerikanern, sie seien versichert, und den Italienern, dass es verboten sei."**

Wie unterschiedlich sich die Eigenarten von Völkern unter Druck von außen entwickeln und wie schnell sie sich bei Wegfall des Einflusses wieder auf ihren Ursprung besinnen, sei an zwei Beispielen anschaulich gemacht.

Die Bewohner verschiedener Landstaaten der ehemaligen Sowjetunion wurden in den 20er Jahren gezwungen, von der eigenen Sprache und der zum Teil arabischen Schrift ins Russische und in die kyrillischen Buchstaben zu wechseln. Das galt besonders für Aserbaidschan, Turkmenistan, Usbekistan, Kirgistan und Kasachstan. In Gesprächen und bei Diskussionen nach Vortragsveranstaltungen im Mai 2003 konnten wir erleben, mit welcher Vehemenz viele Politiker und Wirtschaftler die Änderung betrieben. In Erinnerung an das osmanische Großreich und die aktuelle Präsenz der Türken wurde soweit wie möglich die lateinische Schreibweise gewählt. Aserbaidschan führte an einem dazu festgelegten Nationalfeiertag im September 2001 die Schriftänderung ein. Usbekistan sah darin größere Probleme, denn die älteren Menschen hatten die arabische Schrift gelernt, mussten in den 20er Jahren die kyrillische akzeptieren und brauchen jetzt Jahre zur Umgewöhnung.

Ohne großen Druck der Regierenden stellten sich z.B. die Isländer zeitweise um, wie uns ein Historiker im Juli 2003 berichtete. Das Land wurde viele Jahre von Norwegen und Dänemark beeinflusst, erlebte durch die starken britischen und amerikanischen Truppenpräsenzen im letzten Krieg eine Annäherung an die englische Sprache und blieb trotzdem der alten isländischen Sprache und Schrift treu. Das Sprach- und Schrifteninstitut der Universität in Reykjavik erforscht heute engagiert die Sprache, was die Norweger und Dänen respektvoll beachten.

3.1   Auswirkungen durch Europäisierung und Globalisierung

3.1.1   Arbeitgeber und Gewerkschaften

Die permanente Weiterbildung und -entwicklung der Mitarbeiter und Führungskräfte ist wohl die größte unternehmerische Herausforderung der nächsten Dekade in diesem Jahrhundert. Nur wer diese Chance begreift und nutzt, wird im globalen Wettbewerb bestehen (vgl. Hummel/Zander 2004).

So auch der Präsident der Bundesvereinigung der Deutschen Arbeitgeberverbände auf einem Vortrag zum Thema „Globalisierung und Internationalisierung der Wirtschafts- und Arbeitswelt" Anfang 2000 in Stuttgart, der nachfolgend in Auszügen wiedergegeben wird, da er in prägnanter Form die wesentlichen hier zu behandelnden Punkte darstellt.

„Eine einheitliche europäische Sozialpolitik durch ein gemeinschaftlich verankertes Sozial-recht kann natürlich kein Nahziel der Gemeinschaft, die im Jahre 2004 auf 25 Mitgliedsstaa-ten anwachsen wird, sein, da durch das Zusammenwachsen zu einem Binnenmarkt in ver-schiedenen Regionen und Wirtschaftszweigen Anpassungs- und Entwicklungsprobleme ent-stehen. Nach Meinung der Arbeitgeber wäre es auch falsch, den sozialen Dialog bis hin zu europäischen Tarifverträgen auszuweiten. Solche Verträge könnten die unterschiedlichen nationalen Gegebenheiten nicht abdecken und die regionalen und lokalen Unterschiede be-sonders bei den Arbeitskosten nicht ausgleichen. Das gilt besonders für die herausragende Stellung der Bundesrepublik, die in fast allen sozialen Standards eine Spitzenstellung inne-hat. Die Gewerkschaften sehen insbesondere zwei Risiken, nämlich das Sozialkostengefälle und die mögliche „Flucht" aus einzelnen Arbeitsrechtordnungen, um dadurch kostenträchtige Vorschriften zu umgehen. Davon wären die Arbeitnehmer und Gewerkschaften direkt betrof-fen, aber auch das Interesse von Eigentümern und Management berührt. Dies gilt vor allem für kleine und mittlere Unternehmen, denn die internationalen Konzerne haben schon bisher eine internationale Zusammenarbeit praktiziert.

Position I. Von Seiten der Gewerkschaften wird vor allen Dingen gefordert, dass die sozialen Errungenschaften, insbesondere im Arbeitsrecht und beim Arbeitsschutz, nicht als Hemmnis-se auf dem Wege zur wirtschaftlichen Integration begriffen und dabei in Frage gestellt wer-den. Danach sollen EG-Regelungen, die z.B. weniger Schutz gewähren als nationale Rege-lungen, nur als Mindestnorm gefasst werden.

Da es auf dem weiten Gebiet der Sozialpolitik nicht nur sehr unterschiedliche Regelungen gibt, sondern auch sehr verschiedene kulturelle Traditionen bestehen, wird eine Angleichung – auch wenn sie nur sehr langfristig vollziehbar ist – sehr schwierig sein. Nach Meinung z. B. der IG Metall sind Dauer und Gestaltung der Arbeitszeit ein wichtiger Bereich, denn die 35-Std.-Woche ist schon heute ein erklärtes Ziel aller europäischen Gewerkschaften. Danach soll eine bessere Verständigung über die Lage und die Verteilung der Arbeitszeit, Mindestbe-dingungen zur Gestaltung von Teilzeitarbeitsverhältnissen und vor allem die Sicherung des freien Sonntags erreicht werden. Auch sollten gemeinsame Absprachen auf dem Gebiet der Arbeitnehmerbeteiligung und der Arbeitsorganisation erfolgen.

3.1.2 Globalisierung und Wirtschaft

Wenn wir, wenn Unternehmer und Manager, heute über Globalisierung sprechen, dann betre-ten wir alles andere als fremdes Terrain. Die meisten bewegen sich mit ihren Unternehmen ganz selbstverständlich in einem globalen Handlungsfeld (vgl. Launer 2006). Das gilt in besonderem Maße z.B. für die Debis AG, die mittlerweile mehr als zwei Drittel ihres Ge-samtumsatzes außerhalb Deutschlands erwirtschaftet. Ihr Auslandsgeschäft ist mit einem Zuwachs von 34 Prozent besonders dynamisch. Und für auch für die Globalisierung der Arbeitswelt ist das Debis Systemhaus mit über 20.000 Mitarbeitern in 22 Ländern ein Mus-terfall. Auf diesem erfolgreichen Weg wird Debis nun zusammen mit der Telekom weiterge-hen. Dank dieser Verbindung bestehen gute Chancen, als größtes e-business-Unternehmen Europas neue Märkte zu erobern.

Wie dieses und viele weitere Beispiele zeigen, ist Deutschlands Wirtschaft in einer bemerkenswerten Phase der Neuorientierung. Die Unternehmen sind auf die Globalisierung zugegangen, weil Angriff die beste Verteidigung ist. Dabei wussten und wissen sie eines ganz bestimmt, nämlich, dass sie das Lohnniveau nicht auf das etwa von Korea bringen konnten. Alle anderen unternehmerischen Register werden umso entschiedener gezogen. Innovative Produkte werden entwickelt, die konkurrenzlos sind: Flexibel, qualitativ hochwertig und in immer schnelleren Zyklen kommen attraktive Produkte auf den kostensensiblen internationalen Markt. Und parallel rationalisieren, automatisieren und steigern deutsche Unternehmen ihre Produktivität.

Die Zulieferbranche hat – ausgelöst durch die internationale Öffnung – einen revolutionären Strukturwandel bewältigt. Produktoptimierung, Automatisierung, Rationalisierung, aber auch geradezu dramatische Organisationsveränderungen, Änderungen der Arbeitsabläufe und -inhalte, der Übergang von der tayloristischen Arbeitsteilung zur Gruppenarbeit/Projektarbeit haben die Automobil- und Zulieferindustrie grundsätzlich gewandelt. Innovationskraft, Vitalität und Selbstvertrauen der deutschen Firmen spiegeln sich in der international ungebrochenen Nachfrage nach deutschen Produkten und Dienstleistungen.

Merke:	**Die globalen Entwicklungen in den einzelnen Unternehmen bedeuten in der Summe entscheidende Prozesse mit Auswirkungen weit über das eigentliche Firmengeschehen**

Firmenzusammenschlüsse, bei denen deutsche Firmen vor allem auch international ihre Fühler aktiv ausstrecken, gehören zum unternehmerischen und mittlerweile auch zum öffentlichen Alltag in Deutschland. Deutschland hat das Internet entdeckt. Schon heute ist Deutschland der größte Markt für e-commerce in Europa, und die Zahlen der etablierten Firmen und Investoren, die jetzt verstärkt junge start-up-Firmen im Internetbereich mit Start-und Risikokapital versorgen, steigt geradezu sprunghaft.

Deutschland kommt ganz besonders bei der Telekommunikation voran. In nur drei Jahren sanken durch die Liberalisierung die Gebühren für Ferngespräche um 40 Prozent. Die Privatisierung machte den Weg auch frei für neue Arbeitsplätze. Bahn brechend war die Telekom-Liberalisierung auch für die Aktienkultur. Drei Millionen Kleinanleger haben die Telekom-Aktie gezeichnet. Seit letztem Jahr gibt es in Deutschland mit 8,3 Millionen mehr private Aktienanleger (einer von zehn Deutschen) als Gewerkschaftsmitglieder (8,1 Millionen).

Der Boom der Börsen sorgt unter anderem für umwälzende Änderungen der Unternehmensfinanzierung. Gab es zu Beginn der 90er Jahre nur ca. 660 an der Frankfurter Börse notierte Unternehmen (10-mal weniger am New York Stock Exchange), so hat sich diese Zahl inzwischen verdreifacht. Das ‚Hausbankenprinzip‘, in dem bisher drei deutsche Großbanken durch mannigfaltige Verquickungen mit den Aufsichtsräten großer Unternehmen den Ton angaben – mit entsprechenden Verwerfungen, siehe beispielsweise den Fall Holzmann – wird damit durchbrochen. Und deutsche Unternehmen werden durch die Kapitalzufuhr und den höheren Börsenwert eine weniger leichte „Übernahmebeute".

Selbst in den zum Teil besonders fortschrittsresistenten Gewerkschaften hinterlässt der Wandel von der Industrie- zur Dienstleistungsgesellschaft Spuren: „Verdi", die neue deutsche Gewerkschaft für Angestellte im Dienstleistungsbereich, ist mit 3,2 Millionen Mitgliedern stärker als die IG-Metall mit 2,7 Millionen Mitgliedern.

3.1.3   Globalisierung und Gesellschaft

Warum halten wir uns denn dann eigentlich noch mit dem Thema Globalisierung und Internationalisierung auf, wenn es doch so gut läuft, wo liegt das Problem? Zum einen ist die wirtschaftliche Entwicklung in Deutschland kein Überholmanöver, sondern eine Aufholjagd. Denn es werden noch lange die amerikanischen Konzerne sein, die die Champions League der Weltwirtschaft beherrschen. Von den 1000 international größten Unternehmen kommen 494 aus den Vereinigten Staaten (Quelle: Morgan Stanley Capital International), aus Deutschland lediglich 36.Zum anderen aber ist es der mentale und politische „Verzug", der viel größer ist als der ökonomische.

Merke:	Bislang hat die Globalisierung den Abstand zwischen wirtschaftlicher Entwicklung und Bewusstsein in der Ökonomie und politischer und gesellschaftlicher Veränderungsbereitschaft nicht verkleinert.

Vor allem hat sie die bestehende Einstellungs-Schere innerhalb der Bevölkerung geöffnet, zwischen denjenigen, die die Globalisierung annehmen und nutzen und diejenigen, die sich ihr verweigern. Die Verweigerer überwiegen. Ein Großteil der Bevölkerung empfindet die Globalisierung als einen einzigen Schrecken. Kapitalisten und Spekulanten, in deren Hände die Welt gefallen sei, gelten als Arbeitsplatz-Zerstörer. Die Globalisierung entmündige die Staaten, sorge für gnadenlose Verdrängung. Sie mache die Armen ärmer und die Reichen reicher. Doch die Schizophrenie könnte größer nicht sein. Denn auf der anderen Seite sind die Vorteile des „Teufelswerks" Globalisierung allenthalben durchaus geschätzt. Die Deutschen bereisen wie selbstverständlich den Globus, kaufen im Supermarkt Mangos und Kiwis von fernen Feldern, shoppen weltweit im Internet, reimportieren Autos – kurzum: sie nutzen als reife Konsumenten mit Überblick die Möglichkeiten weltweiter Arbeitsteilung ganz selbstverständlich.

Eine Erklärung für die weit verbreitete Globalisierungsangst ist die deutsche „Sperre" als Folge des „Made in Germany". Wir haben uns lange darauf ausgeruht und gemeint, dass es genügt, in Deutschland zu produzieren, weil nur dann die hohen Preise im Ausland für deutsche Qualitätsarbeit zu erzielen sind. Export-Import war bei uns das höchste der Gefühle.

Währenddessen agierte die amerikanische Wirtschaft frei im Weltmarkt, wie die Beispiele vom Kauf Opels durch GM bis zu IBM mit ihren weltweiten Tochtergesellschaften zeigen. Wir haben zu lange nicht in Märkten gedacht, sondern in Produkten.

3.1.4   Reales Bild der Globalisierung

In Deutschland fehlt im Ganzen immer noch ein reales öffentliches Bild von der Globalisierung, von ihren Chancen und Risiken. Die mediale und die reale Seite des Problems weichen, wie in so vielen Fällen, voneinander ab.

Wir brauchen mehr Wirklichkeit in dieser Diskussion und weniger Behauptungen. Dazu tragen historische Vergleiche ein gutes Stück bei: Die Globalisierung ist kein völlig neuer Prozess. In der Geschichte hat es immer schon ähnliche arbeitsteilige Entwicklungen gegeben, Phasen der Beschleunigung, in denen die Weltgeschichte auf den Kopf gestellt wurde. Mit Beginn der Neuzeit stiegen in nur drei Jahrzehnten durch die Entdeckung Amerikas und des Seewegs nach Ostindien und die Buchdruckkunst neue Reiche auf, während Besitzstandswahrer abstiegen.

Merke:	Mehr aber als jemals zuvor lässt die heutige Globalisierung den Globus schrumpfen. Die Geographie begrenzt unsere Handlungsmöglichkeiten nur noch wenig. Transportkosten sind fast kein Wettbewerbsfaktor mehr.

Hinzu kommt der Abbau von Handelshemmnissen. Das Ende des Ostblocks, die Osterweiterung der EU, sowie die weltweite Deregulierung und Harmonisierung bei Ein- und Ausfuhr und der Finanzmärkte haben die Märkte weit geöffnet. In diesem Prozess sind die Informations- und Kommunikationstechniken – wie etwa einst der Buchdruck – die wichtigsten Triebkräfte. Sie sind selbst ein ständig wachsender Markt, und sie sind der Schlüssel zur weltweiten Steuerung der Wirtschaftsprozesse auf Produkt- und Finanzmärkten. Globalisierung ist internationaler Strukturwandel. Seit einigen Jahrzehnten wächst der Welthandel schneller als das Weltbruttosozialprodukt. Das Wachstum des Welthandels hat längst das Wachstum der nationalen Volkswirtschaften überholt. Globalisierung ist ein Wachstumsprozess und kein Null-Summen-Spiel. Genauso wenig wie die Marktwirtschaft ein Null-Summen-Spiel ist. Es ist gerade die Auslandsnachfrage, die in Deutschland immer wieder die Konjunktur zündet.

Merke:	Starke Konkurrenten sind auch gute Kunden.

Der Kuchen wird größer, und jedes Kuchenstück kann mitwachsen.

Globalisierung ist internationale Marktwirtschaft. Das bedeutet, dass die bewährten Spielregeln von Angebot und Nachfrage gelten. Die Weltwirtschaft strebt nach einer größeren Arbeitsteilung, weil diese mehr Effizienz für das Gesamtsystem bedeutet. Jede Einheit tut das, was sie am besten kann.

3.1.5   Globalisierung und Politik

Wo aber liegt der Hauptunterschied zwischen nationaler und internationaler Marktwirtschaft, neben der Tatsache, dass sich dieser Prozess geographisch ausgeweitet und an Geschwindigkeit zugenommen hat?

Es ist die Tatsache, dass nationale Regelungen nicht mehr isoliert wirken, sondern zu einem sehr entscheidenden Wettbewerbsfaktor geworden sind.

Merke:	**Die Weltwirtschaft lässt die Staaten näher zusammenrücken, sie sie ein Stück weniger souverän. Nationale Fehlentwicklungen werden nicht mehr geduldet und stehen unter ökonomischer Strafe.**

Wenn jeder Produzent global um Kunden wirbt, wird es schwerer, extreme nationale Sonderwege für die Lebensqualität und soziale Sicherung aufrecht zu erhalten. Die Globalisierung wirkt daher disziplinierend, sie verlangt Vernunft, sie straft Behäbigkeit und Unflexibilität. Wer dies versteht, der hat neue Chancen, wie Großbritannien, die Niederlande, Schweden oder die USA. „USA und Co." kommen mit den Regeln einer internationalen Marktwirtschaft weitaus besser zurecht, während Deutschland, Frankreich und Italien abgestraft wurden. Das ist international wahrnehmbar, das ist Benchmarking, in der die Nationen einem permanenten Vergleich ausgesetzt sind.

Merke:	**Globalisierung hat den ökonomischen Wettbewerbsgedanken auf ganze Nationen und ihre Einrichtungen – kurz den Standort übertragen.**

Und dabei wird noch etwas deutlich: Wenn heute die Nettokaufkraft eines britischen Industriearbeiters weit über der seines deutschen Kollegen liegt, dann zeigt dies, dass Globalisierung nicht eine übermächtige Konkurrenz aus so genannten Billiglohnländern bedeutet. Von dieser haben die entwickelten Ökonomien Europas wenig zu befürchten. Fast zwei Drittel aller Direktinvestitionen gehen in die Industrieländer. Und zwar genau in die Länder, die in den letzten Jahren mit einschneidenden Reformen von sich reden gemacht haben. Und das führt zu der entscheidenden Frage: Warum hat Deutschland davon zu wenig „abbekommen"? Die Antwort ist kein Rätsel: In Deutschland gibt es:

- die kürzesten Arbeitszeiten mit dem höchsten Lohnniveau,
- einen überforderten Sozialstaat, und zwar schon seit einer Zeit, als das Wort Globalisierung noch keiner kannte. Dieser Sozialstaat ist ungerecht und kontraproduktiv, weil er das Verhältnis von Solidarität und Subsidiarität leistungsfeindlich gestaltet hat. Die Gemeinschaft muss für viel zu vieles aufkommen; Eigeninitiative lohnt zuwenig.

Ferner steht Deutschland für:

- eine tickende demographische Zeitbombe, eine ungelöste Reformfrage, wie wir den Generationenvertrag so formulieren können, dass er von der jüngeren Generation noch verkraftet werden kann.

- für hochkomplexe und überteuerte Steuer- und Abgabensysteme, die eine gewaltige Wertschöpfung in die Schwarzarbeit treiben. Nach Berechnungen von Sachverständigen liegt die Größenordnung bei 16 Prozent des Bruttosozialprodukts.
- für einen Arbeitsmarkt, dem wir Daumenschrauben angelegt haben, was mit für die hohe Arbeitslosigkeit verantwortlich ist.
- für eine Erwartungshaltung an den Staat, von dem noch viele immer noch zu viel – und zu viel Gutes – erwarten, bisweilen sogar die Hoffnung, ob er nicht die Globalisierung aussperren kann.

Diese Situation ist nicht Folge der Globalisierung, sondern Folge alter Defizite. Nur macht die Globalisierung aus Fehlern schwerwiegende Nachteile.

Es kann keine Frage sein, dass angesichts der Herausforderungen der Globalisierung eine Politik mehr als überfällig ist, die auf die neue globale Wirklichkeit eingeht. Durch nationale Regelungen und Subventionen werden wir die ökonomischen Fallgesetze nicht – oder nicht mehr – außer Kraft setzen können. Nur weil wir uns in die Defensive manövriert haben, können wir die marktwirtschaftlichen Regeln doch nicht ändern. Das ist zwar menschlich verständlich, aber ökonomisch aussichtslos. Wenn wir in einem vereinten Europa die Steueroasen nicht abgeschafft haben, wie sollte uns dies bei weltweiten Regulierungsunterschieden gelingen? Dabei muss sich die Politik wegen des Anpassungsdrucks der Globalisierung an folgenden – eigentlich lang bekannten – Leitsätzen orientieren:

- Ein schlanker Staat führt zu weniger Kosten und niedrigeren Steuern,
- Privatisierung führt zu effizienteren und besseren Leistungen,
- Liberalisierung bringt uns mehr Wettbewerb und weniger Bürokratie,
- mehr Eigenverantwortung führt zu einer Entlastung bei den Sozialkosten.

3.2   Steuer- und Finanzpolitik

Die Globalisierung bestraft alle politischen Blockaden; dennoch blockieren wir uns seit Jahren vor allem auf den entscheidenden politischen Feldern – bei den Sozialversicherungssysteme und dem Steuersystem – auch wenn die Bundesregierung hier immerhin bescheidene Ansätze versucht. Währenddessen haben sich die USA so weit reformiert, dass sie überlegen, wie sie die Haushaltsüberschüsse verteilen können. Wir aber haben trotz höchster Steuerbelastungen weiterhin ein chronisches Loch im Staatshaushalt. Der Staat reklamiert über 43 Prozent des Bruttosozialproduktes für seinen Haushalt, kommt aber immer noch nicht damit aus. Die Unternehmenssteuerreform – so wie sie vorliegt – wird die steuerliche Lage der Unternehmen zu wenig verbessern. Damit verbessert sich Deutschland von einem Abstiegsplatz in der Tabelle der internationalen Unternehmensbesteuerung auf einen schlechten Mittelplatz – zu wenig angesichts der Herausforderungen der Globalisierung. Wir fordern eine Senkung der Tarife über die ganze Bandbreite, keine weitere Benachteiligung der Personengesellschaften sowie mittelfristig die Abschaffung der Gewerbeertragsteuer.

3.3 Rentenversicherung

Besonders deutlich wird die deutsche Reformunfähigkeit bei der Rentenversicherung. Während andere Länder wie die Niederlande mit einem Dreiklang aus gesetzlicher, betrieblicher und privater Altersvorsorge ihre Rentenversicherung reformiert und damit einen Benchmark gesetzt haben, verabschieden wir uns ganz mühselig von der Illusion, immer mehr Ruheständler könnten dennoch von immer weniger Arbeitnehmern leben.

Darauf muss sich die Politik endlich richtig einstellen. Die Rentenvorschläge der Bundesregierung sind allenfalls Flickwerk. Die BDA setzt dagegen auf eine neue Balance zwischen umlagefinanzierter und kapitalgedeckter Altersvorsorge. Die Rentenversicherung muss schrittweise auf die Grundkonzeption einer beitragsorientierten Basissicherung zurückgeführt werden.

Unvernünftig und teuer dagegen ist das Vorhaben der Regierung, nach zwei Jahren Inflationsanpassung zur alten Netto-Formel zurückzukehren. Sowohl die ungünstige demographische Entwicklung als auch die steuerlichen Entlastungen würden voll auf die Renten durchschlagen, die Ausgaben steigen und mit ihnen notwendigerweise die Beitragssätze. Eine Basissicherung dagegen schafft Luft für eine Stärkung der privaten Altersvorsorge, und zwar auf freiwilliger Basis. Abwegig dagegen ist das Vorhaben der Bundesregierung einer milliardenschweren beitragsunabhängigen Grundsicherung bei Alter und dauerhafter Erwerbsunfähigkeit. Dies würde in schädlicher Weise Rentenversicherung und Sozialhilfe vermischen, Arbeit würde bestraft, Nicht-Arbeit belohnt – ein eklatanter Verstoß gegen die Grundprinzipien von Freiheit und Verantwortung.

3.4 Tarifpolitik

Mit dem Abschluss in der Metall- und Elektroindustrie in Nordrhein-Westfalen wurde ein sehr guter Kompromiss erzielt, der sich an den Vereinbarungen im Bündnis für Arbeit, Ausbildung und Wettbewerbsfähigkeit orientiert und die Erwartungen erfüllt. Die Erhöhung der Entgelte für zwei sowie die Regelung der Altersteilzeit und der Arbeitszeit für drei Jahre schaffen Planungssicherheit bei einer am Produktivitätszuwachs orientierten, vertretbaren Belastung für die Betriebe. Die Rente mit 60 wird es nicht geben.

Merke:	In der Frage der Globalisierung und Internationalisierung ist die Modernisierung der Tarifautonomie eines der zentralsten Anliegen.

Die alten Lorbeeren sind lange verwelkt. Der Flächentarifvertrag ist herausgefordert wie selten zuvor, der neuen Wirklichkeit zu entsprechen (Vgl. Schmeisser/Brinkkötter/Krimphove 2004).

Der Flächentarifvertrag auf Grundlage der Tarifautonomie wird noch in Jahrzehnten Bedeutung haben. Allerdings gibt es immer mehr neue Dienstleister, vor allem in der Multimedia-

und Informationstechnologie-Branche, die sich nicht für Arbeitgeber- und Arbeitnehmerorganisation interessieren. Ich will auch diese Gruppen erreichen. Gerade unter diesem Gesichtspunkt müssen wir alles für reformierte Flächentarifverträge tun, die den betrieblichen Gegebenheiten angepasst sind und sich auf die Festlegung von Mindestbedingungen konzentrieren.

Die Arbeitgeberverbände setzen alles daran, die Flexibilisierung voranzutreiben. Dabei haben wir mit der Einbeziehung der Lohn- und Tarifpolitik in das Bündnis für Arbeit, Ausbildung und Wettbewerbsfähigkeit nicht alles, aber vieles auf eine Karte gesetzt. Dafür muss es gelingen, die Vereinbarung einer Beschäftigungsorientierten Lohn- und Tarifpolitik mit Abschlüssen innerhalb des Verteilungsspielraums des Produktivitätszuwachses zu verwirklichen. Diese Tarifrunde entscheidet über die Zukunft des Bündnisses, über den Aufschwung am Arbeitsmarkt und über die Zukunft der Tarifautonomie insgesamt.

3.5   Arbeitsmarktpolitik

Immer noch lebt in unserem Land die Vorstellung, dass Einsparungen im Haushalt und bei der sozialen Sicherung kontraproduktiv für den sich schleppend entwickelnden Arbeitsmarkt sind. Wenn es aber richtig wäre, dass die Arbeitslosigkeit durch einen Mangel staatlicher Ausgaben verursacht wird, dann müsste Deutschland angesichts einer Staatsquote von annähernd 50 Prozent einen Spitzenplatz bei der Beschäftigungsentwicklung belegen.

Das Gegenteil trifft zu. Im internationalen Vergleich haben Länder mit einer niedrigeren Staatsquote bei der Arbeitsmarkt-Entwicklung durchweg die Nase vorn. Sinkende Staatsausgaben sind die Voraussetzung für sinkende Steuern und Abgaben und der Motor für weniger Staatsinterventionismus; damit sind sie ein Beitrag zur Beseitigung der strukturellen Mängel des Arbeitsmarktes.

Es geht aber nicht allein um die aktive Arbeitsmarktpolitik. Auch im Bereich der Arbeitslosenversicherung und Arbeitslosenhilfe sind Korrekturen auf der Leistungsseite unverzichtbar.

Merke:	**Deutschland liegt bei der Absicherung von Arbeitslosen im internationalen Vergleich weit vorne, und es kann überhaupt nicht bestritten werden, dass es einen Zusammenhang gibt zwischen dieser hohen sozialen Absicherung und der Bereitschaft, auch niedriger bezahlte Beschäftigung anzunehmen.**

Die Bundesvereinigung der Deutschen Arbeitgeberverbände (BDA) arbeitet gerade auf diesen Feldern mit besonderem Nachdruck. Mit unserem Vorschlag des ‚Kombi-Lohns‘ zum Beispiel haben wir arbeitsmarktpolitische Elemente aufgegriffen, wie sie die USA mit dem Konzept des ‚Earned income tax credit‘ verfolgen.

Das könnte in Deutschland auch die Servicekultur verbessern, den Aufbau einer Dienstleistungsgesellschaft, gerade im Niedriglohnbereich.

3.6   Bildungspolitik

Während wir über die Quoten von ausländischen Fachkräften streiten, sitzt in den Flugzeu-
gen in die USA deutscher Top-Nachwuchs und kehrt unserem Land den Rücken – zu unattraktiv sind die beruflichen Perspektiven mit einem leistungsfeindlichen Steuer- und Sozial-
system und zu unattraktiv sind die Ausbildungsmöglichkeiten in der Heimat.

Das ist der Preis, den wir für die sträfliche Vernachlässigung unseres veralteten Universitäts-
und Bildungssystem zahlen. Im fehlen jegliche Wettbewerbselemente wie zum Beispiel die
Vergütung von erstklassigen Professoren. In Berlin hat am Ende dieses Wintersemesters die
Hälfte der 300 angefangenen Informatik-Studenten wieder „eingepackt", obwohl IT- Nach-
wuchs händeringend gesucht wird. Die Hörsäle sind überbelegt und Professoren fehlen, da
ist es eben kein Wunder, dass die besten deutschen Studenten Deutschland den Rücken kehren, um woanders zum Beispiel im Bereich der Bio- und Gentechnologien freier und besser
zu forschen. Oder aber sie wollen sich mit „einem MBA" besser und schneller für einen
Berufseinstieg rüsten, als mit einem klassischen Studium der Betriebswirtschaft. Hier sind
allerdings flächendeckende Veränderungen zu beobachten; derzeit werden bundesweit BA
und MBA-Abschlüsse an den Hochschulen eingerichtet bzw. sind schon erfolgreich in Gan-
ge. Deutschland, früher einmal Anziehungspunkt für Studenten aus der ganzen Welt im Bereich der Ingenieurswissenschaften, verzeichnet heute den höchsten Anteil ausländischer
Studenten im Bereich der Musikwissenschaft.

Während wir in Deutschland eine nunmehr fast endlose Debatte über die Einführung von
Studiengebühren führen, haben US-Universitäten die Marktlücke in Deutschland erkannt: in
Frankfurt am Main wird die Duke-University einen Ableger speziell für Führungskräfte im
Bereich der Wirtschaftswissenschaften gründen; und die School of Advanced International
Studies der Washingtoner John Hopkins Universität überlegt sich, eine Zweigstelle in Berlin
aufzumachen. Und wahrscheinlich wird beides passieren, noch bevor die großen deutschen
Universitäten den Trend der Zeit erkannt haben.

Es gibt kein Zurück, sondern nur den Weg voraus. Den Maßstab setzt der Weltmarkt, daran
wird sich nichts mehr ändern. Politik, Gesellschaft und Wirtschaft – alle müssen hinaus in
den Wettbewerb. Nur als Baumeister seiner Zukunft hat Deutschland eine Chance, nicht als
Nachwächter seiner Vergangenheit!

Position II. Einen anderen Aspekt beleuchten die Ausführungen des Präsidenten des Zent-
ralverbandes der Elektrotechnik- und Elektronikindustrie (ZVEI) unter dem Aspekt „Wis-
sensbasierte globale Wirtschaft".

Nicht das Management der Probleme ist das Gebot der Stunde, sondern der Mut und die
Fähigkeit, unsere Systeme grundlegend auf den Prüfstand zu stellen. „Wir brauchen nicht
Politmanagement, sondern Visionäre der Veränderung!"

Es gehört zu den Problemen unserer Zeit, dass wir nicht vorbereitet sind, über die Dinge
nachzudenken, die eine so hohe Komplexität haben, dass wir sie mit dem gelernten Wissen
überhaupt beschreiben könnten. Wir beschreiten alle gemeinsam Neuland, anders ausgedrückt: Wir sind eine Gemeinschaft von Laien in der Bewältigung der Komplexität. Diese

Zurückhaltung, so meine ich, täte manchem vollmundigen Statement gut, denn niemand weiß, ob die Chance zur Globalisierung am Ende wirklich eine Chance oder nicht vielmehr eine gemeinsame Hysterie ist. Eine andere, genannt „new economy", haben wir ja gerade, wenn auch mit erheblichen Schäden, überstanden.

Eines erscheint gewiss: Die Globalisierung ist keineswegs der Passepartout, um alle aktuellen, auch binnenwirtschaftlichen Probleme zu erläutern oder zu begründen. So einfach ist die Sache nicht. Hier hilft der amerikanische Zukunftsforscher Alwin Toffler, der 1990 in seinem Buch „Powershift" schrieb: „Europa liegt mit einem neuen politischen Produkt ganz vorne. Sein ideologischer Hauptexport in den nächsten Jahren wird eine grüne Version der Sozialdemokratie sein." Später an dieser Fundstelle folgt Toffler: „Westeuropa dürfte kaum zu einer wirklich ausgewogenen Großmacht werden, solange es nicht ebenso viel Energie auf die Entwicklung seiner Wissensbasis verwendet, wie auf die Umgestaltung seiner militärischen – und die Integration seiner wirtschaftlichen Macht." Soweit dieses Zitat.

Bedenkt man vor diesem Hintergrund die Bemerkungen von Alt-Bundeskanzler Schröder über eine Dekade der Sozialdemokratie, dann wird allen deutlich, dass wir uns wieder mit den Grundlagen unserer politischen Konzeption beschäftigen müssen, denn die notwendigen Veränderungen sind mit tagesaktueller Politik nicht zu erreichen. Der Kölner Wirtschaftswissenschaftler Prof. Juergen B. Donges hat zu Recht festgestellt, dass Veränderungen in den großen gesellschaftlichen Systemen nur dann gelingen werden, wenn sie von der Konzeption her neu durchdacht werden. Ich wiederhole: Nicht ein Management der Probleme ist das Gebot der Stunde, sondern die Fähigkeit, unsere Systeme ganz grundlegend auf den Prüfstand zu stellen. Anders ausgedrückt: Wir brauchen nicht Politmanagement, sondern Visionäre der Veränderung!

„Die stärkste Kraft gegen die Menschheit ist die Trägheit!" Nehmen wir doch unseren heutigen Anlass, wenn wir von dieser Trägheit sprechen. Seit Jahren sind einige normungsrelevanten Phänomene bekannt – wobei ich gar nicht den intelligenten Kommentar von Toffler meine. Ich nenne **drei Punkte:**

1. Die Produktlebenszyklen auf allen Ebenen der Wertschöpfung verringern sich dramatisch.
2. Eine rein technologische Differenzierung wird immer schwerer, sie muss über die Dienstleistung gelingen, und
3. wer einen globalen Markt bedienen will, kann dies im Grunde nur dann tun, wenn er die Sicherheit normierter Produkte hinter sich weiß. Sonst wird dies nicht zu einer planbaren Investition, sondern zu einem Husarenritt.

Gleichwohl müssen wir feststellen, dass z.B. der Normungsprozess nach wie vor sich äußerst schwer tut, aus einer eher verstaubten Ecke der „late comer" hervorzutreten und – gerade in den Betrieben –die Reputation zu erfahren, die ihn – strategisch – ausmacht.

Vor 50 Jahren war noch jeder dritte und vor 30 Jahren noch jeder sechste Erwerbstätige ein Arbeitgeber. Heute liegt diese Quote, rechnet man auch die mitarbeitende Familie hinzu, bei ca. 10 Prozent. Das heißt, dass 90 Prozent der Menschen von 10 Prozent erwarten, dass sie ihnen einen Arbeitsplatz zur Verfügung stellen mögen, dass sie eine Wirtschaftsordnung garantieren, die eine unternehmerische Wirtschaftsordnung ist. Die Früchte der Freiheit sind für alle da, aber die liberale Wirtschaftsordnung, das sollen jene 10 Prozent Unternehmer leisten und diese Freiheit in einem Klima erschaffen, das man nun wirklich nicht als unternehmerfreundlich bezeichnen kann – egal welcher parteipolitischen Couleur man sich zuordnet.

Die innere Struktur einer Gesellschaft prägt das öffentliche Leben, die Atmosphäre – und diese Atmosphäre war damals als eher staatsfern, denn staatsnah zu bezeichnen. Man war für sich selbst verantwortlich – auch und gerade in den Wechselfällen des Lebens. Ich habe den Eindruck, dass die Tatsache, dass die Wirtschaftsordnung eine zentrale Grundlage der Gesellschaftsordnung ist, in unseren Tagen oftmals aus den Augen verloren wird. Die liberal verfasste Wirtschaftsordnung ist kein Stakeholder der Freiheit, sie ist die Grundlage der Freiheit! Und: Im Grunde sind wir mit einer Staatsquote von über 50 Prozent ohnedies schon lange keine Gesellschaft mehr, die man als unbürokratisch und freiheitlich bezeichnen könnte.

Vor diesem Hintergrund muss die Diskussion z.B. um den Mittelstand geführt werden. Wenn Sie ein Haus renovieren wollen und die Statik nicht kennen, wird die Renovierung nicht gelingen. In der Mittelstandsdiskussion habe ich oft den Eindruck, dass die Verantwortlichen den Unternehmer als Person nicht mehr sehen, sondern so genannte Rahmenbedingungen und ihre Gestaltung als Zentrum des Geschehens, als Selbstzweck missdeuten. Rahmenbedingungen werden Menschen gegeben, wenn Sie diese Menschen aber nicht erreichen, dann kreieren Sie ein Spielfeld ohne Spieler!

2002 stehen wir vor der Situation, dass die großen Säulen der Gesellschaft offenbar alle an ihre Grenzen gestoßen sind. Ob es sich um Bildung oder Arbeit, Krankenversicherung oder technologische Führerschaft handelt, ob wir uns das Steuersystem oder den Verbraucherschutz vornehmen, unsere nationale Gesellschaft steht kontinuierlich vor konkreten Fragen, weil wir zumindest erkennen, dass die Fortschreibung dessen, was ist, nicht mehr in die Zukunft reicht. Und wir haben heute eine Diskussion, die die Lösung nahezu aller Probleme in ökonomischen Denkansätzen sieht. Ich bin sicherlich einer, dem ökonomische Denkmuster nahe stehen, aber ich frage mich z.B. im Gesundheitswesen oder bei sozialen Fragen, ob ein Denken in rein wirtschaftlichen Kategorien allein ausreicht, um z.B. auch ethische Qualitäten zu erfassen – niemand möchte in einem Krankenhaus oder in einem Pflegeheim wirklich als „Kunde" gesehen werden, ich denke, Sie wissen, was ich meine ...

Ich frage mich also, wo wir im öffentlichen Diskurs jene Diskussion über unsere Philosophien haben, über unsere Methoden und Werkzeuge. „More of the same" wird nach meiner Einschätzung nicht reichen. Auch das Management der Probleme bedeutet keinen Ausblick. Eine Politik, die lediglich den Mangel verwaltet, ist keine Politik, sondern eine Fehlinterpretation der aktuellen Lage.

Ich möchte keine Nachbetrachtung zur Wahl 2002 leisten, denn ich denke, dass wir am Ende alle in einem Boot sitzen – die Zeit, in der wir die Lösung von Problemen an die Politik, an die Verbände, die Gewerkschaften, an die Institutionen delegieren konnten, ist vorbei. Wir sind in der Tat das Volk, das unsere Institutionen, unsere Politikansätze und unsere Leitbilder überprüfen muss. Denn Demographie, Ökologie und Wachstum zeigen uns sehr, sehr deutlich: Die Zeit sanfter Korrekturen ist vorbei, wir brauchen eine neue Grundsätzlichkeit in unseren Diskussionen.

Gleichwohl sind manchmal Philosophen bei der Deutung der Wirklichkeit hilfreich. „Zu sehen, was recht ist, und es gegen seine Einsicht nicht tun, ist Mangel an Mut", sagt Konfuzius. Dieses Zitat führt, wie ich denke, in die richtige Richtung: Mut heißt angesichts der erkennbaren Probleme das anzufassen, was erkennbar veränderungsbedürftig ist. Ich denke, was hierzu auf jeden Fall gehört, ist die Veränderung der Leitbilder in unserer Gesellschaft! Weg von einer abschlussorientierten Ausbildung hin zu einem Grading-System – also: „life long learning" als Aufgabe; weg von staatlicher Wohlfahrt als Konzept und hin zu einem sozialen System, das die Teilnahme des Einzelnen erlaubt – Stichwort Bürgergesellschaft. Wir brauchen in der Online-Gesellschaft ein anderes Bild von Betrieben als in der Zeit nach der industriellen Revolution. In diesem Sinne habe ich die aktuelle Politik – es ging um das Betriebsverfassungsgesetz – einmal als „Schminke für einen Dinosaurier" genannt; schließlich brauchen wir auch in den Unternehmen den Glauben an das eigene Können, Investitionen für die Konzepte, Verfahren und Produkte von morgen, wir brauchen mehr Innovationskultur und weniger die Herrschaft von Analysten, die mit dem Hebel der Börse eher für ein kurzfristiges und eindimensionales Denken stehen. Toffler bezieht z.B. im Zusammenhang mit dem Stellenwert des Wissens eine radikale Position und sagt: „Ohne Wissensaustausch keine Wertschöpfung!"

Lassen Sie mich als einen weiteren Aspekt über den Prozess der Veränderung nachdenken und damit wende ich mich einem schönen deutschen Wort zu: Ich meine den Wandel – nicht Change, nein: Wandel! Wandel ist ein Wort, das uns leicht eingeht, wer wollte nicht für Wandel stehen? „Change Management" – so heißt das Schlagwort, das uns seit Jahren in den Unternehmen beschäftigt, hat offenbar auch nicht verhindert, dass wir in schweres Fahrwasser geraten sind. Ist uns eigentlich klar, dass Wandel als Veränderungsstrategie eine Konfliktstrategie ist?

In dem Wort „Wandel" finden wir aber auch ein konstruktives Element, denn Wandel ist eben nicht die Schumpeter'sche Zerstörung allein, sondern Wandel glaubt an die Wandlungsfähigkeit, gibt Chancen. Wandel adressiert das, was ist, fordert nicht per se Ersatz oder Vernichtung. Fragen wir uns selbst: Wann haben wir uns selbst zuletzt gewandelt? Wann haben wir zuletzt Korrekturen vorgenommen? Haben wir wirklich eine Kultur des kontinuierlichen Wandels etabliert?

Hier steckt für mich eines der großen Paradigmen des 21. Jahrhunderts. Wir haben in der Vergangenheit nach Sicherheit und Kontinuität gesucht. Die Zukunft setzt neue Paradigmen: Es sind dies die Dynamik, die Geschwindigkeit, die Beherrschung von Unsicherheit – also Kontingenz – und die Fähigkeit zu einem kontinuierlichen Wandel. Ein Wandel also, der nicht aufhört – alles, was sich nicht wandelt, ist mit hoher Wahrscheinlichkeit von einer Krise bedroht.

Und: Dies ist keine quantitative, sondern eine rein qualitative Herausforderung. In einer Welt, in der wir alle Vierteljahre zum Rapport gebeten werden, kann Wandel schwerlich gelingen, denn jeder Wandel betrifft Systeme – ja! –, aber auch und vor allem uns Menschen.

Und hier wissen wir: Menschen brauchen mehr Zeit zum Wandel und – sie wandeln sich offenbar nur dann, wenn das Ergebnis des Wandels Gewinn verspricht.

Diese Erfahrung machen wir ganz lebenspraktisch gerade alle an uns selbst, denn wer von uns rechnet wirklich konsequent in Euro? Acht von zehn Menschen, so stand es in der FAZ, denken immer noch in DM – so schwer und so langwierig kann Wandel sein, und bei der Währungsumstellung handelt es sich um eine Petitesse!

Alle bewegen sich und nichts bewegt sich – dieses Wortspiel macht deutlich, dass der Wandel kein Selbstzweck ist, sondern er ist zu kombinieren mit Zielen, und wenn diese Ziele neu sind, dann brauchen wir in der Tat neue Leitbilder, neue Visionen. Ich denke, dass wir viel zu wenig über diese Ausrichtung des Wandels nachdenken, sonst wären wir möglicherweise in der Lösung der Probleme ein Stück weiter. Ich möchte hier das Beispiel Europa anführen. Wir haben alle noch kein Bewusstsein darüber, dass die große Idee Europa zu einem beachtlichen Teil schon Realität ist. Aber: Wir bewegen und handeln nicht als Europäer – weder politisch noch persönlich. Wir verkennen, dass wir zu einem großen Maß bereits von Europa regiert werden. Allenfalls über den Nitrofen- oder den BSE-Skandal konnten wir ein wenig spüren, was es bedeutet, wenn die Kommission in unserem Land aktiv wird.

Es ist uns weitgehend noch nicht gelungen, uns als europäische Industrie aufzustellen und zu verstehen und schon ein wirkliches Gegengewicht zu den anderen Nationen in der Triade zu sein – wir sind es weder wirtschaftlich noch außenpolitisch, noch sicherheitspolitisch! Auch hier ein riesiges Feld des Wandels, ohne dass wir hierbei schon Erfolge vorzuweisen hätten, die allen bewusst sind. Denken Sie an mein Zitat von Alwin Toffler, der die grüne Sozialdemokratie als Exportschlager der Deutschen beschrieben hatte.

Ich komme zu einem weiteren zentralen Begriff: Kreativität! Mit Kreativität ist natürlich eine Handlungsqualität gemeint – jene Handlungsqualität, die zu Neuem führt. Schöpferische Zerstörung ist die Schumpeter'sche Definition des Begriffs, darin steckt der Ersatz dessen, was ist, – durch seine Zerstörung. Ich denke, dieser Ansatz ist zu ergänzen. Wir brauchen eine Kreativität, die beide Wirkungsebenen kennt: Die Zerstörung um des Neuaufbaus willen, aber auch die phantasiegetragene Veränderung, eben – den Wandel! Beide Handlungsoptionen setzen aber die kreative Kraft voraus.

Kreativität kann also zwei Richtungen haben: Innovation und Wandel. Voraussetzung der Kreativität in einer komplexen Welt ist jedoch Wissen und seine Anwendung. Wissen ist in der Tat der neue Rohstoff unserer Tage. Dieses Wissen wird immer komplexer. Um bei schwierigen Entscheidungen den erreichbaren Sachverstand einzubeziehen, gehört zur Wissensarbeit die kontinuierliche Vernetzung. Nur sie sorgt für das relevante Wissen zum rechten Zeitpunkt. Diese Vernetzung von Wissen ist für mich z.B. eine der großen Begründungen, warum Verbände weiterhin eine herausragende Bedeutung haben müssen. Sie bilden Plattformen des Wissens, sind Drehscheiben für Wissen.

Und: Kreativität braucht Räume, in denen sich diese Kreativität entfalten kann. Kreativität ist Menschenwerk – wir brauchen mehr von allen Erscheinungsformen: mehr freies Denken, mehr Agents provocateurs, mehr Querdenker. Wenn Wissen ein Rohstoff ist, wenn ohne Wissensaustausch keine Wertschöpfung mehr gelingt, dann sind Anstöße und Kreativität die

Herstellungsverfahren, die „Matchmaker" der Zukunft. Und: Wir brauchen die Öffentlichkeiten für diese neuen Protagonisten unseres zukünftigen Erfolgs!

Zudem brauchen wir eine neue Unmittelbarkeit all jener, die für den Wandel Verantwortung tragen. Der gerade im politischen Diskurs vorgetragene Austausch über die Medien ist meines Erachtens oftmals ein Irrweg. Wir brauchen den direkten Weg der Verantwortungsträger aufeinander zu. Wir brauchen weniger Administratoren von Macht, sondern wir brauchen jene, die die Vektoren der Veränderung verstanden haben und ihren Einfluss nutzen, um nach Abschluss des redlichen Bemühens um Erkenntnis die Dynamik der kontinuierlichen Veränderung zu initiieren.

Schließlich kommt es auf den Transfer neuer Ideen an.

> **Merke:**   **Transfer ist nur in offenen oder geöffneten Systemen möglich.**

Und: Transfer ist selbst eine komplexe Angelegenheit, denken Sie nur an unsere Bemühungen, das deutsche Normensystem weltweit zu implementieren – eine, wie ich finde, sehr wichtige Form und Anwendung der Transferidee. Wir brauchen also Offenheit, denn ohne Offenheit entsteht kein kreativer Freiraum und schon gar nicht ein Austausch zwischen Institutionen. Kreativ eingesetztes Wissen ist noch nicht die Innovation, aber Innovationen haben immer mehr kreativ interpretiertes Wissen zur Grundlage.

Mit meinem letzten Punkt komme ich zu einer ganz wesentlichen Dimension, wenn es um die Beurteilung der Zukunft geht: Technologie.

Eine menschenwürdige Gestaltung unserer Zukunft, die Lösung der Menschheitsfragen, so viel steht für mich fest, kann nur durch den Einsatz von Technologie gelingen. Einer Technologie, die dem Menschen dient. Eine Plattitüde! Sicher. Aber: Gen- und Biotechnologie, Atomenergie, Transrapidtechnologie und viele weitere Felder lehren uns, dass nur die Technologie sich durchsetzen wird, die von der Bevölkerung akzeptiert wird. Und: Dies nicht auf der Ebene von Experten, sondern in der Bevölkerung. Eine Bevölkerung aber, die laut PISA genau bei naturwissenschaftlichen Themen ihre Schwächen hat, ist nicht vorbereitet, der zunehmenden Komplexität der Technologie zu begegnen. Hier beißt sich die Katze in den Schwanz. Wir brauchen eben nicht nur mehr Ingenieure, wir brauchen die Anhebung der allgemeinen Bildung im technisch-naturwissenschaftlichen Bereich, um über Wissen und Verstehen auf Akzeptanz zu stoßen. Die Alternative kennen wir schon: Ablehnung durch Verunsicherung und Angst.

Das ist zum einen eine Bildungsaufgabe, es ist aber auch eine Aufgabe für die Wirtschaft, die ihrerseits zu lernen hat, dass die Akzeptanz von Innovationen eine Gestaltungsaufgabe ist – auch und gerade im High-Tech-Bereich. Die Erreichung der Akzeptanz ist integraler Bestandteil der Wertschöpfung in der Hochtechnologie.

Ich möchte noch einen Schritt weiter gehen. Mir geht es um Freude an der Technik, um die Lust am technischen Fortschritt. Wir müssen den technischen Fortschritt als Chance wirklich verstehen. Als die Amerikaner das Ziel verfolgten, den berühmten „Man in the moon" zu erreichen, waren sie getragen von einer landesweiten Euphorie – erhebliche Mittel wurden in die Raumfahrt gesteckt –, auch diese Akzeptanz ist die Grundlage und Voraussetzung für Spitzenleistung. Lust an Technologie – das heißt stolz auf das, was in unserem Lande beigetragen wird, um die großen Probleme und Themen der Menschheit zu lösen

Wenn es uns gelingt, die öffentliche Atmosphäre in dieser Weise zu wandeln, dann – und ich betone – aber auch nur dann haben wir eine Chance, die rote Laterne zu nehmen, das rote Glas durch weißes zu ersetzen, zur Lokomotive zu gehen und die Lampe dahin zu hängen, wohin sie gehört – nach vorne! Insofern sind die Aufgaben für uns, dem Volk der Dichter und Denker, sehr gut aufgehoben, wir müssen nur über die richtigen Dinge nachdenken, und den Dichter will ich einmal sehr weit spreizen und ihn gerne bemühen als Herausforderung, dass die technologischen Lösungen eben kulturfähig sein müssen. Der Dichter und Denker hat eine neue Aufgabe bekommen – er muss sich klar machen, dass die Ergebnisse seines Denkens für die Geschwindigkeit und die Fahrtrichtung des Zuges verantwortlich sind.

Ich habe versucht, einige Linien aufzuzeigen. Vielleicht habe ich einige Fragen ansprechen können, die auch Ihnen auf den Nägeln brennen oder Unbehagen bereiten. Ein solcher Vortrag – sehen Sie es mir bitte nach – bringt Blitzlichter, hoffentlich Anregungen. Mein letzter Satz gehört dem Philosophen Hegel, der sich Gedanken über die Elite machte, denn auf die wird es in Zukunft mehr denn je ankommen. Er schreibt: „Nicht Herrenbewusstsein, also begehren, sondern Pflichtbewusstsein, also arbeiten, dienen, sich bilden und Anerkennung aus Leistung suchen, zeichnet die Elite aus.

Position III. Vorgetragen von einem Mitglied im Landesvorstand der Christlich-Demokratischen Arbeitnehmerschaft (CDA) Hessen, erscheint uns hier erwähnenswert, zeigt sich doch an der Thematik Globalisierung eine relativ breite Übereinstimmung in der Einschätzung ihrer Auswirkungen auf die Wirtschaft.

Merke:	Durch die Globalisierung stehen nicht nur Firmen untereinander, sondern auch nationale Standorte insgesamt in einem Wettbewerb. Deutschland ist als Standort in die Diskussion gekommen.

Ein Übermaß an Bürokratie, zu hohe Steuern und zu hohe Lohnnebenkosten, so wird argumentiert, führten zu einer strukturellen Schwächung des Standortes im internationalen Wettbewerb. Die Folge sei eine hohe Anzahl von Konkursen und die Abwanderung von Investivkapital ins Ausland. Damit einher gehe ein Verlust an Arbeitsplätzen, weil der Produktionsfaktor Arbeit in Deutschland insgesamt zu teuer geworden sei. In dieser, stark vereinfachten Darstellung mischen sich Momentaufnahmen verschiedener wirtschaftlicher Ebenen mit einer Deregulierungsideologie, die lediglich im Abbau von Regelungsdichte, dem Rückbau sozialer Sicherungssysteme und dem Abschmelzen von Lohnnebenkosten einen Königsweg zu internationaler Wettbewerbsfähigkeit sieht. Gleichwohl ist diese Sichtweise verkürzt, denn sie übersieht

- dass Deutschland nach wie vor einen Spitzenplatz in den internationalen Exporten einnimmt;
- dass die Arbeitsproduktivität in Deutschland nach wie vor sehr hoch ist;

- dass das bisherige System sozialer Sicherung zu einer beispiellosen sozialen Stabilität geführt hat, die selbst ein zentraler Standortfaktor ist;
- dass die Arbeitsmotivation, die sich aus dem Wissen um gesicherte Arbeitsplätze und soziale Sicherheit speist, einen nicht zu unterschätzenden Anreiz darstellt, sich mit einem Unternehmen und der Arbeit zu identifizieren;
- dass hohe Bildungs- und Ausbildungsniveau in der Bundesrepublik Deutschland, das attraktiv ist für die Investition in qualifizierte Beschäftigung.

Allerdings lässt sich die wirtschaftliche Position Deutschlands in der Globalisierung nur dann halten und ausbauen, wenn die für das Wirtschaften bestimmenden Rahmenbedingungen in der Bundesrepublik verändert werden. Globalisierung führt nicht an sich zu ökonomischen Verwerfungen, sie macht aber Strukturdefizite deutlich. In der notwendigen Strukturdebatte kann es aber nicht darum gehen, das weithin liberalisierte angloamerikanische Modell umstandslos nach Deutschland zu importieren. Die Wirtschaftsordnung der Bundesrepublik hat eine eigene Struktur, eine eigene Tradition, und innerhalb des geistigen Horizontes dieser Tradition muss eine Antwort auf die Herausforderungen der Globalisierung gefunden werden, ohne die eigene Identität preiszugeben.

Politik kann die Wettbewerbsfähigkeit des Standorts Deutschland durch ordnungspolitische Maßnahmen, den Umbau des Sozialstaats und den Abbau von Regelungsdichte befördern. Die materiellen Voraussetzungen für einen funktionierenden Sozialstaat aber schafft die Wirtschaft. Geld, dass in soziale Systeme fließt, muss erarbeitet werden. Wirtschaften im klassischen Sinn bedeutete aber nie, dass die Mittel den Zweck heiligten. Auch und gerade in der globalisierten Welt gibt es eine gesellschaftliche Verantwortung der Wirtschaft. Diese gesellschaftliche Verantwortung schließt ein

- sich nicht nur am shareholder value zu orientieren, sondern die gesellschaftlichen und sozialen Kontexte mit zu bedenken;
- sich den Fragen sozialer und ökologischer Nachhaltigkeit des Wirtschaftens zu stellen;
- die Pflicht zur Mitfinanzierung von Infrastruktur und Sozialsystemen anzuerkennen.

Gerade im letztgenannten Bereich muss konstatiert werden, dass Unternehmen zunehmend sich der Mitfinanzierung von öffentlichen Aufgaben entziehen. Die Folge ist ein Nachlassen des Steueraufkommens und eine Einschränkung der staatlichen Steuerautonomie. Corporate Sponsoring ist kein Ersatz für die Mitfinanzierung öffentlicher Aufgaben durch Steuern. Dass sich große Konzerne durch interne Verrechnungen von der Steuerpflicht befreien können, wie der katastrophale Einbruch der Gewerbesteuer nach der letzten Steuerreform deutlich gezeigt hat, ist sowohl Zeichen für schlechte politische Gestaltung wie für ein fragwürdiges Verständnis von corporate citizenship. Die CDA tritt deshalb dafür ein dass

- das bundesdeutsche Steuersystem vereinfacht wird und Ausnahmeregelungen und Abschreibungsmöglichkeiten weitgehend beseitigt werden;
- eine Besteuerung von Wirtschaftseinheiten vereinfacht und für die Unternehmen wie die öffentliche Hand verlässlich erfolgt;
- die Möglichkeiten zur Verlagerung von Unternehmenssitzen in Niedrigststeuerländer oder offshore-Zentren durch international verbindliche Absprachen erschwert wird;

- internationale Vereinbarungen geschlossen werden, um vor allem im Verhältnis der OECD-Länder untereinander einen ruinösen Steuerwettbewerb zu unterbinden.

3.7 Zum Stand der Ausbildungs- und Fähigkeitsnachweise in Deutschland

Zu den gemachten Ausführungen des Arbeitgeberpräsidenten, des Präsidenten des ZVEI und des CDA, sollen im Folgenden einige vertiefende Überlegungen erfolgen.

Jüngere Ergebnisse von Befragungen z.B. des Instituts der deutschen Wirtschaft lassen Schwachstellen auch im zunächst vielleicht nicht vermuteten kaufmännisch-betriebswirt-schaftlichen Bereich erkennen; vielfach sind dies größere Wissenslücken, als Managern und Unternehmensleitungen lieb sein dürfte.

Die lernende Organisation ist demnach wohl das Personalentwicklungsthema der kommen-den Jahre. Vereinfacht ausgedrückt ist damit gemeint, dass die Auseinandersetzung um die Formulierung der Strategie und der Unternehmenspolitik möglichst breit im Unternehmen mit einer großen Anzahl von Mitgliedern angelegt sein muss.

Diese Auseinandersetzung muss unter der Annahme geführt werden, dass unterschiedliche Sichtweisen vorhanden sein dürfen und mit den gegensätzlichen Positionen gearbeitet wird, um Entscheidungen zu erreichen.

Keine Woche vergeht mittlerweile, in der nicht über Managementausbildung und -entwicklung eine Tagung oder ein Kongress abgehalten werden. Darüber hinaus sehen wir allerdings die erfolgreiche Personalentwicklung des „Schlüsselpersonals 2000" in einem abgestimmten Verbund von Organisationsstruktur, Unternehmenskultur und der (internatio-nalen) Personalrekrutierung.

Merke:	**Wesentlich stärker als in der vergangenen Dekade sind die kommen-den Jahre geprägt von einem dynamischen – international um sich greifenden – Strukturwandel. In allen für wirtschaftliches Handeln wichtigen Bereichen verändern sich die Rahmenbedingungen und da-mit der ökonomische Datenkranz; sie lösen damit einen starken An-passungsbedarf für die Unternehmen aus. Verstärkt zu beobachtende Unternehmenszusammenschlüsse sind ein Indiz dafür.**

Die folgenden Thesen konzentrieren sich auf die vielfältigen Probleme, die mit der Nutzung der Möglichkeiten insbesondere internationaler Märkte verbunden sind; sie bestimmen maß-geblich das Anforderungsprofil für ein erfolgreiches internationales Personalmanagement:

- Die kommenden Jahre werden insbesondere geprägt sein von weiteren tiefgreifenden Veränderungen im Osten Europas. Die jüngsten Entwicklungen dieses Umbruchs sind nur

Vorboten eines vollständigen Wandels, der Europa vor gewaltige Herausforderungen stellt.

- Der EU-25-, ab 2007 der EU-27-Markt führt zu neuen Chancen in wesentlich größeren Märkten und löst zugleich auf den jeweils nationalen Märkten eine wachsende Konkurrenz aus.

- Damit verbunden ist für die einzelne Unternehmung eine abnehmende Überschaubarkeit; künftige Entwicklungen sind weniger kalkulierbar, verlangen vielmehr ein flexibles, situatives Handeln. Auf den Weltmärkten bleiben große Unsicherheiten. Von den Mitgliedern der „Triade" (Japan und die USA) ist ein größerer Einfluss auf das Wirtschaftsgeschehen der EG zu erwarten.

- Die Veränderungen der Märkte und der Einfluss neuer Techniken (z.B. Internet) führen zu einer zunehmenden Interdisziplinarität. In zunehmendem Maße werden bislang Marktfremde auf den eigenen, angestammten Märkten tätig sein, ohne dass irgendein Gesetz dies verhindern könnte. Entscheidend ist künftig mehr denn je die Leistung und die Qualität und damit in einer sich dynamisch wandelnden Welt die Qualifikation.

- Gemäß der bisherigen Denkgewohnheiten nimmt damit die Verlässlichkeit starrer Verhaltensmuster ab und die Individualität zu. Offenheit, Pluralität, flexible Einstellungen und die Festigkeit und Stärke der individuellen Persönlichkeit sind zukünftig wichtiger als einmal erlangte berufliche Abschlüsse und zertifizierte Ansprüche.

- Dies bedeutet zwangsläufig, dass der Wettbewerb immer weniger kalkulierbar ist. Notwendig ist daher ein Höchstmaß an Flexibilität, Eigenverantwortung und Bereitschaft zu innovativem Handeln. Dies stellt nicht zuletzt auch die Erstausbildung Hochqualifizierter vor neue Herausforderungen und

- in der Konsequenz sind auch die innerbetrieblichen Rahmenbedingungen starken Veränderungen ausgesetzt. Betriebsinterne Kooperation, Führung, Organisation und Personalentwicklung bestimmen zunehmend den Erfolg einer Unternehmung. Die Diskussion um den Wertewandel hat überdies gezeigt, dass Motivation und Leistung der Mitarbeiter immer weniger vom Lohn- oder Gehaltswert abhängig sind (vgl. Hummel/Zander 2003).

Zusammengefasst kann daher gesagt werden, dass die genannten Auswirkungen der Internationalisierung alle Unternehmensbereiche erfassen wird. Für diese Bereiche heißen dann die Konsequenzen:

- Internationalisierung,
- Reorganisation,
- Rationalisierung,
- Innovation und Kreativität und
- Qualität und Qualifizierung.

Dem eurostrategischen Personalmanagement wird dabei eine Querschnittsfunktion zukommen, da es in all diesen Bereichen eines hochqualifizierten Humankapitals bedarf, um die Chancen des äußerst attraktiven europäischen Binnenmarktes zu nutzen (vgl. Hummel/Zander 2005 a).

> **Merke:** **Während die meisten Unternehmen bei den Bereichen Produktion und Marketing gelassen bleiben, sehen sie auf dem Gebiet der Weiterbildung der Mitarbeiter, der Information, Kommunikation und Beratung noch (interkulturelle) Defizite.**

Im Hochschulbereich ist zu verzeichnen, dass zunehmend international orientierte Studiengänge mit curricular vorgesehenen Auslandssemestern angeboten werden, die internationalen Studenten- und Personalaustausch damit vorsehen sowie zum Teil eine Doppelqualifizierung ermöglichen. International zusammengesetzte Studiengruppen leisten auf diesem Wege einen Beitrag für eine verbesserte interkulturelle Kommunikation.

Während die sozialen Dimensionen des europäischen Binnenmarktes sich noch weitgehend im Entwicklungsstadium befinden, sind die Regelungen für das Gebiet der Arbeitssicherheit schon weitgehend getroffen. Mit der Richtlinie des Rates über die Durchführung von Maßnahmen zur Verbesserung der Sicherheit und des Gesundheitsschutzes der Arbeitnehmer am Arbeitsplatz sind jetzt Mindestnormen geschaffen, die auch bei Umzug in ein anderes EG-Land nicht unterschritten werden dürfen. Bei den drei Richtlinien, die der Minister im April 1989 einstimmig verabschiedet hat, handelt es sich vor allem um Mindeststandards für Sicherheit und Arbeitsschutz beim Benutzen von Maschinen, Apparaten und Anlagen.

Obwohl in den einzelnen Mitgliedstaaten z. T. schon seit Jahrzehnten sehr unterschiedliche Regelungen gelten – die auch weiter bestehen bleiben –, konnte man sich auf grundsätzliche, gemeinsame Vorschriften einigen.

Danach ist der Arbeitgeber in allen Fällen für die Organisation der Sicherheit im Betrieb verantwortlich. Allerdings enthalten die meisten Regelungen keinen eindeutigen systematischen Ansatz für die Risikoanalyse und die Ausarbeitung von Präventivmaßnahmen.

Die Pflicht der Arbeitnehmer zur Zusammenarbeit mit den Arbeitgebern im Hinblick auf die Förderung der Sicherheit am Arbeitsplatz wird in den Vorschriften dagegen explizit festgehalten.

In einer Reihe von Gesetzen und Verordnungen ist das Recht des Arbeitnehmers zur Niederlegung der Arbeit festgehalten, wenn die Arbeitsbedingungen ihn zur begründeten Annahme veranlassen, dass sie eine ernste und unmittelbare Gefährdung seines Lebens oder seiner Gesundheit darstellen. Zum Teil sind die Arbeitnehmer im Notfall sogar dazu verpflichtet, innerhalb ihres Zuständigkeitsbereichs unmittelbare Maßnahmen zu ergreifen und den Arbeitgeber von potentiellen Gefahren in Kenntnis zu setzen.

Die Rechtsvorschriften der Mitgliedstaaten beruhen zwar alle auf der gleichen logischen Grundlage und zielen auf eine verstärkte Beteiligung der Arbeitnehmer an der Organisation der Arbeitssicherheit ab, die zur Verwirklichung dieses Ziels verabschiedeten Bestimmungen sind jedoch sehr unterschiedlich. Dabei kann zwischen drei Arten von Systemen zur Einbeziehung der Arbeitnehmer in die sicherheitsrelevanten Belange unterschieden werden:

1. Systeme, in denen die rechtmäßig eingesetzten Betriebsräte eine zentrale Position innehaben und die Sicherheitsbeauftragten oder -ausschüsse lediglich eine Nebenrolle spielen;
2. Systeme, in denen von Arbeitnehmern und Arbeitgebern gemeinsam gebildete Sicherheitsausschüsse das wichtigste Gremium für die Beteiligung darstellen;
3. Systeme, in denen zwar von Rechts wegen weder die Einsetzung von allgemeinen noch von spezifischen für den Gesundheitsschutz und die Sicherheit zuständigen Gremien vorgeschrieben ist, jedoch die Möglichkeit für die Benennung von für die Sicherheit zuständigen Arbeitnehmern oder Arbeitnehmervertretern eingeräumt wird.

In einigen Mitgliedstaaten spielen sowohl allgemeine als auch spezifische Gremien, deren Charakter weitgehend von den traditionellen Beziehungen der Sozialpartner zueinander geprägt wird, eine Rolle.

Inwiefern die Arbeitnehmervertreter ihren Aufgaben nachkommen und die ihnen eingeräumten Rechte ausüben können, hängt offensichtlich von mindestens drei Bedingungen ab, nämlich

* der Freistellung der Arbeitnehmervertreter zwecks Ausübung ihrer Funktionen,
* dem Schutz gegen Entlassung oder Benachteiligungen aufgrund ihrer Tätigkeiten als Arbeitnehmervertreter und
* dem Recht auf eine einschlägige Ausbildung oder Freistellung zwecks Absolvierung einer solchen.

In den meisten Mitgliedstaaten sind Bestimmungen über die Freistellung der Arbeitnehmervertreter, eine einschlägige Ausbildung sowie für ihren Schutz gegen Benachteiligungen vorgesehen. Allerdings decken sich die zu diesem Zweck verabschiedeten Bestimmungen nicht ganz.

Die überwiegende Zahl der Mitgliedstaaten hat das allgemeine Recht der Arbeitnehmervertreter auf Information im Zusammenhang mit der Arbeitssicherheit gesetzlich verankert. Der Arbeitgeber ist grundsätzlich verpflichtet, die Arbeitnehmervertreter ausreichend oder angemessen zu informieren. Der Wortlaut der entsprechenden Bestimmungen variiert allerdings, und die Rechtsvorschriften sind in diesem Punkt in einigen Mitgliedstaaten detaillierter als in anderen. Zumeist sind die Bestimmungen dahingehend ausgestaltet, dass der Arbeitgeber verpflichtet ist, alle Informationen, die die Arbeitnehmervertreter billigerweise zur Durchführung ihrer Aufgaben benötigen, zur Verfügung zu stellen.

Die Arbeitgeber werden immer mehr dazu verpflichtet, Listen über Unfälle und im Unternehmen vorhandene Gefahrstoffe zu führen. In einigen Fällen haben die für die Sicherheit zuständigen Arbeitnehmervertreter das Recht auf Zugang zu diesen Aufzeichnungen und allen sicherheitsrelevanten Berichten und Dokumenten, die der Arbeitgeber laut Gesetz erstellen muss.

Die von den jeweiligen nationalen historischen, politischen und geographischen Umständen geprägte Entwicklung in den einzelnen Ländern der Gemeinschaft und die jeweilige wirtschaftliche Lage sind sehr unterschiedlich. Daher wird eine Angleichung ein sehr langfristiger Prozess sein, in dessen Verlauf das hohe Niveau der Arbeitsschutzbestimmungen bestimmter Länder sich durchsetzen sollte.

Sehr unterschiedlich werden wohl auch die bisherigen Entwicklungen auf den Gebieten Arbeitslosenversicherung, Alterssicherung, Krankenversicherung und Mitbestimmung bei Einführung neuer Techniken bleiben.

3.8 Übungsaufgaben zur Selbstkontrolle

Aufgabe 6:
Benennen Sie die wichtigsten Einflussgruppen auf internationale Unternehmensführung.

Aufgabe 7:
Welches sind die wesentlichen Einflussfaktoren aus nationaler Sicht und nehmen Sie eine Bewertung für Handlungsalternativen internationaler Unternehmen vor.

4 Konsequenzen für die (internationale) Personalentwicklung

Lernziele

Nach dem Studium dieses Kapitels sollten Sie in der Lage sein:

- Das Modell EPRG-Schema beschreiben zu können;
- die wichtigsten fachlichen und überfachlichen Anforderungen an internationales Personal beschreiben zu können;
- den Typ des Euromanagers beschreiben zu können und
- die Triade Struktur, Kultur und Strategie als Einflussfaktoren auf die lernende Organisation zu erkennen.

In dieser Entwicklungsphase eines Unternehmens drückt sich ein bewährtes Modell zur Beschreibung von Internationalisierungsstrategien aus, es differenziert in (vgl. Hummel/Zander 2005e).

- **ethnozentrische** Strategien: Prägung der Unternehmenskultur durch das Stammhaus. Ableitung von Produkt-, Vertriebs- und Servicestrategien auf Standort und Niederlassungen im In- und Ausland. Stark nationale Ausrichtung der Personalarbeit bis hin zur Besetzung von Führungspositionen primär durch Stammhaus-Mitarbeiter. Diese Strategie ist für einige Wachstumschampions vor 10 bis 20 Jahren durchaus noch erfolgreich gewesen, um relativ einmalige Kernkompetenzen mit einem hohen Maß an Schnelligkeit zu transferieren (Beispiel: Würth-Gruppe, Künzelsau).
- **polyzentrische** Strategien: Betonung nationaler Eigenständigkeit in den Tochtergesellschaften und Niederlassungen. Dementsprechend dezentrale Organisationsstrukturen mit einer Personalarbeit, die den Besetzungsprozess über Suche und Auswahlkriterien sehr stark nach lokalen Gesichtspunkten betreibt. Dies dürfte derzeit die klassische Strategie für mittlere und große Unternehmensstrukturen mit starken Auslandsaktivitäten darstellen (Beispiel: Deutsche Bank, Frankfurt). In diesen Strukturen stellt sich immer wieder in Wellenbewegungen die Frage nach Graden der Zentralisierung, nach der Klammerfunktion zentraler Personalbereiche im Hinblick auf die Gesamtausrichtung der Personalarbeit.
- **geozentrische** Strategien: Integration der Länderkulturen wesentlicher Tochtergesellschaften und Märkte in eine multinationale Unternehmensphilosophie mit Leitbild, Füh-

rungsgrundsätzen, Kundenorientierung und Strategien. Hier erfolgt eine Abstraktion von klassischen lokalen Gesichtspunkten, seien sie geleitet durch das Stammhaus oder durch große Tochtergesellschaften. Personalarbeit in diesen internationalen Unternehmensgruppen/Divisions fördert internationale Karrieren unabhängig von lokaler Herkunft und nimmt durchaus stärkere Klammerfunktionen wahr, um übergreifende Rekrutierungs- und Personalentwicklungsstrategien mit hoher Effizienz zu realisieren.

Wir wissen aus umfangreichen Querschnittsuntersuchungen, die vom Institut der deutschen Wirtschaft, der Schmalenbach-Gesellschaft für Betriebswirtschaft u. a. durchgeführt wurden, dass fachliche Qualifikationen bei den Unternehmen an oberster Stelle plaziert sind. Sie werden in aller Regel auch als nicht defizitär eingeschätzt. Bei der Frage nach der Praxisorientierung scheiden sich allerdings die Geister. Ein großer Teil der befragten Unternehmen/Führungskräfte hält die Praxisorientierung der wissenschaftlichen Hochschulausbildung für unzureichend. Dies wurde in einer jüngst veröffentlichten Umfrage der Wirtschaftsjunioren in Nordrhein-Westfalen von etwa zwei Drittel der Befragten festgestellt. Anders hingegen sieht es mit den sog. Schlüsselqualifikationen oder auch extrafunktionalen Qualifikationen aus (vgl. hierzu auch die gegenwärtige curriculare Entwicklung in den neuen Bachelor- und Masterstudiengänge). Die Anforderungen, die in der kommenden Dekade an die Führungskräfte gestellt werden, sind gleichzeitig die Defizite aus heutiger Sicht.

Das Schlagwort von der „lernenden Organisation" soll in diesem Zusammenhang kurz skizziert werden. Wenn Unternehmen sich zukünftig in einem Umfeld bewegen, das sich in relativ kurzen Zyklen und wenig homogen verändert, kann ein Unternehmen nur überleben, wenn es sein Steuerungspotenzial permanent anpasst, in diesem Falle bedeutet dies, wenn es permanent lernt. Damit ist a) Lernen eine permanente Aufgabe am einzelnen Arbeitsplatz und b) ist Lernen eine Leistung, die primär von der Organisation als ganzer zu erbringen ist – und zwar als Maßnahme der Personalentwicklung und Organisationsentwicklung. Damit werden die Voraussetzungen geschaffen für ein ökonomisch sinnvolles Lernen des einzelnen am Arbeitsplatz, und Organisations-Lernen wird zu einer Schlüsselqualifikation fortschrittsfähiger Unternehmen.

Merke:	**Die Grundlage für eine vorausschauende Ermittlung des Weiterbildungsbedarfs (Bildungsbedarfsanalyse) sollte demnach eine Analyse absehbarer wirtschaftlicher, technischer und organisatorischer Entwicklungen in ihren Auswirkungen auf das Unternehmen, seine Arbeitsplätze und die dort entstehenden Qualifikationsanforderungen sein.**

Es muss möglichst genau erkennbar sein, was ein Mitarbeiter für eine bestimmte Aufgabe wissen und können muss, um seine vorhandene Qualifikation auf den gewünschten Stand zu erweitern.

Der planmäßige Verlauf von Weiterbildungsmaßnahmen steht und fällt allerdings mit der richtigen Wahl und Kombination der geeigneten Methoden und Lehrmittel. In der Weiterbildung der Wirtschaft haben sich hierbei die Lernstatt oder Qualitätszirkel als methodische und organisatorische Form des Lernens in der Gruppe herausgebildet. Der Fernunterricht stellt die Voraussetzung an den Teilnehmer, dass dieser die nachhaltige Bereitschaft zum „Selbstlernen" mitbringt. Grundsätzlich wird allerdings von einem Wandel in der Methodik auszugehen sein. Sie verlässt zunehmend den Seminarraum, weil die Transfer-Problematik formaler Bildung nach wie vor unbefriedigend gelöst ist. Lernen „On the Job" steht an erster Stelle. Job Rotation und Projekte verbreitern das Lernfeld.

4.1   Fachliche Qualifikationen

Wagt man einen Epochentrend für die nächste Dekade im Hinblick auf die Entwicklung der weltwirtschaftlichen Dynamik, kommt man zu folgendem Schluss, der wiederum Konsequenzen für die (Neu-) Bewertung fachlicher Qualifikationen mit sich bringt:

Merke:	**Die weltwirtschaftliche Dynamik wird sich, ausgelöst durch die neuen Informationstechnologien in der Triade Nordamerika, Pazifischer Raum und Europa, im nächsten Jahrzehnt nochmals beschleunigen.**

Wir können davon ausgehen, dass wir in der nächsten Dekade mehr Veränderungen, Informationen, neue Produkte, Dienstleistungen, technologische, ökonomische und soziale Innovationen erleben werden, als in den vergangenen 20 Jahren insgesamt beobachtet werden konnten. Diese Ereignisse und Trends finden sich in diversen Szenarien und lassen sich grob auf die beiden Schlagworte ökonomische und technologische Umweltveränderungen reduzieren.

Diese Entwicklungen werden selbstverständlich auf die Anforderungen an die fachliche Qualifikation „durchschlagen". Was muss nun der zukünftige Manager können? Er muss selbstverständlich seine Techniken beherrschen. Übereinstimmend wird jedoch aus den Ergebnissen diverser Studien ein Mangel an strategischem Denken heutiger europäischer Führungskräfte konstatiert. Folgender Schwachstellenkatalog wird dabei zusammengestellt:

- mangelnde Zielerkennung;
- mangelhafte Situationsanalyse;
- einseitige Schwerpunktbildung;
- unbeachtete Nebenwirkungen und
- Unter- und Übersteuerung.

Hinzu kommt, dass im Hinblick auf die oben genannte Entwicklungen in der Informations- und Kommunikationstechnologie eigene Erfahrungen hinzukommen müssen. Die Überalterung des Management bildet hier einen weiteren Punkt, dem u. U. durch verstärkte internationale Personalrekrutierung begegnet werden kann (vgl. Schwerpunktheft Personal 6/2003).

4.2   Überfachliche Qualifikationen

Damit verknüpft sind insbesondere Führungsanforderungen an den viel zitierten „Euro-manager" oder auch „One-World-Manager-Typ". Eigenschaften, die man zusammenfassen kann als a) fachliche Qualifikationen sinnvoll zu verwerten und b) die Führungsfunktion optimal zu gestalten.

Die Herausforderung an die Mitarbeiter der international tätigen Unternehmen besteht also darin, veränderte Umweltbedingungen für die Unternehmen zu erkennen und darauf richtig zu reagieren, bevor eine schmerzhafte Unternehmenskrise entsteht.

> **Merke:**   **Die Beherrschung des interkulturellen Managements, d.h. die Syner-gien zwischen Mitarbeitern und Führungskräften unterschiedlicher Kulturen zu erzeugen, wird ein entscheidender Faktor für den unter-nehmerischen Erfolg in diesem Jahrzehnt sein.**

Die Forderung nach dem globalen Manager als kulturellem Verwandlungskünstler macht die Runde. Personenmarketing und Personalentwicklung werden daher maßgeblich geprägt sein von einem multinationalen und multikulturellen Geist.

Dem zukünftigen „Schlüsselpersonal" werden vor allem Fähigkeiten zu einer globalen Sichtweise, länderübergreifende Wettbewerbskenntnisse, eine visionäre Führung und Team-geist, Mobilität und kulturelles Einfühlungsvermögen zugesprochen. Von der entsprechenden Vielsprachigkeit ganz zu schweigen, sie wird als Selbstverständlichkeit vorausgesetzt. Wenn man die oben genannten Faktoren gewichtet, dann dominiert eindeutig das visionäre Denk-vermögen. Fest steht jedoch auch, dass keines dieser Profile als eine abschließende Auflis-tung zu verstehen ist. Firmeneigene Profile, die entsprechende Organisationsstrukturen und -kulturen berücksichtigen, werden wohl an der Tagesordnung sein.

Eine jüngst veröffentlichte Studie der Prognos AG, in der die Wechselwirkung zwischen internationalen Märkten und Bildungspolitik untersucht wird, verdeutlicht allerdings, dass sich die „internationale Bildung" der meisten Unternehmen auf die Vermittlung von Sprach-kenntnissen beschränkt. Als Raster neuer Qualifikationsanforderungen werden darüber hin-aus genannt:

1. das Wissen um ausländische Rahmenbedingungen des Wirtschaftens,
2. Kenntnisse der Verhaltensweisen und Lebensgewohnheiten der Kunden, der faktischen Wirtschaffs- und Arbeitsbeziehungen,
3. die Bereitschaft, sich an andere soziokulturelle Bedingungen anzupassen und
4. die Grundkenntnisse der verschiedenen Unternehmenskulturen.

An die Unternehmen und deren Personalmanagement gewandt bedeutet diese Entwicklung Auswirkungen auf mindestens **drei Ebenen**, die wir in der Organisationsstruktur, der Kultur und der Rekrutierungsstrategie sehen und die sich gegenseitig beeinflussen.

> **Merke:**   **Die lernende Organisation oder institutionalisiertes Organisationsler-
> nen stehen dabei im Mittelpunkt dieser Triade Struktur, Kultur und
> Strategie.**

Auf dem Weg dorthin muss sich die Organisation mit ihrer Strategie und Politik möglichst breit im Unternehmen mit einer möglichst großen Zahl von Mitgliedern auseinandersetzen. Diese Auseinandersetzungen müssen unter der Prämisse geführt werden, dass unterschiedliche Sichtweisen vorhanden sein dürfen und mit diesen gegensätzlichen Positionen gearbeitet wird, um Entscheidungen zu erreichen.

4.3   Organisationsstruktur

Unbestritten ist sicherlich, dass die Internationalisierungsstrategie von Unternehmen bzw. die damit einhergehende Rekrutierung von Personal eine leistungsfähige Organisationsstruktur voraussetzen. Das interne und externe Kommunikationsgeschehen – als weiterer Schwerpunkt auf dem Wege zur lernenden Organisation – erfordert z. B. folgende Organisationsstrukturen (vgl. Hummel (Ed., 2004):

Einzelne Gruppen, Abteilungen und komplette Geschäftsfelder tauschen Informationen über Erwartungen und gegenseitiges Zufriedenheitsfeedback aus, um Lernen wie auch Produkte und Serviceleistungen weiterzuentwickeln. Dies setzt in der Konsequenz eine flache Pyramide voraus sowie Mitarbeiternähe, die ihnen ein Wohlfühlen in der Hierarchie ermöglicht. Zusammengefasst kann das „Schlüsselpersonal 2000" nur in entpolitisierten Strukturen entwickelt werden.

Als zentrale These, die wohl organisatorische Strukturen am nachhaltigsten beeinflusst, kann die Forderung aufgestellt werden, dass strategisch gesehen, die Trennung zwischen Bildungs- und Beschäftigungssystem aufgegeben werden muss. Davon tangiert ist einmal die bereits angesprochene Vision einer zukünftigen Hochschullandschaft, die unter anderem eine systematische Rotation zwischen Bildung, Wissenschaft und der Wirtschaft ermöglicht. Erste zarte Versuche über „Sabbaticals" sind derzeit zu beobachten. Überdies sollte diese Rotation auch die Politik in ihren diversen Feldern einbeziehen.

Weiterhin kann die Hochschule aber auch wertvolle Dienste leisten bei der Erarbeitung und Erprobung flexibler, bedarfsorientierter Qualifizierungskonzepte. Eingebettet sind diese organisatorischen Änderungsprozesse, die ihren Teil auf dem Wege zur lernenden Organisation beitragen in die jeweilige) Unternehmenskultur. Obwohl Kultur in diesem Kontext einen eher schillernden und wenig operationalisierten Begriff darstellt, sind doch Gemeinsamkeiten zum internen Steuerungsinstrument Organisationsstruktur sichtbar. Organisationskultur kann damit in Fällen, in denen organisatorische Regeln zu kurz greifen, eine ergänzende und zielwirksame Maßnahme darstellen.

4.3.1   Unternehmenskultur

> **Merke:**   **Auf einen einfachen Nenner gebracht ist die Unternehmenskultur die Gesamtheit aller in einem Unternehmen gegebenen Selbstverständlichkeiten; sie ist das tatsächlich Beobachtbare und Gelebte, Falsche oder Richtige, Verbotene oder Erlaubte.**

Wichtig dabei ist, dass der Begriff der Kultur und damit auch der Begriff der Unternehmenskultur positiv besetzt ist (vgl. Friske/Bartsch/Schmeisser 2005).

Betrachtet man sich die bislang vorliegenden Forschungsarbeiten zum Thema „Einfluss von Unternehmenskultur auf Führungsverhalten und Entscheidungsprozesse,„ können wir für unsere Fragestellung von der gesicherten Erkenntnis ausgehen, dass die Organisationskultur sowohl Bedingung als auch Folge von Führungsprozessen ist. In diesem Zusammenhang sprechen wir nur von dem subjektiv wahrnehmbaren Bereich der Unternehmenskultur wie (gelebte) Werte, Geist und Stil einer Unternehmung. Wir wissen aus den Ergebnissen der Wertewandel-Diskussion, dass der Wertewandel bei den Mitarbeitern dazu geführt hat, dass u. a. rein formale Autorität immer weniger Anerkennung findet. Führungskräfte werden zunehmend nach Persönlichkeit, Durchsetzungsvermögen, Überzeugungsstärke und Motivationskraft beurteilt (vgl. Hummel 2010).

Unternehmenskultur darf dabei nicht als etwas Statisches angesehen werden; sie entsteht und verändert sich laufend. Neue Mitarbeiter erlernen die bestehende Kultur, verändern diese aber auch dadurch, dass sie ihre individuellen Werte einbringen.

> **Merke:**   **Neue Strategien, Wettbewerbssituationen und jede Änderung der Unternehmenspolitik beeinflussen die jeweilige Organisationskultur.**

Für ein euro-strategisches Personalmanagement muss man aber auch konstatieren, dass mehrere Kulturen innerhalb eines Konzerns vertreten sein werden – die Hauptkultur der Muttergesellschaft und die Subkulturen der Tochtergesellschaften. Der „One-World-Manager" wird damit zu dem bereits angesprochenen „kulturellen Verwandlungskünstler".

Der Anspruch, der gegenüber den Einflüssen der Unternehmenskultur erhoben wird, lässt sich wie folgt zusammenfassen:

Die neuen Managementtheoretiker sehen als entscheidenden Faktor für den Unternehmenserfolg Verantwortlichkeit, Bindung und Engagement der Mitarbeiter an. Dies ist aber kaum durch rationale Steuerung des Unternehmens zu erreichen, sondern Ausdruck seiner langjährigen gewachsenen Unternehmenskultur.

> **Merke:**   **Kultur wird also als Komplementär zu den formellen und explizit vorhandenen Organisations-, Kontroll- und Plangrößen der Unternehmung angesehen.**

Ein weiterer Aspekt dürfte die Überlegung sein, dass Unternehmen, die das zukünftige „Schlüsselpersonal „ rekrutieren, in der Kultur zum Ausdruck kommende gesellschaftliche Verantwortung übernehmen, leben und verdeutlichen sollten. Hinzu kommt, dass wir davon ausgehen können, dass am Arbeitsmarkt gelebte ethische Standards die Attraktivität von Organisation bestimmen. Letztlich muss dem Schlüsselpersonal (hier insbesondere den Spezialisten) mehr Autonomie für berufliche und private Lebensgestaltung gewährt werden. Gerade hierzu liefert die jüngst durchgeführte Befragung des B.A.T.-Freizeit-Forschungsinstitutes in Hamburg einige interessante Ergebnisse. Die befragte Alterspopulation, die es um die Jahrtausendwende zu rekrutieren gilt, präferiert eher eine „Freizeitkarriere", die ihnen genauso die Möglichkeiten zur Profilierung bietet wie zuvor nur der Beruf. Lange Arbeitszeiten und wenig Freizeit als Tribut an eine berufliche Karriere sind demnach nicht mehr gefragt.

Aufgrund dieser Überlegungen tritt das Arbeitsfeld der Personalrekrutierung in den Vordergrund. Wir sprechen dann von Ersatzmaßnahmen, die vom Anspruch der personellen Kontinuität, die für die Gestaltung einer Unternehmenskultur unerlässlich ist, auszugehen hat. Vom in der Unternehmung (vor)gelebten Menschenbild, das wiederum in Werten verankert ist, muss das Profil der zukünftigen Führungskraft abgeleitet sein.

Unternehmenskultur ist zwar die Summe von unternehmensspezifischen Selbstverständlichkeiten, letztlich aber Ausdruck der Haltung der Führungsverantwortlichen.

4.3.2   Personalrekrutierung

Auch die Rekrutierung des zukünftigen „Schlüsselpersonals" sieht sich vor neue Aufgaben gestellt.

Es ist eine alte Forderung, dass unsere Personalentscheidungen qualifizierter werden müssen. Doch wie macht man „Bauch"-Entscheidungen qualifizierter? Die hieraus abzuleitende Forderung, den Prozess der Personalentscheidung weitgehend zu formalisieren und ihn dadurch besser zu kontrollieren, ist sicher nur eine Seite der Medaille.

Abgesehen von einer anzunehmenden Verfeinerung der bereits heute zum Einsatz kommenden Verfahren (z.B. Assessment Center), dürfte sich auch zukünftig in diesem Bereich wenig verändern (vgl. Hummel/Jochmann 1998).

Auf der anderen Seite wird ein Unternehmen, welches die High Potentials, die Exzellenten erfolgreich rekrutieren möchte, mehrere attraktive Karrieremodelle schaffen, etablieren und transparent machen müssen.

Merke:	**Von erfolgreichen Unternehmen ist bekannt, dass bei ihnen High Potentials bereits nach ein oder zwei Berufsjahren große Verantwortung bekommen; bei diesen Unternehmen können sich demnach gute Leute die „Ochsentour" sparen.**

Die im Zusammenhang mit dem Wertewandel geführte Zeitdiskussion wird ihren Niederschlag in neuen und innovativen Arbeitszeitmodellen finden (müssen).

Auch die Personalverwaltung innerhalb eines Unternehmens wird sich weiterentwickeln a) durch eine noch stärkere Ausübung ihrer Querschnittsfunktion gegenüber den Fachabteilungen und b) einer Rolle als Personalforscher, Motivforscher, Animateure und TalenteVersorger. Als Rekrutierungsinstrument muss das Unternehmen über ein Personalmarketingkonzept verfügen, das gleichberechtigt neben funktionalen Marketing- und Produktstrategien steht.

Personalmarketing und Personalentwicklung werden maßgeblich geprägt sein von einem multinationalen und multikulturellen Geist. In Anlehnung an das bereits erwähnte veränderte Freizeitverhalten und damit zusammenhängender Gewichtung der beruflichen Tätigkeit wird über neue, immaterielle Anreizsysteme nachgedacht werden müssen, die sowohl eine Weiterentwicklung innerhalb als auch außerhalb des Unternehmens zulassen. Der bereits geäußerte Gedanke einer verstärkten Einführung von Sabbaticals, die eine Rotation von Managern in diverse Politikfelder und in die Wissenschaft ermöglichen, kommt hierbei zum Tragen. Ebenso wird aber auch über neue, leistungsabhängige, umverteilbare Vergütungsstrukturen nachgedacht werden müssen.

> **Merke:** **Traditionelle Leistungsanreizsysteme verlieren an Wirkung – persönliche Motivation steigt in der Bedeutung.**

In diesem Zusammenhang wird die Führungskraft als „Entrepreneur" im Unternehmen – unterstützt durch die Schaffung von Freiräumen innerhalb der Organisation, die unternehmerisches Handeln zulassen – eine neue Führungskultur voraussetzen.

4.3.3   Zusammenfassung

Vor dem Hintergrund eines eurostrategischen und internationalen Personalgedankens haben wir auf den Ebenen a) akademische Erstausbildung, b) Entwicklungen auf dem Sektor der wissenschaftlichen Weiterbildung und c) deren Ausstrahlungseffekte auf innerbetriebliche Strukturen diskutiert. Überlagert werden diese gesamteuropäischen Gedanken durch die Entwicklungen auf diesen Feldern in den osteuropäischen Staaten einschließlich der neuen Bundesländer. Hinzu kommen Überlegungen, die bislang noch nicht diskutiert wurden – vor dem europäischen Hintergrund einer Personalrekrutierungsdiskussion aber von entscheidender Bedeutung sind –, Fragen zur Mobilitätsbereitschaft. Hierfür können und müssen allerdings die Grundlagen in einer Internationalisierung der Hochschulausbildung gelegt werden; auf diesem Wege befinden sich die Hochschulen derzeit.

Aus der Sicht der Unternehmung ist Erfolg versprechendes internationales Personalmanagement an folgende Voraussetzungen und Rahmenbedingungen gekoppelt:

- europäisches und internationales Personalmanagement muss Teil einer generellen Internationalisierungs-Strategie des Unternehmens sein;

- es muss einen klaren Stellenwert haben;
- es bedeutet eine u. U. nicht unerhebliche Investition; es ist nicht kosten-neutral;
- europäisches (internationales) Personalmanagement ist keine nationale Aufgabe des Stammunternehmens allein;
- es muss ganzheitlich in der Internationalisierung von Personal, Strukturen und Systemen in der Personalarbeit stattfinden;
- es muss eingebunden sein in ein internationales Unternehmenskultur und Human-Ressource-Management und
- es muss hierfür teils neue Strategien, Konzepte und Verfahren entwickeln.

4.4 Übungsaufgaben zur Selbstkontrolle

Aufgabe 8:

Was verstehen Sie unter dem EPRG-Schema?

Aufgabe 9:

Beschreiben Sie stichwortartig den Typ des Euromanagers.

Aufgabe 10:

Beschreiben Sie die Einflussfaktoren der Triade Struktur, Kultur und Strategie.

5   Abkehr vom Zentralismus

Lernziele

Nach dem Studium dieses Kapitels sollten Sie in der Lage sein:

- Zu erklären, weshalb internationale Unternehmen weitgehend über kein Zentrales Management verfügen:
- Die Bedeutung der interkulturellen Komponente für internationales Handeln zu beschreiben;

Selten hat ein multinationales Unternehmen noch ein nationales Zentralmanagement. Immer mehr werden Vertreter aus wichtigen Ländern in die obersten Führungsetagen berufen. Unabhängig von den vielschichtigen Überlegungen zur Zentralisation oder Dezentralisation der Organisationsstruktur multinationaler Unternehmen gelten für die Personalführung einige Besonderheiten.

Merke:	**Die Personalführung hat zu berücksichtigen, dass die Mitarbeiter der einzelnen Landesunternehmen in unterschiedlichen Gemeinschaften leben, denken und arbeiten. Sie muss auf unterschiedliche Sitten, Gewohnheiten, Erfahrungen und Ansprüche Rücksichten nehmen.**

Deshalb muss sie vom Grundsatz her dezentral ausgerichtet sein. Sinnvollerweise sollte sich deshalb der Einfluss der Zentrale auf Grundsätze der Personalpolitik und damit auf Probleme beschränken, die mehrere Länder gleichzeitig betreffen. Dabei sollten Entscheidungen möglichst nach übergreifenden Gesichtspunkten dort gefällt werden, wo die größte Sachkenntnis vorhanden ist (vgl. Hummel/Jochmann 1998).

Allerdings ist nicht zu verkennen, dass multinationale Unternehmen über zentrale Überlegungen zur Investitionsplanung und Finanzierung hinaus ein Mindestmaß an Zusammenhalt brauchen, ohne dass die Unternehmensstruktur zerfallen würde.

Erfahrungsgemäß werden in großen Unternehmen Führungspositionen meist aus den eigenen Reihen besetzt. Immer mehr wird jedoch angestrebt, internationale Chancengleichheit zu erreichen sowie weibliche Führungskräfte zu berücksichtigen. Die wichtigsten Qualifikationen für Führungspositionen sind immer mehr Auslandserfahrungen sowie die Fähigkeit, sich in andere Kulturkreise einzuleben.

Für das obere Management sollte gelten, dass die wesentlichen Formen der Führung ähnlich sind und diese bei gemeinsamen Tagungen in gewissen zeitlichen Abständen auch angesprochen werden. Dabei ist ein wichtiger Gesichtspunkt, dass die Mitglieder dieser Führungsebene auch untereinander bekannt sind. Dies wird nicht einfach sein und die Unternehmensführung und das Personalmanagement verstärkt herausfordern. Manche Unternehmen können dabei nicht ohne Hilfe von externen Unternehmensberatungen, Arbeitsvermittlung und Anwaltskanzleien am Standort der Auslandsniederlassung die Aufgaben erfüllen Das gilt besonders bei der Entscheidungsvorbereitung, bei Personalbedarfsbestimmung und Personalauswahl.

Merke:	**Schon seit Jahren werden die meisten großen Unternehmen nicht mehr zentral geführt. So sind z.B. Niederlassungen in den wichtigsten ausländischen Märkten strategisch von Bedeutung.**

Die Entsendung von einheimischen Mitarbeitern ins Ausland bringt häufig Probleme. Darum ist es wichtig, schon vorher an die Wiedereingliederung zu denken, denn eine Garantie für erfolgreiche Wiedereingliederung gibt es längst nicht mehr. Für manche Unternehmen ist der Auslandseinsatz Voraussetzung für einen Aufstieg, für andere nur ein Zeichen des größeren Mobilitätsanspruchs an die Mitarbeiter.

Die Auslandsprämien für Mitarbeiter unterscheiden sich sehr nach den unterschiedlichen Erschwernissen in den einzelnen Regionen.

5.1   Internationales Qualifikationsprofil

In vielen Ländern ist in den letzten Jahren eine Verbesserung des Ausbildungsstands eingetreten. Immer mehr Firmen legen Wert darauf, dass Mitarbeiter und Führungskräfte auch in Fremdsprachen gut ausgebildet werden. Englischkenntnisse und interkulturelle Kompetenz liegen dabei bei allen untersuchten Berufen an der Spitze der für wichtig erachteten Qualifikationen (Hummel, 2001, S. 510ff).

Mit der Globalisierung von Unternehmen wachsen auch die Ansprüche an Manager und Mitarbeiter. Offenheit alleine und das Beherrschen von Fremdsprachen reichen nicht mehr aus. Erfolg wird vielmehr vom richtigen Umgang und Auftreten anderer Kulturen gegenüber abhängen. Doch diese Ansprüche lassen sich in der Regel nur durch entsprechende Personalentwicklungsmaßnahmen erreichen. Am Ende dieser Weiterbildung allerdings steht der Global Manager, der sich in verschiedenen Kulturen souverän bewegt.

Die weltweite Verflechtung von Wirtschaft und Gesellschaft setzt sich nicht nur fort, sondern scheint an Intensität noch zu gewinnen. Immer deutlicher hervortretende Trends transformieren unsere Welt zunehmend in ein „Global Village":

- Die fortschreitende Entwicklung der Kommunikations- und Transporttechnologien bewirkt eine immer engere Verknüpfung auch der entferntesten Gebiete und damit potenziellen Märkten für die Unternehmen. Intelligente Kommunikationsstrukturen überwinden zunehmend nationale Grenzen.

- In der Konsequenz begünstigt dies den Prozess der Globalisierung der Wirtschaft. Die wachsende internationale Verflechtung wirtschaftlicher Aktivitäten führt immer mehr Menschen aus den verschiedensten Kulturen zusammen. Zur erfolgreichen Führung internationaler Unternehmen bedarf es daher in zunehmendem Maße eines kultursensitiven Managements, das in der Lage ist, auf Geschäftspartner aus anderen Kulturen kompetent einzugehen.

Auch der Vorgang der gesellschaftlichen und politischen Globalisierung erhöht die Kontakte zwischen Personen unterschiedlicher Kulturzugehörigkeit erheblich. So steigt das Ausmaß grenzüberschreitender Bevölkerungsmigration in den westlichen Industrienationen zum Teil beträchtlich an und verstärkt die Herausbildung multiethnischer und multikultureller Bevölkerungsstrukturen. Da interkulturelle Kontakte damit unvermeidbar werden. müssen die Angehörigen der verschiedenen Kulturen und ethnischen Gruppen lernen, sich auf die jeweils andere Identität einzustellen. Zugleich schwächt sich, aufs Ganze gesehen, auch die Idee der nationalen Identität ab, was durch die Entstehung Ländergrenzen übergreifender politischer Gebilde wie EU, NAFTA, NATO noch unterstützt wird. Der mit dieser Entwicklung einhergehende politische Bedeutungsrückgang des Nationalstaats fördert grenzüberschreitende Begegnungen unterschiedlicher Kulturen ebenso wie die weitere Migration ethnischer Bevölkerungsgruppen.

Merke:	In Zukunft wird das Zusammenleben der Menschen stärker als je zuvor vom erfolgreichen Umgang mit kulturellen Unterschieden abhängen. Somit reift in nahezu allen Bereichen von Wirtschaft und Gesellschaft die interkulturelle Kompetenz der Menschen zu einer Schlüsselqualifikation heran.

Bi-kulturell kompetent ist derjenige, der die fremde Kultur so weit verstanden hat, dass er die Erwartungen, Verhaltensweisen und Reaktionen ihrer Mitglieder ähnlich gut vorhersehen bzw. nachvollziehen kann, wie die der Mitglieder seiner eigenen Kultur und weiß, wie er sich selbst in bestimmten Situationen verhalten muss, damit seine Absichten auch in seinem Sinne verstanden werden. Dabei impliziert „interkulturelle Kompetenz" eine Lernerfahrung der Erschließung anderer Kulturen, die sich auch auf neue Länder und Gesellschaften übertragen lässt (vgl. IFIM).

Merke:	Interkulturelles Management beschäftigt sich mit den kulturbedingten Unterschieden in Arbeitsorganisationen sowie im Führungs- und Arbeitsverhalten von Menschen.

Beispiel: In jeder Kultur gibt es klare Erwartungen, wie Vorgesetzte und Untergebene miteinander umgehen sollten: Ob der Vorgesetzte leicht zugänglich sein sollte, ob er mit Mitarbeitern scherzen darf, ob er eigene Fehler zugeben sollte, inwieweit er sich für das Privatleben seiner Mitarbeiter interessieren sollte, ob Mitarbeiter ihm widersprechen dürfen, wenn sie fachlich anderer Meinung sind, welche Statussymbole angemessen sind, etc.

Obwohl jede Führungskraft ihren eigenen persönlichen Stil entwickelt, wird sie nur anerkannt und erfolgreich sein, wenn ihr Stil wichtigen Erwartungen der Kultur nicht dauerhaft zuwiderläuft.

Personalführung in unterschiedlichen Kulturen ist aber nur ein Gegenstand des interkulturellen Managements, andere Themen sind das Verständnis von Arbeitsverhältnissen und Geschäftsbeziehungen, Verhandlungsstile, Konfliktmanagement, Kundenbeziehungen, Planung und Entscheidungsfindung, Risikobereitschaft und Regelungsbedarf im Arbeitsleben, Arbeitsanweisungen und Wissensvermittlung, Vertragsverständnis, Präsentation und viele andere.

Alles, was Menschen im Arbeitsleben tun, findet im Rahmen kulturell geprägter Vorstellungen statt.

5.2   Einflussfaktoren auf den Unternehmenserfolg

Zu den wichtigsten Quellen des Unternehmenserfolgs zählen neben der Marktorientierung insbesondere die Mitarbeiterorientierung eines Unternehmens sowie die Qualität seiner Human-Ressourcen. Dies belegt die empirische Forschung inzwischen eindeutig. In besonderem Maße gilt dies für international tätige Unternehmen, deren Erfolg auf Auslandsmärkten wesentlich vom Einsatz auslandsorientierter und international erfahrener Führungskräfte und Mitarbeiter abhängt (vgl. Heiming 1999).

Mit der Internationalisierung der Unternehmenstätigkeit steigt die Notwendigkeit, Manager in das Ausland zu entsenden. Dadurch entstehen den Unternehmen erhebliche Kosten, etwa für vorbereitende Maßnahmen (Sprachkurse, Trainings), den Familienumzug, Für Mietkostenzuschüsse, Erschwerniszulagen und Auslandsprämien.

Diese Kosten werden durch den Misserfolg der Entsandten nicht selten erheblich gesteigert. So scheitern beispielsweise US-amerikanische Führungskräfte im Ausland oft an ihrer Unfähigkeit, sich in einer fremden Kultur zurechtzufinden. Experten schätzen, dass zwischen 20 Prozent und 50 Prozent aller Entsendungen ins Ausland mit einer vorzeitigen Rückkehr der „Expats" in die USA enden. Bei einer Versetzung in Entwicklungsländer erhöht sich dieser Anteil unter Umständen sogar auf 70 Prozent. Ähnliches gilt für zahlreiche westeuropäische Manager, denen zum Beispiel die kulturellen Gegebenheiten Mittel- und Osteuropas erhebliche Probleme bereiten und die daher nach kurzer Zeit wieder in ihre Heimat zurückkehren. Die den Unternehmen dadurch entstehenden Schäden sind gewaltig. Man kann davon ausgehen, dass die Kosten eines misslungenen Auslandseinsatzes prinzipiell mit der Bedeutung der Auslandsposition des Entsandten wachsen. So kann beispielsweise der Leiter einer bedeutenden Auslandsniederlassung die Beziehung zu ausländischen Geschäftspartnern und zu Regierungsvertretern nachhaltig schädigen, wenn er kulturell völlig unangemessen auftritt. Zusätzlich zu dem dadurch entstehenden Imageverlust kann sich der direkte finanzielle Folgeschaden der Fehlbesetzung wichtiger Auslandspositionen durchaus auf das Drei- bis Vierfache eines Manager-Jahresgehalts belaufen. Hinzu kommen die für den gescheiterten „Expat" zum Teil gravierenden negativen Folgen beruflicher und oft auch privater Art. Als Konsequenz wird vielfach ein „Global Manager" gefordert, der sich, ausgestattet mit der nötigen interkulturellen Kompetenz, in verschiedenen Kulturen souverän zu bewegen vermag.

Merke:	Für die erfolgreiche Internationalisierung eines Unternehmens ist interkulturell kompetentes Personal zweifellos eine wichtige Voraussetzung.

Dies gilt nicht nur für den Umgang mit Kunden auf Auslandsmärkten, sondern auch für die Zusammenarbeit mit Unternehmen, die eine andere Unternehmenskultur aufweisen. Daraus ergeben sich zunächst Aufgaben für die betriebliche Personalwirtschaft, insbesondere für die Personalauswahl, die Personalführung und die Personalentwicklung. Diese personalwirtschaftliche Perspektive wird im Folgenden unter dem Aspekt der Personalentwicklung vertieft, die alle Maßnahmen umfasst, mit denen das Leistungspotenzial der Unternehmensmitglieder verbessert werden soll – und damit auch ihre interkulturelle Kompetenz.

Da die Internationalisierung auch als eine Basisstrategie des Marketing aufgefasst werden kann, stellt die Entwicklung interkulturell kompetenten Personals aber ebenso eine wichtige Aufgabe für das interne Marketing eines Unternehmens dar. Damit ist insbesondere das so genannte personal orientierte interne Marketing angesprochen, das die personellen Voraussetzungen für die erfolgreiche Realisation von Marketing-Strategien schaffen soll, wozu auch Maßnahmen der internationalen Personalentwicklung zählen. Personalentwicklung und Marketing gehen hier ineinander über.

Die absehbare engere Zusammenarbeit der verschiedenen Länder, nicht zuletzt durch eine einheitliche Währung, rücken auch auf internationalem Gebiet die Personalführung in den Vordergrund, denn sie ist eine wichtige Teilfunktion der Unternehmensführung.

Während die Unternehmensführung von den Unternehmenszielen und den daraus abgeleiteten unternehmenspolitischen Strategien bestimmt wird, verkörpert die Personalpolitik wiederum einen wichtigen Teilbereich der Unternehmenspolitik. Personalführung erfolgt primär durch Führungskräfte.

Eine gute Personalführung kann wesentlich erleichtert werden, wenn innerhalb eines Unternehmens ein verbindlicher Handlungsrahmen und anerkannte Maximen der Zusammenarbeit vorliegen. Eine funktions- und leistungsfähige Personalführung hat einen hohen Stellenwert für den langfristigen Unternehmenserfolg. Deshalb gehören die Prinzipien der Personalführung zum Kernbereich der Unternehmensführung. Dieser Zusammenhang gilt sowohl für nationale als auch für international tätige Unternehmen.

5.3   Übungsaufgaben zur Selbstkontrolle

Aufgabe 11:

Erklären Sie, weshalb internationale Unternehmen weitgehend über kein Zentrales Management verfügen

Aufgabe 12:

Beschreiben Sie die Bedeutung der interkulturellen Komponente für internationales Handeln

6 Kulturelles und politisches Umfeld

Lernziele

Nach dem Studium dieses Kapitels sollten Sie in der Lage sein:

- Die Bedeutung der Wirtschafts- und Gesellschaftsstrukturen für internationales Handeln zu erkennen;

Gemeinsame Prinzipien der Personalführung für die obere Führungsebene des multinationalen Unternehmens sind unabdingbar für seine Stabilität. Dabei kann es sich je nach Unternehmen um einen sehr amerikanischen, europäischen (z. B. auch deutschen, romanischen oder skandinavischen) oder japanischen Stil handeln, Im Idealfall könnte das obere Management so geführt werden, dass nur die Vorteile aller dieser Stilvarianten zur Geltung kämen. Da es das multinational besetzte Management bislang selten gibt, sind wir von dieser Wirklichkeit noch weit entfernt. Gleichwohl ist es sinnvoll, sofern herausragende Führungskräfte vorhanden sind, sie anzustreben.

Dies hätte u. a. zur Konsequenz, dass das Management Development des multinationalen Unternehmens den Führungsnachwuchs aller Tochtergesellschaften systematisch erfasst und Förderungsprogramme einschließt, die den internationalen Wechsel zwischen verschiedenen Führungspositionen vorsehen. in der Realität werden jedoch meistens Angestellte des Stammhauses zu den Landesgesellschaften entsandt, von wo sie nach einer bestimmten Zeit wieder zurückkehren. Diese Praxis hat nicht nur historische Gründe. Vielfach ist bei den Mitarbeitern der Landesgesellschaften kein ausreichendes Know-how vorhanden.

In vielen Ländern ist jedoch in den letzten Jahren eine Verbesserung des Ausbildungsstandes eingetreten, so dass der Anteil der „Stammhausangestellten" eher abnehmen dürfte. Ganz zu schweigen von den zunehmenden Schwierigkeiten, genügend inländische Mitarbeiter zu finden, die ins Ausland gehen wollen (vgl. Wirth 1996).

Merke:	Man wird den kulturellen und gesellschaftlichen Bedingungen der einzelnen Länder am besten gerecht, wenn die Geschäftsführung der Landesgesellschaften, soweit die fachlichen und führungsmäßigen Voraussetzungen vorhanden sind, Führungskräften des jeweiligen Landes übertragen wird.

Dabei sollte es dem nationalen Management überlassen sein, die Prinzipien der Personalführung Im Hinblick auf kulturelle Besonderheiten (z.B. Bedürfnisstrukturen, Einstellung zur Arbeit usw.) zu modifizieren. Ein guter Vorgesetzter in Deutschland ist noch nicht automatisch der richtige Chef in Asien.

6.1   Internationale Zusammenarbeit und Kultur

Es scheint heute manchmal so, als sei die Internationale Zusammenarbeit so weit fortgeschritten, dass Probleme der Kulturen in den Hintergrund getreten sind. Besonders deutlich wird dies bei der Zusammensetzung der Fußballmannschaften. Diese Entwicklung mag im Sport, in internationalen Konzernen und Beratungsfirmen sowie auf manchen politischen Sektoren so sein, gilt aber für die meisten Menschen noch nicht oder wird auch in absehbarer Zeit nicht realisiert werden.

Es gibt kaum Anhaltspunkte, dass sich Kulturen mit der Zeit international nähern. Unterschiede in den Werten bei Ländern, die bereits vor Jahrhunderten beschrieben wurden, gelten trotz fortdauernder Intensiver Kontakte bis heute. Es entsteht sogar der Eindruck, dass die Unterschiede Innerhalb eines Landes oft immer größer werden, dass sich ethnische Gruppen ihrer Identität erneut bewusst werden und politische Anerkennung fordern. Dazu tragen auch die Internationalen Medien bei, deren Berichterstattung über menschliches Leid, Aufstände und Pogrome sehr umfangreich geworden sind.

Darüber hinaus haben religiöse und ethnische Minoritäten oft ein internationales Netzwerk gebildet und beeinflussen sogar die Weltwirtschaft. Das gilt z. B. für den Islam, aber auch für die Auslandschinesen. Sie sind neben den Wirtschaftsblöcken USA, Westeuropa und Japan eine vierte Wirtschaftsmacht geworden (vgl. Hummel/Zander 2005e).

Merke:	**Multinationale Unternehmen agieren In Ländern mit unterschiedlichen Wirtschafts- und Gesellschaftsstrukturen, auf die sie ebenfalls Rücksicht nehmen müssen.**

6.2   Der Stellenwert internationaler Organisationen

Auch internationale Organisationen, z.B. die UNO, die OECD oder die Europäischen Gemeinschaften, versuchen, Rahmenvorschriften auf bestimmten Rechtsgebieten zu erlassen. Davon ist abzuraten.

Insgesamt handelt es sich um den Versuch, einheitliche Maßstäbe bzw. Vorschriften festzulegen, die für alle Länder und alle Unternehmen gleichermaßen gelten sollen. Den politischen, gesellschaftlichen und kulturellen Besonderheiten der einzelnen Länder steht der zwanghafte Wunsch zur Vereinheitlichung und Schematisierung gegenüber; Dies kann nur zu Bürokratie und Inflexibilität führen, auch wenn zuzugeben ist, dass manches Unternehmen in der Vergangenheit im Prinzip genauso schematisch und undifferenziert vorgegangen ist.

Es muss darüber nachgedacht werden, wie sich die Vorteile der unterschiedlichen Führungsformen in den einzelnen Ländern der Erde am besten auswirken können. Erfolgreiche Führungsprinzipien können nicht ohne weiteres auf andere Länder übertragen werden.

6.3 Übungsaufgaben zur Selbstkontrolle

Aufgabe 13:
Welches sind die wesentlichen Faktoren der Wirtschafts- und Gesellschaftsstrukturen für internationales Handeln.

Aufgabe 14:
Welche Rolle spielt die Annäherung der Kultur im Internationalisierungsprozess?

7 Interkulturelle Personalarbeit

Lernziele

Nach dem Studium dieses Kapitels sollten Sie in der Lage sein:

* Die wichtigsten Entsendungsländer und die Entsendungsdauer von Expats zu benennen;
* Einen Überblick über die wichtigsten Regelungen internationaler Mitbestimmung zu haben;
* Die wichtigsten Ergebnisse empirischer Studien beschreiben zu können;
* Entlohnungsmodelle für Auslandsentsendungen zu klassifizieren

7.1 Vorbemerkung – der Status-Quo

Praxis und Wissenschaft beschäftigen sich aufgrund der zunehmenden Globalisierung immer mehr mit interkultureller Kompetenz und Personalarbeit. Dies bezieht sich nicht nur auf die Entsendung von Führungskräften und Mitarbeitern ins Ausland, sondern auch auf sinnvolle Führungsformen (vgl. IFIM).

Einer der erfolgreichsten Unternehmensleiter einer großen internationalen Firma fasst seine Grundsätze wie folgt zusammen:

„Unser Motto lautet nicht nur: Think global, act local. Sondern wir sagen stets zusätzlich: Local commitment. Also Verpflichtung vor Ort, wo auch immer. Das ist mehr als nur ein schöner Spruch in Sonntagsreden. Es ist ein Irrtum zu glauben, dass ein Unternehmen mit einem einheitlichen Produkt den Weltmarkt aufrollen kann. Dafür sind die kulturellen und mentalen Unterschiede viel zu groß. Deshalb bietet Nestle, wo notwendig, auch regional ganz unterschiedliche Produkte unter den gleichen Markennamen. Dafür wiederum ist eine dezentrale Führung notwendig mit dezentralen Verantwortlichkeiten und Kompetenzen."

7.1.1 Eigenarten nicht unterschätzen

Nach den letzten Umfragen wächst auch in Deutschland die Sorge über eine fast ausschließlich auf wirtschaftliche Aspekte gerichtete Entwicklung Europas. Die kulturelle Vielfalt und Tradition der verschiedenen Teile Europas und der oftmals verfeindeten Völker werden leicht überdeckt.

Für viele ist es unverständlich, im Namen der Menschenrechte Forderungen zu erheben, die durch formelle Gleichbehandlungen und Regulierungen mehr Schaden anrichten als Nutzen bringen. Dies kann man immer wieder auf Auslandsreisen erleben.

Die engere Zusammenarbeit z.B. der verschiedenen europäischen Länder rückt auch auf internationalem Gebiet die Personalführung in den Vordergrund, denn sie ist eine wichtige Teilfunktion der Unternehmensführung.

Merke:	**Während die Unternehmensführung von den Unternehmenszielen und den daraus abgeleiteten unternehmenspolitischen Strategien bestimmt wird, verkörpert die Personalpolitik wiederum einen wichtigen Teilbereich der Unternehmenspolitik.**

Personalführung erfolgt primär durch Führungskräfte.

Eine gute Personalführung kann wesentlich erleichtert werden, wenn innerhalb eines Unternehmens ein verbindlicher Handlungsrahmen und anerkannte Maxime der Zusammenarbeit vorliegen. Eine funktions- und leistungsfähige Personalführung hat einen hohen Stellenwert für den langfristigen Unternehmenserfolg. Deshalb gehören die Prinzipien der Personalführung zum Kernbereich der Unternehmensführung. Dieser Zusammenhang gilt sowohl für nationale als auch für international tätige Unternehmen.

Ein besonderes Problem bringt Controlling und Verwaltung, da diese Bereiche oft sehr unterschiedlich praktiziert werden.

7.1.2   Angleichung und Zentralismus kein Allheilmittel

Deutsche Unternehmen, die mit einem Bein im Ausland stehen, beurteilen ihre eigene Wettbewerbsstärke wesentlich positiver als Firmen, die nur im Inland produzieren und auch keine Geschäftsbeziehungen mit Fremden pflegen (vgl. Launer 2006). Hiesige Standortnachteile lassen sich durch ein Auslandsengagement offenbar dadurch abmildern, dass man heimische Stärken mit Vorteilen anderswo kombiniert – etwa geringeren Arbeitskosten. Zu diesem Ergebnis kommt eine Befragung des Instituts der deutschen Wirtschaft (IW) Köln bei 633 Unternehmen.

Nicht jammern, sondern Ärmel aufkrempeln und die Reformaufgaben anpacken, müsste eigentlich die Devise der Politik in der momentan verfahrenen wirtschaftlichen Situation heißen. Die Mängelliste für den Standort Deutschland ist lang – angefangen von den hohen Arbeitskosten über die Bildungsmisere bis hin zu den maroden Sozialsystemen.

Deutschlands Unternehmen haben sich davon allerdings bislang nicht unterkriegen lassen – und sich selbst einem Fitnessprogramm unterzogen. Unrentable Bereiche wurden aufgegeben – oder ins Ausland verlagert, wo dank niedrigerer Kosten aus dem Verlustbringer oft doch noch ein Gewinngeschäft wurde.

Insofern verwundert es nicht, dass immerhin 60 Prozent der vom IW befragten Firmen ihr eigenes Unternehmen für wettbewerbsfähig halten, ein Fünftel davon sogar für „sehr" wettbewerbsfähig. Nur 7 Prozent kommen in ihrem Umfeld derzeit nicht klar.

Auch die eigene Branche steht einer knappen Mehrheit der Befragten zufolge – trotz aller Widrigkeiten – nach wie vor am Markt gut da. Wobei aber viele Betriebe ihre Konkurrenz als langsamer einstufen. Nur so lässt sich erklären, dass die eigene Wettbewerbsfähigkeit im Durchschnitt höher eingeschätzt wird als die der gesamten Branche.

Vor allem die Chemische und die Kunststoff verarbeitende Industrie strotzen geradezu an Wettbewerbskraft – es gibt hier nur wenige, die glauben, die Branche sei „abgemeldet". Weniger optimistisch ist dagegen das Bau- und Ausbaugewerbe – kein Wunder, denn Geschäfte und Beschäftigung laufen seit Jahren schlecht.

Der Mittelstand fühlt sich in seiner Haut nicht ganz so wohl wie die größeren Unternehmen. Von den Kleinstbetrieben mit maximal neun Beschäftigten beurteilen lediglich 40 Prozent ihre Konkurrenzposition als gut, bei mittelgroßen Unternehmen sind es bereits 50 Prozent und bei Großunternehmen mit mehr als 500 Beschäftigten rund drei Viertel.

Auf der Suche nach den Gründen für das geringere Selbstbewusstsein der Kleinen sticht sofort ein anderes Ergebnis der Umfrage ins Auge. Wer die Globalisierungskarte spielt, indem er etwa eine Produktions- oder Vertriebsstätte im Ausland errichtet, hat ein besseres Blatt. Acht von zehn Firmen, die in die Fremde gehen, stufen sich als konkurrenzfähig ein. Augenscheinlich schlagen sie so den Handicaps am heimischen Standort ein Schnippchen.

Wer viel ins Ausland verkauft, hat von seiner eigenen Firma ebenfalls eine bessere Meinung: So finden sich acht von zehn Unternehmen top, die mehr als die Hälfte ihres Umsatzes im Ausland machen. Mit Recht: Denn sie setzen sich ja erfolgreich gegen die ausländischen Konkurrenten durch. Von den Firmen, die weniger als 10 Prozent exportieren, schätzen dagegen lediglich sechs von zehn ihre eigene Wettbewerbsfähigkeit als gut ein.

Es sind aber eher die großen Unternehmen, die über internationale Geschäftskontakte oder Tochterfirmen im Ausland verfügen. Von den Kleinunternehmen haben knapp 10 Prozent Produktions- oder Vertriebsstätten im EU-Ausland, bei den Großunternehmen sind es über 80 Prozent.

Jeweils ähnlich viele Mittelständler und Konzerne haben Ableger jenseits der EU-Grenzen. Nicht ganz so krass fällt der Unterschied bei den Geschäftskontakten aus – auch kleine Firmen bewegen sich längst nicht mehr nur innerhalb der bundesdeutschen Grenzen.

> **Merke:** **Unternehmen, die auf internationalen Märkten mitmischen, empfinden die heimischen Standortmängel indes als weniger störend.**

Man kann ja ausweichen – dorthin, wo bestimmte Teile billiger herzustellen sind oder wo der Vertrieb kostengünstiger arbeitet als im Inland. Von solchen Ausweichstrategien profitiert dann die ganze Firma beziehungsweise Branche – und macht so die Jobs in Deutschland sicherer.

Wie bereits ausgeführt, sind gemeinsame Prinzipien der Personalführung für die obere Führungsebene des multinationalen Unternehmens unabdingbar für seine Stabilität. Dies hätte zur Konsequenz, dass das Management-Development des multinationalen Unternehmens den Führungsnachwuchs aller Tochtergesellschaften systematisch erfasst und Förderungsprogramme einschließt, die den internationalen Wechsel zwischen verschiedenen Führungspositionen vorsehen. In der Realität werden jedoch meistens Angestellte des Stammhauses zu den Landesgesellschaften entsandt, von wo sie nach einer bestimmten Zeit wieder zurückkehren. Diese Praxis hat nicht nur historische Gründe. Vielfach ist bei den Mitarbeitern der Landesgesellschaften kein ausreichendes Know-how vorhanden.

Aus verschiedenen Umfragen und persönlichen Erlebnissen lassen sich die wichtigsten Thesen für Auslandsaktivitäten der Unternehmen zusammenfassen:

1. Die wesentlichen Anforderungskriterien an internationale Mitarbeiter sind nach wie vor entsprechende Fremdsprachenkenntnisse, interkulturelle Kenntnisse und Erfahrungen sowie Persönlichkeitskriterien, wie Toleranz, Kontaktfreude und Geduld. Die Zusammensetzung und die Ausprägung der einzelnen Kriterien differieren dagegen je nach der unternehmensspezifischen Positionierung und der strategischen Zielrichtung.
2. Die Beschäftigung mit Auslandspersonalpolitik entspricht nicht der Bedeutung der deutschen Außenwirtschaftsaktivitäten.
3. Dies gilt insbesondere für die Wachstumsregionen im asiatisch-pazifischen Raum und größenspezifisch für die mittelständisch strukturierten Unternehmen (vgl. Wirtschaftswoche (Hrsg., 2004 sowie Schmeisser/Hummel/Hannemann /Ciupka (Hrsg., 2005). In den meisten Unternehmen fehlt es an einer systematischen internationalen Personalentwicklung mit dem Ziel eines Ausgleichs von Defiziten bei Führungskräften international tätiger Unternehmen.
4. Die Unternehmen sind konfrontiert mit einer sinkenden Bereitschaft der entsprechenden Mitarbeiter für einen Auslandseinsatz. Die Gründe hierfür liegen im Wertewandel, wie Einstellungen zu Karriere und Familie, im sozialen Beziehungsnetz und in den erwarteten Reintegrationsproblemen. In den Unternehmen fehlt noch ein entsprechendes Problembewusstsein.
5. Auslandspersonalpolitik umfassend anzusetzen heißt: Ziele, Kosten und Personalarbeit in den Einzelfällen zu integrieren. Um ein System qualifizierter internationaler Personalentwicklung, bestehend aus Anforderungsprofilen und Maßnahmen, zu entwickeln müssen zuerst die unternehmensspezifischen Voraussetzungen der Internationalität überprüft und festgelegt werden. Hierfür sind dann die Anforderungen der jeweiligen Märkte zu analysieren, die Positionierung des Unternehmens im internationalen Kontext zu bestimmen und die strategischen Ziele des Unternehmens im internationalen Kontext festzulegen.
6. Auslandsaktivitäten erfordern regelmäßig Entwicklungsprozesse bei den Mitarbeitern. Darauf beruht die personalpolitische Notwendigkeit, Personalarbeit in Einzelfällen als Personalentwicklung zu begreifen, zu planen und zu praktizieren. Ausgehend von dieser unternehmenspolitischen Ausrichtung können Anforderungsprofile für „internationale Mitarbeiter" entwickelt werden und entsprechende Maßnahmen der internationalen Personalentwicklung konzipiert und umgesetzt werden.

7. Die Planung der Personalentwicklung in Ausland muss Grundlagen der Auslandstätigkeit (Auswahl, Vorbereitung. Vertragsbedingungen), Betreuung während des Auslandseinsatzes und eine dynamische Rückgliederungs- und Integrationsplanung umfassen.

8. Ein Anreizsystem mit monetären und nichtmonetären Elementen ist die Antwort auf die abnehmende Bereitschaft von Mitarbeitern zur internationalen Karriereentwicklung. Neben den Vergütungselementen haben insbesondere die Karriereplanung und die Gestaltung der Reintegration im Anschluss an Auslandseinsätze eine hohe Bedeutung. Kernstück der Personalentwicklungsplanung im Ausland ist demnach eine dynamische Rückgliederungs- und Integrationsplanung.

Führen und Zusammenarbeit bedeuten auch Zusammenführen der Menschen eines Unternehmens. Führungskräfte bei unterschiedlichen wirtschaftlichen, politischen und sozialen Organisationen können sich heute kaum noch durch Geld und Besitz unterscheiden und sich auch selten auf den formalen Bildungsrang berufen. Die Führung der Veränderung erfordert die Veränderung der Führung. Wenn der Begriff Elite heute noch einen Sinn macht, dann nur noch als das Vermögen zur geistigen Führung. Und geistige Führung ist heute in einer grenzenlos kommunizierenden Welt gleichbedeutend mit der Fähigkeit zum Zusammenführen des Wissens aus unterschiedlichen Fachgebieten, Systemen und teilweise auch Epochen.

Merke:	Eine der wichtigsten Voraussetzungen für alle Führungskräfte ist ein großes Einfühlungsvermögen den unterschiedlichsten Menschengruppen gegenüber. Nur dann können sie langfristig erfolgreich wirken.

Für die Unternehmensleitungen bleibt – selbst wenn sie jetzt zunehmend stark durch Weiterbildungseinrichtungen (vgl. z.B. IFIM) unterstützt werden – noch viel zu tun, wenn die eher zunehmenden Schwierigkeiten überwunden werden sollen.

7.2 Vorbereitung des Personals auf Auslandseinsätze-Entsendungsprobleme

Ein Ergebnis der Studie von Ernst & Young ist, dass China und Osteuropa – insbesondere im Hinblick auf die EU-Ost-Erweiterung in 2004 und 2007 – zunehmend im Focus internationaler Unternehmen stehen. China nicht zuletzt deswegen, weil die derzeitigen Wachstumsraten hoch und die Entwicklungsperspektiven positiv sind. Demzufolge werden Mitarbeiter nicht nur in die großen Industrienationen entsandt sondern zunehmend in Entwicklungs- und Schwellenländer. Hauptgrund hierfür ist die Tatsache, dass der lokale Arbeitsmarkt nicht genügend qualifizierte Fachkräfte zur Verfügung stellen kann. Dennoch gehen die meisten Entsendungen deutscher Unternehmen in die benachbarten EU – Staaten. 71 Prozent der befragten Unternehmen gaben an, Mitarbeiter in größerer Zahl in die EU-Länder zu entsenden. Mit 58 Prozent liegen die USA und Kanada an zweiter Stelle. Diese Werte ergeben sich einerseits aus den engeren wirtschaftlichen Beziehungen im EU-Bereich und andererseits daraus, dass Entsendungen in EU-Staaten – und auch in die USA – deutlich unkomplizierter sind als etwa in asiatische oder osteuropäische Staaten. Vor dem Hintergrund der bevorstehenden EU – Osterweiterung ist allerdings mit stärkeren wirtschaftlichen Aktivitäten deutscher Unternehmen in diesen Ländern zu rechnen (vgl. Zschiedrich/Schmeisser/Hummel (Hrsg., 2004 sowie Zschiedrich 2006). Die für diese Regionen genannten 19 Prozent dürften von daher in den kommenden Jahren deutlich zunehmen. Auch der chinesische Markt wird für deutsche Unternehmen (wieder) interessanter und entsprechend wird die Zahl der Entsendungen in diese Region steigen.

International tätige Unternehmen entsenden vielfach junge Mitarbeiter im Rahmen von Trainee-Programmen in ihre ausländischen Niederlassungen. So begrüßenswert diese Praxis auch sein mag, bleibt dabei jedoch zu sehen, dass es diesen jungen Mitarbeitern zumeist noch an Berufserfahrung und Fachkenntnissen fehlt, als dass sie bereits maßgeblich am Leistungsprozess vor Ort mitwirken können.

Andererseits ist es u. U. schwieriger, den »gestandenen«, über 30-jährigen und womöglich mittlerweile mit Ehepartner, Kindern und Haus ausgestatteten Mitarbeiter für eine Auslandstätigkeit zu gewinnen. Dabei ist es In der Regel weniger der Mitarbeiter selbst, der vor der Fremde zurückschreckt, als vielmehr dessen Sorge um das ungewisse soziale Umfeld, das seine Familie im Ausland erwartet. Für Länder des westlichen Kulturkreises – also Europa und USA – wird dieses Risiko überschaubarer sein als in Ländern anderer Kulturkreise.

In manchen Ländern Asiens beispielsweise herrscht ein gänzlich andersartiges Rollenverständnis der Frau. Gewiss wird eine Europäerin in Japan oder Singapur anders behandelt als eine Asiatin, nur bleibt sie damit eine Außenseiterin. Andererseits gibt es für die vor Ort ansässigen Europäer und Amerikaner meist internationale Schulen sowie zahlreiche Clubs und gesellschaftliche Veranstaltungen, die der Gefahr einer Isolation entgegenwirken (vgl. Zinzius 2000).

Einem gegebenenfalls berufstätigen Ehepartner sollte der Arbeitgeber überdies die Möglichkeit bei der Vermittlung einer Arbeitsstelle vor Ort behilflich sein. Dies kann nicht nur einer synchronen Integration des Paares am Auslandsort förderlich sein, sondern auch dessen gemeinsamem Verständnis für die in der Region spezifischen Verhaltensnormen der Geschlechter untereinander.

Hinsichtlich des Alters geht eine asiatische Beratungsfirma sogar so weit, dass sie zum Beispiel für den Einsatz in China lebenserfahrene Manager mit Interkulturellen Voraussetzungen empfiehlt. Fehl am Platz seien zum Beispiel junge dynamische Typen, erfolgreich hingegen solche mit Lebenserfahrung. Gefragt sei der Generalist, entbehrlich der Spezialist. Wer sofortigen Geschäftserfolg um jeden Preis wolle, werde scheitern, wer langfristige Ziele habe, reüssieren. Auf bewährte westliche Managementpraktiken könne man verzichten, nicht aber auf typisch chinesische Führungsqualitäten, zu denen beispielsweise Geduld und Beherrschung zählen.

> **Merke:** **Mitarbeiter, die bereit sind, ins Ausland zu gehen, gelten in der Regel zu Recht als weltoffen, flexibel und risikobereit.**

Der Arbeitgeber honoriert dies in vielen Fällen durch eine hierarchische Position im Ausland, die dem Mitarbeiter im Inland nicht ohne weiteres offen stünde. Das setzt eine regelmäßige Prüfung der Erschwernisse voraus, denen die „Entsandten" ausgesetzt sind.

Soll der Mitarbeiter jedoch nach seiner Auslandsstation – z.B. nach 3 bis 4 Jahren – zurück in die Zentrale versetzt werden, so kann es zu unerwarteten Schwierigkeiten kommen. Hiermit ist weniger gemeint, dass zum Zeitpunkt der vorgesehenen Rückkehr gerade keine »adäquate Vakanz« zur Verfügung stehen könnte, zumal dies in größeren Unternehmen meist nur ein temporäres Problem sein wird.

Sensibler ist die Gefahr, dass der Mitarbeiter in der Auslandsniederlassung »zentrifugale Freiheiten" entwickelt, womit er sich schleichend von der Zentrale entfremdet und dort letztlich »seine Lobby« verliert. Die Folge kann sein, dass sich der Arbeitgeber schwer tut, das Rückflugticket auszustellen, und eher versuchen wird, den Mitarbeiter im Ausland möglicherweise an einem anderen Standort zu belassen. Die Dauer von Entsendungen ist von verschiedenen Einflussfaktoren abhängig, Entscheidend können sein die jeweilige Hierarchieebene des Entsandten, die vor Ort wahrzunehmende Aufgabe sowie die familiäre Situation. Dabei dauert die Mehrzahl der Entsendungen zwischen einem und drei Jahren. Kürzere Entsendungen sind eher die Ausnahme, weil der Aufwand der Auswahl und Vorbereitung von Entsendungen häufig in keinem Ergebnis zum Erfolg stehen. Etwa ein Drittel der Unternehmen gibt daher an, dass die Entsendungen durchschnittlich länger als drei Jahre dauern.

Eine Studie von PricewaterhouseCoopers bestätigt diese Aussagen; auch hiernach werden die mehrjährigen Entsendungen ihre Bedeutung behalten.

Allerdings gehören die großzügig gestalteten Entlohnungs-und Anreizprogramme der Vergangenheit an. Der Trend zu kürzeren Auslandseinsätzen wird vor allem aus Kostengründen anhalten. Kosten – Nutzen – Relationen von Auslandsentsendungen stehen verstärkt im Vordergrund. Und immer häufiger werden die tatsächliche Sinnhaftigkeit und der Wertschöpfungsbeitrag jeder einzelnen Entsendung hinterfragt. Darüber hinaus suchen die Unternehmen zusätzlich nach alternativen Formen für internationale Einsätze, um im Mix aus allem die entsprechende Ausgewogenheit für ihre Entscheidungsstrategie zu finden und eine entsprechende Kostenoptimierung zu realisieren (vgl. Hummel/Jochmann 1998).

> **Merke:** **Neue Technologien führen zu vermehrter Mobilität, da sie mehr Personen vernetzen und den Zugriff auf einen internationalen Arbeitskräftepool ermöglichen.**

Ebenso gewinnt die virtuelle Zusammenarbeit in internationalen Teams zunehmend an Bedeutung. Neue Kommunikationstechnologien ermöglichen immer mehr die internationale Verflechtung von Unternehmen. Die Telearbeit wird sich weiter, auch grenzüberschreitend, verbreitern. Ein steigender Anteil an Arbeitnehmern wird langfristig mit ausländischen Geschäftspartnern zusammenarbeiten, ohne sich dazu im Ausland aufhalten zu müssen.

Auffallend ist allerdings, dass bei Entsandten nach den Widerständen und Anpassungsschwierigkeiten in der Anfangszeit, nach Ablauf der Entsendung, nicht selten um eine Verlängerung gebeten wird. Meist hat sich der Expat in der Auslandsniederlassung gut integriert und die Familie hat im privaten Bereich Fuß gefasst und es fällt schwer die in der Auslandstätigkeit vorhandenen Freiheiten und Vorteile wieder aufzugeben.

Um solchen Entfremdungseffekten vorzubeugen, empfiehlt sich ein intensiver Dialog mit den Mitarbeitern im Ausland und straffe Einbindung In die organisatorischen Abläufe des Unternehmens (vgl. z.B. ifim).

Für alle osteuropäischen Länder gilt, dass unsere Prinzipien der Demokratie und der freien sozialen Marktwirtschaft für viele Menschen keine Selbstverständlichkeit sind und nach manchen Rückschlägen auch sehr kritisch gesehen werden.

Merke:	**Bei in den Osten und nach Asien entsandten Führungskräften sind daher weniger Perfektionismus und Detailbesessenheit gefragt als vielmehr die Besinnung auf wirklich notwendige – unter anderem soziale – Kompetenz.**

Bringt Personalführung schon innerhalb eines Landes durch den härteren Wettbewerb viele Probleme, so sind, international gesehen, die Schwierigkeiten noch vielfältiger. Allein schon die unterschiedlichen Gesetze und Vorschriften erschweren die tägliche Arbeit und setzen neben der örtlichen Anpassungsfähigkeit umfangreiche Sachkenntnis voraus.

Darüber hinaus ändern sich Einstellungen gegenüber unseren Vorstellungen zur Personalführung. Die unterschiedlichen Ansichten über das deutsche Betriebsverfassungsgesetz zeigen sich schon in Europa recht anschaulich.

Merke:	**Eine Internationalisierung der Unternehmen bietet aber für die Mitarbeiter neue Chancen, wenn sie vorausschauend genutzt werden. Voraussetzung dafür ist Flexibilität bei den Strukturen und Organisationsformen und erst recht in der Personalarbeit.**

7.3 Einflussfelder internationaler Unternehmensstrukturen

Die Märkte definieren Produkte und Unternehmensstrukturen. Unter diesem Leitsatz steht zunehmend die Diskussion, wie sich Unternehmen produkt- und ressourcenstrategisch ausrichten sollten und wie sie die notwendigen Personalqualitäten und -kapazitäten an welchen

Standorten bereitstellen sollten. Diese Einflussnahmen, die internationale Märkte und resultierende Unternehmensstrukturen auf das Personalmanagement haben, orientieren sich an den Stichworten:

- Märkte
- Internationalisierungsgrade
- Personalmanagement
- Beispielfälle.

Merke:	Es ist nun keine neue Weisheit, dass für deutsche oder europäische Unternehmen der lokale oder auch der europäische Binnenmarkt sowohl keine ausreichende Orientierung als auch Aufnahmekapazität bereitstellen können.

Natürlich stellt sich die Situation für jede Branchensegmentierung unterschiedlich dar, wobei wir an dieser Stelle einteilen können in:

- Primärindustrien (Rohstoffgewinnung, Energiegewinnung, Zahlerzeugung, Kohle etc.).
- Verarbeitende Industrie (Kunststoff- und Metallverarbeitung, Kfz-Zuliefer-Industrie, Markenartikel-Unternehmen etc.)
- Klassische Dienstleistungen (DV, Telekommunikation, Multimedia)
- Dienstleistungen (Banken und Versicherungen, Versorgung und Haustechnik, Handel etc.)
- Informationsdienstleistungen.

Eher lokale Marktorientierungen sind derzeit noch für die verarbeitende Industrie und für klassische Dienstleistungen möglich. Die Unternehmensstrukturen im Multimedia-Bereich zeigen deutlich auf, dass hier internationale Konzerne oder Unternehmensverbünde/Joint-Ventures am Werk sind, um Kernkompetenzen zu bündeln. Die Primärindustrie ist ein klassisches Beispiel dafür, dass der Konzentrationsprozess weitergeht und gerade vor dem Hintergrund der internationalen Kosten- und Marktpreisstrukturen eher national agierende Unternehmensstrukturen nur durch Subventionen haltbar sind. Prognosen gehen davon aus, dass der Dienstleistungsanteil am Bruttosozialprodukt in Deutschland in den nächsten 10 Jahren noch einmal um 10 % auf insgesamt 78 % steigen wird.

Merke:	Unter dieser Prognose haben insbesondere die Banken und Versicherungen noch einen Konzentrations- und Konsolidierungs- sowie Internationalisierungsprozess vor sich.

Hier dominieren derzeit am ehesten noch regionale Ausrichtungen in der Definition des Unternehmenszweckes und der Aufbauorganisation (Beispiel Sparkassen und Volksbanken) oder Kundensegmentierungen (beispielsweise Mengenkunden und anspruchsvolle Beratungskunden) für die Region Deutschland. Beratungsintensive Dienstleistungen werden sicherlich auch zukünftig im Rahmen intensiver Marktbearbeitung regionale Konzentrationen sinnvoll erscheinen lassen, wenn nicht die Produktgestaltung (Innovation und Kosten-management) Zusammenschlüsse/Verbünde auch über nationale Grenzen hinaus notwendig erscheinen lassen. Ansonsten setzt sich der Konzentrationsprozess in dem Sinne fort, dass für viele Industrien die weltweite Positionierung unter den größten 5 Anbietern interessant bleibt. Diese Tendenz treibt multinationale Unternehmen schon jetzt zu weiterer Konzentra-tionsbemühungen, um sich Idealerweise unter den weltweit größten Anbietern etwa in be-stimmten Pharma- oder Elektronikbereichen zu positionieren. Aufbauorganisatorisch bedeu-tet dies, dass sich ein Entwicklungsweg vollzieht von

- national ausgerichteten Gesellschaften mit Vertriebsstützpunkten in Auslandsmärkten,
- Stammhausgelenkte internationale Unternehmensgruppen, die weltweit produzieren und in den wichtigen Märkten eine starke lokale, durch eine eigene Gesellschaft gestützte Präsenz (bis zu Produktion und Vertrieb) aufbauen,
- internationalen Divisions, die unter einer Holding weltweit agierende Divisionen aufhän-gen, die ihrerseits ihren Stammsitz weltweit nach ausschließlich Effizienz- und Präsenz-kriterien auswählen (Beispiel Hoechst-Gruppe, Frankfurt).

In dieser Beschreibung zu den Internationalisierungsgraden haben wir erste Aussagen zur Ausrichtung der Personalarbeit integriert. In Bezug auf das Thema des Personaleinsatzes ergeben sich folgende Beispielsituationen:

- Entwicklung von international gültigen Anforderungsprofilen für Vertriebsmanager, Pro-duktionsleiter, Personalleiter etc. Besetzung von Managementpositionen über der Über-schrift einer polyzentrischen oder geozentrischen Strategie (lokale Besetzung, internatio-nale Besetzung).
- Job-Rotationsmodell zur Entwicklung international und multifunktional geprägter Füh-rungskräfte.
- Potenzialanalyse-Programme mit resultierenden Potenzial-Portfolios nach internationalen Einschätzungskriterien und Einsatzfeldern.
- Internationale Personalentwicklungs-Programme mit resultierenden Assessment-Centers, Trainings und umsetzungsorientierten Projektarbeiten.
- Verhaltensorientierte Change-Management-Programme, in denen international gültige Kundenorientierungs- und Qualitätskriterien auf die jeweiligen Geschäftsprozesse und Verhaltensanforderungen heruntergebrochen werden (resultierende Trainings und Work-shops).

Im Folgenden konzentrieren wir uns auf Fragen der Beurteilungskriterien wichtiger Funkti-onsträger (Vertriebsmanager, Projektmanager, klassische Führungskräfte), diesen Kriterien zugrunde liegenden Methodiken der Anforderungsanalyse und den Spezialfall von internati-onal ausgerichteten Stellenbesetzungen vom externen Bewerbermarkt.

7.4 Methodische Ansätze zur Anforderungsanalyse

Anforderungsanalytische Verfahren sind dezidiert im Rahmen der Methodik Assessment-Center entwickelt worden und haben ihren ersten wesentlichen methodischen Schritt über die Critical Incident Techniques gehabt. Seither wurden diese Methoden immer stärker auch auf Fragen der internen und externen Besetzung bezogen und es hat sich ein Weg von den induktiven zu den deduktiven Herangehensweisen vollzogen. In diesem Abschnitt werden wir die wesentlichen anforderungsanalytischen Methoden mit den Bezügen zum internationalen Einsatz darstellen (vgl. im folgenden Hummel/Jochmann 1998).

- Critical Incident Techniques und Extremgruppenvergleich
- Abbildung von Erfolgsmanagern
- Zukunftsorientierte Positionsanalysen
- Leitbild- und Strategieableitung

Der Trend von den induktiven zu den deduktiven Verfahrensansätzen beschreibt, dass die klassischen anforderungsanalytischen Ansätze darauf beruhen, die gegenwärtigen Erfolgsfaktoren oder Positionsherausforderungen abzubilden auf wünschenswerte und notwendige Anforderungskriterien. In der Regel wird bei den Anforderungskriterien in fachliche und überfachliche Kriterien unterschieden, wobei die letztgenannten ein immer stärkeres Gewicht in Literatur und Praxis bekommen haben. Hinter ihnen liegen die viel diskutierten Felder von Führung, Sozialverhalten, methodische und strategische Kompetenz, Intelligenzrahmen sowie Kundenorientierung und Leistungsmotivation. Die beiden Verfahren der Critical Incident Technique und der Abbildung von Erfolgsmanagern funktionieren stärker Idealbild-geleitet, losgelöst davon, intensiven Beschreibungen der jetzigen oder zukünftigen Positionsbilder. In der **Critical Incident Technique** werden folgende Arbeitsschritte vollzogen:

- Festlegung so genannter erfolgskritischer Situationen im Alltag einer Führungskraft. Bedingt über den Einsatz zur Vorbereitung von breit angelegten Assessment-Centers zur Identifikation von Führungspotenzialen wird dabei von den Aufgaben einzelner Manager (beispielsweise Verkaufsleiter, Leiter Forschung und Entwicklung) abstrahiert und somit allgemeiner vorgegangen – es ist allerdings auch eine ausschließlich funktionsspezifische Anwendung etwa für die Position Projektleiter im Maschinen- und Anlagenbau möglich. Hinter dem Begriff „erfolgskritisch" steht die Annahme, dass Positionsinhaber ihren wirklichen Positionserfolg nur in 10 bis 20 % ihrer Arbeitszeit und in so genannten Schlüsselvorgängen bewältigen. Diese könnten für einen Projektleiter sein: Auswahl von Projektmitarbeitern, kritisches Rückmeldegespräch bei Fehlleistungen eines wichtigen Mitarbeiters, Einkaufsverhandlung mit einem externen Zulieferer, Festlegung der unterstützenden DV-Konzeption, Präsentation von Zwischenergebnissen vor dem Lenkungskreis/Vorstand. Die Auswahl dieser Critical Incidents (mitunter auch Reklamationen und wirkliche Krisenfälle) erfolgt in Workshops mit Kennern/Spezialisten der Positionsebene (in der Regel Positionsinhaber und die darüber liegende Positionsebene, unterstützt durch Personalspezialisten/externe Berater).
- Der nächste Schritt ist nun, konkret das Vorgehen/Arbeiten von erfolgreichen und explizit nicht erfolgreichen Positionsinhabern in diesen kritischen Situationen herauszuarbeiten.

Hierzu werden Interviews oder auch Beobachtungen vor Ort eingesetzt. Entscheidend ist, möglichst nah an das real gezeigte Verhalten heranzukommen und die Überlegungen des Handlungsträgers, sein mentales Modell, herauszuarbeiten. Der Gedanke des Extremgruppenvergleiches mit sehr erfolgreichen und nicht erfolgreichen Positionsträgern beruht darauf, in späteren Anforderungsprofilen die zwischen diesen Gruppen differenzierenden Dimensionen zu ermitteln.

- Die Beobachtungsprotokolle werden in eine Arbeitsgruppe oder in Workshops in eine erste Fassung von Anforderungsprofilen überführt, wobei nur noch diejenigen Beurteilungskonzepte überleben, die zwischen den Extremgruppen differenzieren. Sowohl der Dokumentation als auch der jetzigen Phase der Auswertung unterliegt in der Regel ein Beurteilungsmodell, etwa die Differenzierung nach Fachanforderungen, zwischenmenschlichen und problemanalytisch-intellektuellen Anforderungen. Die beobachteten und interpretierten Konzepte werden beispielsweise diesen 4 Anforderungsfeldern untergeordnet und mit konkretisierenden Beschreibungen versehen. Beispielsweise ergibt sich für das Projektleiter-Beispiel im zwischenmenschlichen Bereich die Dimension Verhandlungsstärke, die ihrerseits mit 5 Beschreibungen definiert wird (Beispiel: Bereitet sich auf jede Verhandlung explizit vor, hinterlegt schriftlich seine Ziele und wesentlichen Argumente. Nutzt in der Verhandlung eine integrierende Diskussion, indem er die Argumente der Verhandlungsparteien zusammenfasst und schlüssige Kompromisse bildet):
- Die derart gewonnenen Anforderungsprofile werden in der Regel der Besetzung des Startworkshops diskutiert und verfeinert. Ggf. können sie über Befragungen bei einer größeren Gruppe von Anwendern zur Diskussion gestellt und ergänzt werden.

Die Probleme dieses Ansatzes beruhen neben den heute immer wichtiger werdenden Fragen des zeitlichen und kostenmäßigen Aufwandes zum einen darauf, dass die ethische Vertretbarkeit einer Vorauswahl für gute und weniger gute Positionsinhaber in Frage gestellt wird. In der Regel wird den Teilnehmern an derartigen Untersuchungen nicht mitgeteilt, nach welchen Kriterien sie ausgewählt worden sind. Auf der anderen Seite beruhen die gewonnenen Informationen sehr stark auf dem Status quo, was sowohl die Anwendungs- und Problemsituationen angeht als auch die Art und Weise der Problemlösung durch die Positionsinhaber. Letztlich werden Rezepte der Vergangenheit und hoffentlich der aktuellen Gegenwart abgebildet, die relativ personenabhängig sind und somit lange Entwicklungslinien haben, die gerade bei sprunghaften Veränderungen (in denen wir uns zweifelhaft befinden) kaum noch Berücksichtigung finden können.

> **Merke:** **Die Beschreibung von Erfolgsmanagern nimmt Grundgedanken der Critical Incident Technique auf.**

Sie geht dabei allerdings in einen erheblich höheren methodischen Aufwand, um die Erfolgsfaktoren von Top-Managern zu beschreiben, zu quantifizieren, beobachtbar zu machen. Sie abstrahiert dabei von Alltagssituationen und in der Regel auch von konkreten Zielpositionen. Sie legt ein stärkeres Gewicht auf die Vorüberlegungen zu einem theoretischen Grundmodell, aus welchen Bausteinen sich erfolgreiche Management-Performance zusammensetzt. Ein recht aktuelles Beispiel des Ansatzes bilden die zahlreichen Untersuchungen zur Abbildung des Euro-Managers, die Ende der 80er Jahre stattfanden und Beschreibungsmuster für diesen neuen Managementtypus schaffen wollten. Die Grundphilosophie hinter diesem Ansatz ist, dass es relativ situationsübergreifend Erfolgsfaktoren von idealen Managern gibt, die in der Regel auch weniger veränderbar sind und entsprechend ausdifferenzierte Beurteilungsmethoden benötigen, um bei jüngeren Mitarbeitern Potentiale einzuschätzen oder bei Positionsentscheidungen „die Besten" herauszufiltern.

Zwischenzeitlich hat diese Suche nach dem Idealmanager eine Reihe von wissenschaftlicher Kritik einstecken müssen, die unter der Überschrift Person – Situation – Interaktion steht. Entscheidender sind demnach die Unternehmenskulturen, die gewünschten Verhaltensweisen, das Interagieren in bestimmten Management-Teams (These: Gesamtleistung ist mehr als die Summe der Einzelleistungen) und letztlich die Erkenntnis, das Erfolgsmanager eines Unternehmens in einem anderen Markt- oder Unternehmenskultur-Umfeld nicht mehr an die Erfolge anknüpfen konnte.

Methodische Kernpunkte dieser elaborierten Anforderungsprofil-Entwicklung liegen darin, dass

- eine möglichst große und repräsentative Erhebungs- und Befragungsstichprobe von Managern gefunden wird,
- Erfolgskriterien von Führungskräften saubere statistische Verfahren eingesetzt werden, um die Informationsvielfalt objektiv auf ein Anforderungsprofil zu verdichten,
- neben der eindeutigen Definition einzelner Beurteilungsdimensionen die Schnittstelle zu Beurteilungsverfahren gefüllt wird (Frage: Wie definieren wir eine Dimension unternehmerisches Denken und wie kann sie über Gespräche oder Fallstudien messbar gemacht werden?).

Merke:	Die Methodik zukunftsorientierter Positionsanalysen integriert den klassischen Ansatz, von einer Aufgabenstellung aus die fachlichen und überfachlichen Anforderungen zu definieren.

Entscheidend ist in diesem Zusammenhang, welches Modell einer Ist-Position gewählt wird. Klassische Stellenbeschreibungen umfassen zum heutigen Zeitpunkt immer noch zum Teil mehrseitige, prosahafte Darstellungen von einerseits Zielen und Hauptaufgaben (in der Regel unter einem Punkt aufgeführt) und Anwendungsbeispielen im Alltag. Die meisten in Deutschland noch gepflegten Stellenbeschreibungen wurden im Zusammenhang mit analytischen Stellenbewertungsverfahren entwickelt, um Aufgabenumfang, Quantitäten und Qualitäten und entsprechende Anforderungskriterien/Schwierigkeitsgrade als Basis für die finanzielle Einstufung bereitzustellen. Entscheidend ist aus unserer Sicht die Differenzierung zwischen Zielen und Aufgaben, die Konzentration auf Kernaufgaben und die eindeutig lineare Ableitung von fachlichen und überfachlichen Anforderungen aus diesen Kernaufgaben. Die Unternehmensberatungsgesellschaft Kienbaum hat die Struktur von dynamischen Stellenprofilen entwickelt, die auf folgenden Prämissen beruht.

- Reduktion der Ergebnis- und Wertschöpfungsseite einer Position auf 4 bis 6 Positionszie-le. Diese Positionsziele sind final und nicht ergebnisorientiert zu formulieren, sie beschreiben Zustände, Qualitätskriterien, quantitative und qualitative Zielerreichungsgrade.
- Deduktive Ableitung von zwei bis drei Kernaufgaben, die notwendig sind, um ein Ergebnisziel zu erreichen. Vor diesem Hintergrund Sammlung von 10 bis 15 Kernaufgaben, die anschließend zusammengefasst werden und so neben den 4 bis 6 Positionszielen 5 bis 7 Kernaufgaben stellen. Diese Reduktionsaufgabe ist in der Regel kein Problem, weil für unterschiedliche Ziele die gleichen Kernaufgaben (beispielsweise Verhandlungen mit bestimmten Gremien führen) notwendig sind.
- Ableitung von fachlichen und überfachlichen Anforderungen. Wiederum für jede Kernaufgabe Ableitung der notwendigen und ggf. auch wünschenswerten Anforderungsmerkmale. Später Verdichtung der 30 bis 50 auf diese Weise abgeleiteten Anforderungen auf ein Gesamtanforderungsprofil mit 15 bis 25 Beurteilungsdimensionen.

> **Merke:**   **Wesentlich sind für den vorliegenden Kontext die Merkmale der Zukunftsorientierung in der Positionsbeschreibung einerseits und die Konkretisierung eines Internationalitätsanspruches.**

Deshalb werden derartige dynamische Stellenprofile in kompakten, ein- bis zweitägigen Workshops mit Positionsspezialisten und Unternehmensentwicklungs-Experten, ggf. auch Organisatoren, entwickelt. Wichtig ist, dass sich die zukünftigen Geschäftsfelder, zu verwirklichenden Kernkompetenzen und Erfolgsfaktoren sowie die resultierenden Organisationsstrukturen in diesen Profilen abbilden. Neue Formen der Vertriebsorganisation, des Prozessmanagements, der Linienverankerung von Projektleitern und multifunktionaler Servicebereiche (anstelle isolierter Personal-, Organisations- und Verwaltungsbereiche) müssten sich analog in derartigen Ausarbeitungen wieder finden.

Der Terminus des dynamischen Stellenprofils ergibt sich daraus, dass derartige Organisationsinstrumente permanent angepasst werden, dass sie „leben" und flexibel für Zielmodifikationen und -ergänzungen sind. Die Methodik ist für nationale und internationale Positionsbilder anwendbar und hilft, gerade bei autonom arbeitenden Tochtergesellschaften die Anforderungen an eine Position mit begrenztem zeitlichem Aufwand eindeutig zu klären. In Anlehnung an die Ergebnisziele lassen sich Zielvereinbarungs- und Bonussysteme anknüpfen. International orientierte Aufgaben finden sich im Block der Kernaufgaben wieder und werden analytisch in spezifische, gegenüber nationalen Aufgaben zusätzliche Anforderungen ausdrücken. Zusätzlich empfiehlt sich bei Länderübergreifenden Funktionen die Aufnahme ausschließlich internationaler Anforderungsdimensionen, die im nächsten Abschnitt beschrieben und konkretisiert werden.

Der Ansatz der Leitbild- und Strategieorientierten Ableitung an Anforderungen beruht auf dem Grundgedanke, dass die recht abstrakte Realisierungsanforderung von bestimmten Unternehmenswerten (beispielsweise Internationalität, Flexibilität, Kundenorientierung) oder auch die Umsetzung von bestimmten Strategien (beispielsweise Expansion, Kostensenkung, Innovation) neben Anforderungen an den Einsatz finanzieller und organisatorischer Ressourcen maßgeblich von der Qualität der wesentlichen Handlungsträger abhängt.

> **Merke:** Diese Qualitäten müssen im Grunde genommen leitbild- und strate-
> giekonform ausgebildet sein – eine Kundenorientierte Unternehmung
> setzt voraus, dass große Anteile des Topmanagements und derjenigen
> Mitarbeiter, die nah am Kundenkontaktkreis arbeiten, diesen unter-
> nehmensspezifisch definierten Wert der Kundenorientierung glaubhaft
> in ihrem Verhalten transportieren.

Als Ausgangsmaterial fließen alle leitbild- und strategierelevanten Informationen von Bedeutung zum Unternehmen oder zur Division ein. Bestimmte Internationalisierungsstrategien
werden beispielsweise dann auf die notwendigen fachlichen und überfachlichen Anforderungen heruntergebrochen, die

- generell von einem bestimmten qualifizierten Mitarbeiterkreis zu verwirklichen sind,
- für bestimmte Positionsinhaber in ganz spezifischer Form anforderungsrelevant sind
  (beispielsweise für Außendienstmitarbeiter, Servicemitarbeiter oder Führungskräfte mit
  Kundenkontakt).
- für bestimmte Positionsinhaber in ganz spezifischer Form anforderungsrelevant sind
  (beispielsweise für Außendienstmitarbeiter, Servicemitarbeiter oder Führungskräfte mit
  Kundenkontakt).

Insbesondere die beiden letztgenannten, stärker zukunftsorientierten oder strategischen An-
forderungsanalyse-Methoden bilden für weltweit operierende Unternehmen eine gute Plattform, um in kompakten Workshops oder Meetings „Wichtiges von Unwichtigem" zu unterschieden, klare Briefings in Form von finalen oder auch aktionalen Zielen herauszuarbeiten
und diese deduktiv mit realistischen, notwendigen Anforderungsprofilen zu unterlegen. Die
Ergebnisse bilden gleichzeitig eine gute Plattform, um Beurteilungs- und Erfolgskriterien des
Einsatzes bestimmter Führungskräfte zu entwickeln und somit Leistungsgrade transparent zu
machen. In internationalen Unternehmensverbünden bieten sich zahlreiche Möglichkeiten,
um im Innenvergleich (internal Benchmarking) Leistungsunterschiede und Verbesserungspo-
tentiale herauszuarbeiten. Dieser Ansatz wird um so interessanter als zumindest aus unserer
Sicht sich die Kernkompetenzen und Erfolgskriterien auf wichtigen Weltmärkten angleichen
– globale Produktentwicklungs- und Vermarktungsstrategien sowie die Annäherung der Le-
bensstandards und größtenteils auch der Werthaltungen führen zu einheitlicheren Strategien
in den Unternehmungen, die sicherlich komplexer und internationaler sind als derzeitige
Länderstrategien, allerdings die Notwendigkeit der komplizierten und Kostenverursachenden
Differenzierung nach einzelnen Regionen obsolet werden lassen.

7.5 Beurteilungskriterien für internationale Positionen

Qualitätseinschätzungen für wichtige Positionsbilder in internationalen Unternehmensstrukturen werden zum einen bei der Einstiegsbeurteilung notwendig (Recruitment), zum anderen

bei der kontinuierlichen, beispielsweise jährlichen Leistungseinschätzung oder der Potential-einschätzung für weiterführende Positionen in anderen Aufgaben oder Ländern/Märkten. Vor dem Schritt der Entwicklung von Anforderungsprofilen (in der Regel ein Set zwischen 10 und 20 Beurteilungsdimensionen und einem bestimmten Skalenmodell) ist es sinnvoll, ein unternehmensspezifisches Anforderungsmodell zu entwickeln bzw. vorhandene Modelle anzupassen. Grundlegend ist die Unterscheidung zwischen fachlichen und überfachlichen Anforderungen, hilfreich eine gewisse weitere Differenzierung. So arbeitet z.B. Kienbaum seit einigen Jahren mit dem Modell der Kienbaum-Kompetenz-Pyramide, welche eine be-stimmte Position oder Funktionsebene/Hierarchieebene abgeleiteten Anforderungen (basie-rend auf der jeweils eingesetzten Methodik der Anforderungsanalyse) in die Schichtungen der Fach-, Verhaltens- und Persönlichkeitsebene vornimmt.

> **Merke:** **Die Botschaft dieses Modells ist, dass sich die Trainierbarkeit und Ver-änderbarkeit zur Basis der Pyramide hin verringert, weil die perso-nenspezifische Verankerung zu stark wird.**

Eine wichtige Konsequenz bei der Beurteilung von Mitarbeitern für Auslandseinsätze ist, dass (vgl. IFIM):

- persönlichkeitsspezifische Anforderungen und Werthaltungen (beispielsweise unterneh-merisches Denken, tief verankerte Kundenorientierung oder Toleranz) in der Auswahl-phase (gilt sowohl für interne als auch für externe Kandidaten) hohe Priorität eingeräumt bekommen. Messinstrumente und Interviewtechniken sollten sich auch gerade von der Zeiteinteilung und Intensität her auf diese Bereiche konzentrieren.
- vor diesem Hintergrund derzeit eine Renaissance der Persönlichkeitsfragebögen einsetzt. Diese Instrumente werden als Warnsignal-Entdecker eingesetzt, um im gemeinsamen Ge-spräch mit Kandidaten ungünstige Werte zu diskutieren und beispielsweise die Auswir-kungen auf das eigene Managementverhalten zu klären.
- Merkmale von Veränderungsbereitschaft und Veränderungsfähigkeit deutlich höher zu gewichten sind als derzeitige Ausprägungen von fachlichen Kompetenzen (natürlich ab-hängig vom zur Verfügung stehenden Bewerberpool und der zeitlichen Toleranzen), um bestimmte Fachkompetenzen in einer Vorbereitungsphase zu erwerben. In der Regel sind Fachanforderungen zumindest bei internen Besetzungen in Großunternehmen kein ent-scheidender Auswahlfaktor oder auch später Ursachenfaktor für misslungene Auslands-entsendungen.
- intellektuell-problemanalytische Anforderungen oder Ausprägungsgrade tendenziell hö-her zu gewichten sind als zwischenmenschliche Stärken oder auch Schwächen. Unter der Voraussetzung einer integrierten, nicht extremen Persönlichkeitsstruktur sind die Lern-prognosen etwa für Gesprächs- und Verhandlungtechniken höher einzuschätzen als die Arbeit an der Verbesserung der Problemanalyse- oder Strategieentwicklungskompetenz.
- die Beurteilung der Fachkompetenz sicherlich anhand der Stellenprofile konsequent vor-genommen werden sollte, allerdings kein primärer Auswahlfaktor sein sollte.

Diese Modelle leiten über zu den Überschriften oder Gliederungsfeldern, um ein klassisches Anforderungsprofil zu segmentieren.

Empirischen Erfahrungen zufolge spielen generell für entsendete oder internationale Managementkarrieren folgende Beurteilungskriterien eine wichtige Rolle (vgl. IFIM):

- **Überzeugungskraft und soziale Initiative/Dynamik.** Definiert über Argumentationsbandbreite, die inhaltliche Qualität eigener Aussagen, über Selbstbewusstsein und Glaubhaftigkeit. Einfluss von Kompetenz in der Landessprache/Rhetorikmerkmalen, vielmehr aber noch nonverbaler Kommunikation (Redeintensität, Mimik und Gestik/Lebendigkeit, Redeanteile in wichtigen Entscheidungsphasen).
- **Teamorientierung und Einfühlungsvermögen.** Bildet die Grundlage für interkulturelle Sensibilität und Sensitivität. Fähigkeit, sich in Teams zu integrieren, als Moderator und Coach zu verstehen, bisherige Erfolgsfaktoren und Funktionalitäten nicht pauschal in Frage zu stellen. Geduld, Sensibilität für Warnsignale (natürlich auch Wissensfaktor um länderspezifische Merkmale der Kommunikation). Des Weiteren sind sie Erfolgsfaktor für abwartend-geschicktes Verhandlungsvermögen.
- **Flexibilität und Veränderungsbereitschaft.** Beschreibt die prinzipielle Bandbreite, Offenheit und Neugierde für neue Aufgabenstellungen, Länder/Kulturen und Personen. Bezug zu Toleranz, Offenheit, die Vermeidung dogmatischer Ansichten mit der einseitigen Übertragung der eigenen Mentalität/des eigenen Führungs- und Managementstils auf andere Kulturen. Veränderungsbereitschaft als wichtige Voraussetzung für Veränderungsfähigkeit (unter der Voraussetzung von sozialer und Problemlösungsorientierter Intelligenz).
- **Strategisches und vernetztes Denken.** Beschreibt die Problemlösekompetenz in der Fähigkeit, komplexe Situationen abzubilden, auf Zusammenhänge und Grundmuster hin zu analysieren sowie durchaus mit eigenem Beitrag Lösungsansätze in Form von Konzepten und Strategien zu entwickeln. Logische Stringenz, ganzheitliches Denken mit Bezug auf bewährte Strategiemodelle. Fähigkeit, zukunftsorientiert und vernetzt zu denken, d.h. einseitig-pragmatische Lösungsansätze zu hinterfragen. Denken in Hypothesen, Abbilden von Veränderungswahrscheinlichkeit etwa des politischen oder Marktbezogenen Umfeldes.
- **Leistungsmotivation und Handlungsorientierung.** Entscheidende Größen auf der Persönlichkeitsebene, die kaum veränderbar sind. Sie setzen am klassischen deutschen
- **Managementdefizit der Umsetzungsschnelligkeit und Konsequenz.** Trend zur Vereinfachung, zur systematischen Arbeit mit Umsetzungs- und Aktionsplänen. Unterstützt durch ein hohes Maß an persönlicher Einsatzbereitschaft, an Freude und Begeisterung an der Arbeit, an expansiven Zielen sowohl für die eigene Person als auch für das Unternehmen, an Gestaltungswillen und Wachstumsmotivation. Primat von Risikobereitschaft und Experimentierfreude gegenüber der Betonung von Regelungen/Anordnungen, Systemen/Modellen und langwierigen Fehleranalysen/Ursachendiskussionen.

Derzeit gibt es durchaus noch Diskussionen über unterschiedliche Managementstile etwa in USA, Großbritannien, in den Benelux-Staaten oder im deutschsprachigen Bereich. In Anlehnung an die beschriebenen Globalisierungen von Märkten, Unternehmensführungsmodellen und resultierender Personalarbeit werden sich nach Ansicht der Autoren auch die Erfolgsfaktoren in der Unternehmensführung angleichen.

> **Merke:** **Erfahrungen von Kienbaum in der Analyse von Managern in osteuropäischen Staaten zeigen bei aller derzeitigen Unterschiedlichkeit etwa in den Führungs- und Arbeitsstilen klare Angleichungstendenzen und die bessere/erfolgreichere Arbeit derjenigen Manager, die sich in den oben beschriebenen Erfolgsfaktoren orientieren und diese leben.**

In Anlehnung an Veränderungsschwerpunkte der Unternehmen wird sich immer wieder eine neue/ergänzte/anders interpretierte Beurteilungsdimension als zusätzlicher Erfolgsfaktor durchsetzen. Zum gegenwärtigen Zeitpunkt zeigen sich beispielsweise stärker umsetzungs- und durchsetzungsstarke Führungskräfte in vielen Unternehmensgruppen denjenigen überlegen, die sich stark auf Moderation und Coaching beziehen – wobei ein Mix dieser Push- und Pullfaktoren ideal erscheint.

Die Ausarbeitung derartiger Anforderungsprofile macht erforderlich, neben jeder Beurteilungsdimension etwa 5 unternehmensspezifische Beschreibungen/Verhaltensanker zur Verdeutlichung herauszuarbeiten. Als Beispiel seien Konkretisierungen für die o. g. Dimension von Flexibilität und Veränderungsbereitschaft genannt:

- Die Führungskraft beschäftigt sich mit neuen Methoden in Führung und Management, liest entsprechende Literatur, setzt neue Methoden glaubhaft um.
- Sie toleriert andere Modelle des Arbeitens und andere Persönlichkeitstypologien.
- Sie ist offen für Verbesserungsvorschläge, initiiert selber kontinuierliche Verbesserungsprozesse und verändert stückweise das eigene Verhalten.
- Sie ist offen für Kritik und Anregungen zum eigenen Arbeitsverhalten.
- Sie gewichtet Lernprozesse und somit den Führungsaspekt der Personalentwicklung hoch, führt selber intensive Zielvereinbarungs- und Coachinggespräche durch.

Derartige Anforderungsanalyse- und Beurteilungsinformationen, die sich auf einzelne Positionen oder ganze Führungsebenen beziehen können, bilden eine absolut wertvolle Grundlage zur Unterfütterung klassischer Führungsinstrumente, die in internationalen Unternehmensgruppen und Umfeldern natürlich ebenso ihren Einsatz finden sollten wie im nationalen Kontext:

- Strukturierte Interviewleitfäden zur Personalauswahl oder zur Beurteilung für wichtige Entsendungen/Beförderungen (o. g. Verhaltensanker fließen in Fragenfelder ein oder helfen bei der Bewertung von Teilnehmer-Kandidaten-Aussagen).
- Kontinuierlichen Beurteilungsinstrumenten (beispielsweise Mitarbeiterbeurteilung, Potentialeinschätzungsbogen, Personalportfolio und Personalplanungskonferenz). Einfließen der Beurteilungsdimensionen in die in diesem Zusammenhang eingesetzten Bewertungsbögen.
- Internationale Assessment-Centers als diskontinuierliche, einmalige Beurteilung-/Potentialeinschätzung/Personalentwicklungs-Bedarfsanalyse. Analoge Abbildung wichtiger Beurteilungsdimensionen in die dort eingesetzten Beurteilungsraster.
- Zielvereinbarung und variable Vergütung. Beurteilung einmaliger Bonuszahlungen am ehesten über ergebnisorientierte/finale Positionsziele. Einordnung in Gehalts-

bändern/Fixgehaltssteigerungen, u. a. auch generell anhand der Passung in das Anforderungsprofil einer Position.

- Newplacement oder Outplacement. Ableitung kritischer Personalentscheidungen über die interne und ggf. externe, kundenrelevante Einschätzung zu Positionszielen und deren Unterfütterung durch fachliche und überfachliche Beurteilungskriterien.

Wir bevorzugen die internationale Durchdringung jeder relevanten Beurteilungsdimension in den konkretisierenden Verhaltensankern. Ggf. kann natürlich auch jedes Anforderungsprofil durch ein oder zwei ausschließlich internationale Dimensionen ergänzt werden, zu denen wir abschließend einige Beispiele nennen (die von der fachlichen in die überfachliche Bandbreite hineingehen):

- Fremdsprachenkompetenz (beispielsweise neben der Landessprache gute Beherrschung der englischen und der französischen Sprache).
- Internationales Erfahrungsspektrum (formale Auslandsaufenthalte, internationales Studium, Mitarbeit in internationalen Projekten).
- Interkulturelle Sensitivität (Einfühlungsvermögen für eine oder für mehrere Landeskulturen/Religionen/gesellschaftliche Werte).
- Multikulturelles Auftreten (Wording und Erscheinungsbild, Verhaltensbandbreite und Anpassungsfähigkeit).
- Networking (Fähigkeit zum Zusammenschweißen internationaler Arbeitsteams, zum Aufbau von informellen Kontakten).
- Toleranz und Offenheit (Neugierde, keine Vorurteile, positives Denken).

7.6 Recruitment für internationale Positionen

Generell wird zwischen dem internen und dem externen Recruitment für Positionsbilder im internationalen Unternehmensgefüge unterschieden. Die wichtige Ressourcing- und Personalentwicklungsfunktion des internen Recruitments baut auf unternehmensinternen Potentialanalysen auf, die Entsendungs- und Aufstiegspotentiale über die klassischen kontinuierlichen Beurteilungsinstrumente, über Portfolio-Einschätzungen des Managements oder (deutlich steigender Trend) internationale Assessment-Centers auswerten. Der Spezialfall des folgenden beschriebenen externen Recruitments sollte Idealerweise auf intensive Anforderungsanalysen zurückgreifen. Hierbei gelten aus unserer Sicht keine Besonderheiten, wenn über wichtige Positionen im Ausland diskutiert wird – die oben beschriebenen Methoden sind vielmehr mit Länderkompetenz auszufüllen, was zur Forderung führt, Landeskompetenz aus dem Unternehmen oder im jeweiligen Markt (beispielsweise externe Berater, Universitäten, Marktspezialisten etc.) in diesen Prozess einzubinden (vgl. Hummel 2001 sowie Hummel/Zander 2009).

> **Merke:** Gerade bei begrenzten unternehmensinternen Erfahrungen liegt eine hohe Wertschöpfung in der Benchmarking-Funktion, in der systematischen Erhebung und Auswertung von vergleichbaren Positionsbeschreibungen und resultierenden Anforderungsprofilen.

Wichtig ist, dass diese Informationen aus Unternehmensumfeldern schaffen, die mit ähnlichen Kernkompetenzen oder Erfolgsfaktoren arbeiten wie das eigene Unternehmen. In internationalen Unternehmensverbünden mit zahlreichen Tochtergesellschaften bieten sich zahlreiche Austauschmöglichkeiten dieser Art, etwa im Rahmen internationaler Personalleiter-Konferenzen oder resultierenden Anforderungsanalyse-Projekte für Engpass-Positionen.

In Anlehnung an die geschilderten Grade der Internationalitätsstrategien gibt es für den Recruitmentfall folgende Optionen:

- Besetzung einer ausländischen Führungsfunktion durch einen deutschen Manager, der in Deutschland oder im jeweiligen Land rekrutiert wird (in der Regel kombinierte Suche für diesen Spezialfall).
- Identifikation von Führungskräften im Nutzerland mit jeweiliger Nationalität.
- Breit gespannte Suche internationaler Führungskräfte, die unabhängig von Nationalität und eher auch Länderherkunft die Kernkompetenzen einbringen (eher unternehmensintern zu verwirklichen als vor dem Hintergrund des entstehenden Aufwandes mit externen Beratern).

> **Merke:** Generell werden fast alle Rekrutierungsmaßnahmen im internationalen Kontext durch Unternehmens- und Personalberater unterstützt.

Dies hängt mit Kernkompetenzen in der regionalen oder internationalen/breit gefächerten Marktansprache zusammen, bei begrenzten Erfahrungen des Unternehmens im jeweiligen Markt auch mit der Beurteilungs- und Persönlichkeitseinschätzungs-Kompetenz. Diese beiden Anforderungen führen in der Regel dazu, dass Recruitments durchgeführt werden von

- lokal spezialisierten Beratungsunternehmen
- internationalen Beratungsgruppen mit lokaler Präsenz.

Mit zunehmendem Trend in den Großunternehmen, Beratungskontakte auf einige Firmen zu konzentrieren (Reduktion Vermittlungsaufwand Leitbild, Strategie- und Anforderungsmodelle), wächst derzeit die Bedeutung der international strukturierten Beratungsunternehmungen. Lokal tätige Berater versuchen, diesem Trend mit mehr oder weniger gut funktionierenden Netzwerken zu folgen. Generell ist aber in den nächsten Jahren mit einer Globalisierung des Beratungsmarktes, mit dem Zusammenschluss zu größeren Einheiten, zu rechnen. Ein klassisches Recruitment-Projekt orientiert sich gerade im internationalen Beratungsumfeld an dem folgenden Phasenmodell (vgl. Kasperson/Dobrzynski 1995):

- Positionsbeschreibung und resultierende Anforderungsanalyse. Rückgriff auf vorhandene Materialien, spezifische Bestellung nach den beschriebenen Methoden, Benchmarking.

- Positions- und landesspezifische Marktansprache. Hierbei gibt es die wesentlichen Alternativen der anzeigengestützten Suche und der Direktansprache (Kontaktnetze, Empfehlungen, systematische Direktansprache auf der Basis von Zielfirmen).

- Erste Auswahlstufe auf der Basis von Telefoninterviews und schriftlichen Bewerbungsunterlagen. Hierbei Hinzuziehung derjenigen Anforderungskriterien, die über diese Form der Informationsdokumentation zuverlässig beurteilbar sind (in der Regel klares Primat von Fach- gegenüber Verhaltensanforderungen in dieser Phase). Des Weiteren klassische Ausschlusskriterien (Gehaltsgrenzen, räumliche Mobilität, Tabu-Firmen etc.).

- Bewerbergespräche. Idealerweise auf der Basis eines Anforderungsanalyse-gestützten teilstrukturierten Interviewleitfadens. Neben der Auswahlfunktion auch klare Motivierungsfunktion, um attraktive Bewerber für Folgegespräche zu gewinnen. Die professionelle Unternehmenspräsentation gemäß der Landeskriterien ist gerade für mittelgroße Unternehmen wesentlich, die ansonsten lokal häufig über kein profundes Arbeitgeberimage verfügen. Achtung: Die Nutzung renommierter Berater hat für Bewerber eine Signalfunktion und kann Personalmarketing-Defizite eines auftraggebenden Unternehmens kompensieren.

- Vertiefende Folgegespräche/Beurteilungsstufen. Klassische ist eine zweite Gesprächsrunde, evtl. angereichert durch Referenzinformationen (in Deutschland weitaus populärer als in den meisten interessanten ausländischen Wirtschaftsregionen). Zunehmender Einsatz von Fallstudien im Rahmen von halb- oder ganztägigen Einzel-Assessments. Idealerweise Beobachterteam mit Divisionschef und/oder Mutterhaus-Personalleiter.

- Vertragsverhandlungen und Abschluss. Gerade bei mittelgroßer Unternehmensgruppe lokal häufig durch wirtschaftsjuristische Unterstützung vor Ort. Bei vielen Beratungsunternehmen informeller Bestandteil des Leistungskataloges, obwohl in der Regel keine arbeitsrechtliche Beratung vollzogen werden darf. Alternativ Rückgriff auf Auslandspezialisierte Beratungsunternehmen/Standard-Vertragstexte.

Merke:	**Gerade bei engen Fachanforderungen besteht die Gefahr, zu stark von Verhaltensdefiziten zu abstrahieren – die sich zumindest bei konsequenter Zielorientierter Steuerung häufig bald problematisch auswirken.**

Die Methode des Einzel-Assessments erlaubt Aussagen über ein hohes Maß an Handlungsorientierung und Aktivität, welches sehr gut unterstützt wird durch ein hohes Maß an Problemlösekompetenz und strategischem Know-how, des weiteren durch eine gute Mischung aus Teamorientierung und Konfliktbereitschaft.

Es unterstützt einen konsequenten Einarbeitungsprozess, wenn die Unternehmen vertiefende Beurteilungsinformationen zu Stärken und Schwächen aus dem Recruitmentprozess in einen Personalentwicklungsprozess und ggf. auch die Zielvereinbarung für das Arbeitsjahr einfließen lassen. Wichtig ist dabei die gemeinsame Entwicklung der Ausprägungen/Messkriterien für einzelne Beurteilungsfelder, die beispielsweise durch Kollegen, Aufwärtsbeurteilung oder Kundenrückmeldungen (quasi im Sinne eines 360 Grad-Feedback-Ansatzes) aufbereitet werden können.

Insgesamt ist es für eine professionelle internationale Personalarbeit das Ziel, etwa 60 % der frei werdenden entscheidenden Positionen (in der Zukunft nicht nur auf Führungsfunktionen bezogen, sondern insbesondere auf die Positionen im Kunden- und Innovationsmanagement) intern besetzen zu können. Hier zahlen sich sorgfältige Auswahlprozesse für Nachwuchskräfte, Potenzialanalysen/Assessment-Centers und resultierende Förderkreise sowie die Beurteilung der Vorgesetzten anhand ihrer Personalentwicklungs-Kompetenz aus. Auf der anderen Seite hilft es bei der schnellen Akquisition von bislang nicht zur Unternehmensphilosophie passenden Erfolgsfaktoren, gezielt Mitarbeiter aus derartigen Benchmarking überlegenen Unternehmen zu akquirieren, die allerdings nicht nur durch den Glanz des bisherigen Arbeitgebers, sondern auch durch eine profunde Passung zum sonstigen Anforderungsprofil überzeugen müssen.

7.7   Remuneration für internationale Positionen

Unsere Überlegungen konzentrieren sich im Folgenden auf befristet im Ausland eingesetzte Mitarbeiter (Expatriates), die i.d.R. Führungs-bzw. Führungsnachwuchskräfte oder Hochdotierte Fachkräfte aus dem außertariflichen und leitenden Bereich (vgl. Wirth 1996). Die Zahl der so eingegrenzten von deutschen Unternehmen entsandten Mitarbeiter wird auf ca. 25.000 geschätzt. Die Expatriate-Vergütung muss dabei nicht nur attraktiv aus der Sicht des Mitarbeiters sein (zumindest als „Hygienefaktor" ist die Vergütung von Bedeutung), sie muss auch finanzierbar und kosteneffizient für das Unternehmen sein. Als Faustregel wird von folgender Überlegung ausgegangen: Die Basiskosten erhöhen sich bei einem Einsatz in Europa um die Hälfte, sie verdoppeln sich für einen Einsatz in Nordamerika und sie verdreifachen sich bei einem Einsatz in Japan. So ergeben sich z.B. folgende Kosten für eine jüngere Führungskraft (verheiratet, 2 schulpflichtige Kinder) bei vierjährigem Auslandseinsatz und einem Jahresgehalt von 50.000 Euro. Spanien 340.000 Euro, USA 420.000 Euro und Japan 660.000 Euro.

Merke:	Mit anderen Worten beim Einsatz in Spanien erhöhen sich die jährlichen Gesamtkosten eines Mitarbeiters um mindestens 70% gegenüber dem Inlandsgehalt. Beim Einsatz in den USA verdoppeln sich die Kosten und beim Einsatz in Japan verdreifachen sich diese. Aufgrund unserer Erfahrung liegen die Werte für den asiatisch-pazifischen Raum insgesamt etwa bei den Zweieinhalbfachen Kosten.

Um die oben erwähnte Attraktivität für den Mitarbeiter und die Kosteneffizienz für das Unternehmen sicherzustellen sollte ein unternehmensweit gültiges Konzept erarbeitet werden, das wiederum Teil einer international kompatiblen Vergütungspolitik und damit Teil der Unternehmensstrategie ist.

„Internationale Vergütungspolitik reagiert flexibel auf lokale Besonderheiten, sie orientiert sich aber an weltweit einheitlichen Maßstäben und wird zentral koordiniert. Durch klare Zielvorgaben an für ihre Einheiten ergebnisverantwortliche lokale Führungskräfte und Expatriates und durch die Kopplung von Zielerreichung und Gehaltsfestsetzung kann ein Zusammenhalt des Ganzen gesichert werden. Internationale Vergütungspolitik hat also für weltweit agierende Unternehmen eine wichtige Klammerfunktion".

Kritisch kann bemerkt werden, dass langfristig wohl eine Harmonisierung unterschiedlicher Regelungen entweder auf einem mittleren Niveau oder im Sinne eines Gesamtbetrages sinnvoll wäre, so dass dann innerhalb des dann vorgegebenen Rahmens eine Individualisierung des Entgelt eher möglich ist und darüber hinaus auch die Spielräume für eine Flexibilisierung größer werden. Seiner Einschätzung nach sind die meisten Unternehmen von diesem Ziel noch sehr weit und wohl auch noch sehr lange entfernt, so dass die tägliche Praxis eher von einem intelligenten „muddling-through" bestimmt wird. Hier besteht sicherlich ein lohnender Anknüpfungspunkt für die anwendungsbezogene Personalforschung.

> **Merke:** **Unterschiedliche Vergütungsmodelle, die sich am Internationalisierungsgrad des Unternehmens orientieren sind meist stark vereinfacht und schematisiert.**

Sie lassen jedoch erkennen, welche Grundannahmen den unterschiedlichen Berechnungsformen von Expatriate-Gehältern zugrunde liegen. Darüber hinaus verdeutlichen sie wie wichtig es ist, personalpolitische Entscheidungen und damit Vergütungsfragen an der aktuellen Situation im Unternehmen zu orientieren. Je nach Internationalisierungsgrad können demnach unterschiedliche Vergütungskonzepte relevant sein.

Berücksichtigt man die Ergebnisse zahlreicher empirischer Studien und Einzeldarstellungen multinational operierender Unternehmen können bestenfalls Standardisierungstendenzen im Bereich variabler Entgeltbestandteile wie z.B. dem Expatriate-Bonus beobachtet werden. Dabei ist ein allgemeiner Trend hin zu einer eher leistungsabhängigen Bezahlung , nationalen Gepflogenheiten folgend, zu konstatieren. Die Bandbreite reicht derzeit abhängig vom jeweiligen Land von einem Monatsgehalt (Italien) hin zu fünf Gehältern (USA) . Von Unilever wird berichtet, dass der Expatriate-Bonus 5 Prozent des Vergleichsjahresgehalts im Heimatland für jedes im Ausland verbrachte Jahr beträgt. Er kann max. 7 Prozent erreichen und wird am Ende des Auslandsaufenthaltes als Nettobetrag ausbezahlt.

> **Merke:** **Demgegenüber steht die Aussage, dass nur etwa die Hälfte der Unternehmen, die Gesamtkosten von Auslandseinsätzen berechnen.**

Angesichts der bereits erwähnten vergleichsweise hohen Kosten, die ein Expatriate verursacht, scheint die Erhebung und Budgetierung aller Gehaltsbestandteile und Zusatzkosten geboten. Eine stärkere Betonung variabler Anteile oder flexibler Nutzung von z.B. Cafeteria-Systemen erscheint daher unter Kosten-Nutzen-Gesichtspunkten sinnvoll. Diese sollte dann bereits im Vorfeld des geplanten internationalen Transfers stattfinden. Damit werden dann bei jeder Transferentscheidung der zu erwartende Nutzen und die damit verbundenen Kosten gegenübergestellt und abgewogen. Gekoppelt müssen diese eher „rechnerischen" Überlegungen allerdings sein mit einer persönlichen Motivation des Expatriates; idealerweise basie-rend auf einem (Personal-)Entwicklungsplan für den Mitarbeiter. Die beiden Kriterien „Akzeptanz" (durch den Mitarbeiter) und „Effizienz" sind damit eng verknüpft.

7.8 Übungsaufgaben zur Selbstkontrolle

Aufgabe 15:
Benennen Sie die Kernregelungen internationaler Mitbestimmung

Aufgabe 16:
An welchem Phasenmodell orientiert sich ein Recruitment-Projekt?

Aufgabe 17:
Weshalb geht tendenziell die Entsendungsdauer von Expats zurück?

Aufgabe 18:
Benennen Sie die wichtigsten Ergebnisse der vorgestellten empirischen Studien

Aufgabe 19:
Welches sind die wichtigsten Entlohnungsmodelle für Auslandsentsendungen?

8 Nachhaltiges Management im globalen Wettbewerb

Lernziele

Nach dem Studium dieses Kapitels sollten Sie in der Lage sein:

- Neuere Ergebnisse empirischer Studien kritisch beurteilen zu können;
- Die wichtigsten Aktivitäten international tätiger Unternehmen benennen zu können;
- Interkulturelle Kompetenz als zentrale Schlüsselqualifikation zu erkennen

Mehr als die Hälfte der Betriebe berücksichtigt bei unternehmerischen Entscheidungen nicht nur die ökonomischen Folgen, sondern auch die sozialen und ökologischen Konsequenzen. Die Unternehmen versprechen sich davon in erster Linie motivierte Mitarbeiter, Wettbewerbsvorteile und zufriedenere Kunden.

Nachhaltigkeit – der Begriff klingt eher sperrig. Die Idee, die dahinter steckt, ist jedoch seit einiger Zeit auf Siegeszug. Im Jahr 1987 forderte die damalige norwegische Ministerpräsidentin Gro Harlem Brundtland im Bericht der UN-Kommission für Umwelt und Entwicklung eine Politik des „sustainable development" – der nachhaltigen Entwicklung. Diese solle den Bedürfnissen der heutigen Generation entsprechen, ohne die Chancen künftiger Generationen zu gefährden.

Nur 17 Jahre später hat sich das Gros der Unternehmen in Deutschland das „nachhaltige Management" auf die Fahnen geschrieben. Dies hat das Institut der deutschen Wirtschaft Köln im März dieses Jahres in einer Befragung von 309 Firmen ermittelt. Gut zwei Drittel verfügten demnach über schriftlich abgefasste Grundsätze. In acht von zehn solchen Unternehmensleitbildern finden sich Aussagen zum Umweltschutz; sogar neu von zehn Firmen bekennen sich zu sozialer Verantwortung (vgl. Schmeisser/Rönsch/Zilich 2009).

Unter nachhaltigem Wirtschaften verstehen 63 Prozent der befragten Unternehmen, ökonomische, ökologische und soziale Ziele gleichermaßen anzustreben. Für knapp jede dritte Firma geht es vorwiegend darum, sich wirtschaftlich zukunftsfest zu machen. Lediglich 3 Prozent der Umfrageteilnehmer meinen, dass Nachhaltigkeit sich ausschließlich auf Umweltbelange beziehe.

Zwar hat nur ein Fünftel der Unternehmen eine gesonderte Stelle eingerichtet, die wirtschaftliche Erfordernisse sowie Umwelt- und soziale Aspekte unter einen Hut bringen soll. Praktiziert wird das nachhaltige Management aber weit häufiger. Nach den eingesetzten Methoden befragt, sagte über die Hälfte der Unternehmen, dass sie die Risiken analysieren, die die eigene Geschäftstätigkeit unter anderem für Umwelt und Mitarbeiter mit sich bringt. Mehr als 40 Prozent der Firmen verfolgen den Weg der Stoffe im Produktionsprozess und erstellen Energieanalysen. Ebenso viele ermitteln soziale Kennzahlen. Immerhin ein gutes Viertel der befragten Unternehmen verfügt über ein ISO-zertifiziertes Umweltmanagementsystem. Weniger oft – in knapp 15 bzw. 13 Prozent der Betriebe – setzen die Marketingabteilungen auf das Verkaufsargument Öko oder Soziales. Noch seltener werden Nachhaltigkeitsberichte und komplette Sozialbilanzen anfertigt.

Branchenvorreiter in Sachen Zukunftsmanagement sind jene Wirtschaftszweige, die den Löwenanteil der Umweltschutzinvestitionen des Produzierenden Gewerbes stemmen: Der Bergbau nutzt von 20 zur Auswahl stehenden Instrumenten im Schnitt neun, die Chemische Industrie acht. Zudem tun sich aufstrebende Branchen und große, prosperierende Unternehmen mit dem Einsatz der innovativen Managementmethoden leichter. Der Entscheidung, die Unternehmensführung auf die Nachhaltigkeit abzustellen, liegen vielfältige Überlegungen zugrunde.

Die Mitarbeitermotivation und Wettbewerbsvorteile spielen die wichtigste Rolle für den Einsatz des nachhaltigen Managements.

Kaum weniger ausschlaggebend ist der Wunsch, die Kunden zufrieden zu stellen, rechtlichen Bestimmungen zu genügen und Betriebsabläufe zu optimieren. Warum sich die eine oder andere Firma auf dem Gebiet des umfassenden, soziale und Umweltaspekte berücksichtigenden Managements nicht weiter vorwagt, hat ebenfalls handfeste Gründe. Vielfach wird befürchtet, dass der Einsatz der Instrumente den verfügbaren Zeitrahmen sprenge. Auch Kostennachteile wiegen als Gegenargument schwer.

8.1 Auslandseinsatz: Entwicklungsperspektiven und Arbeitsverhalten – Ergebnisse empirischer Untersuchungen

In einer empirischen Studie an der TU Braunschweig wurde untersucht, welcher Stellenwert der interkulturellen Kompetenz im Rahmen der internationalen Personalentwicklung deutscher Großunternehmen zukommt und welche Personalentwicklungsinstrumente zur Vermittlung Interkulturheller Kompetenz eingesetzt werden. Die Untersuchung erbrachte unter anderem folgende Ergebnisse:

International engagierte deutsche Großunternehmen sehen die interkulturelle Kompetenz auslandsorientierter Mitarbeiter als eine außerordentlich wichtige Schlüsselqualifikation an. Gleichwohl gehen die inhaltlichen Vorstellungen davon in der Praxis weit auseinander. Oft wird die interkulturelle Kompetenz nur auf ein erfolgreiches Zusammenarbeiten mit Angehörigen fremder Kulturen bezogen. Toleranz, Offenheit und Neugier werden ebenfalls mit interkultureller Kompetenz gleichgesetzt, ebenso die perfekte Beherrschung der Sprache des

Gastlands. Seltener versteht man in der Praxis unter interkultureller Kompetenz auch die Fähigkeit, in anderen Kulturkreisen angemessen auftreten zu können.

> **Merke:** **Bereits für den Einsatz von Mitarbeitern im europäischen Ausland messen die Unternehmen der interkulturellen Kompetenz eine große Bedeutung bei.**

Dies gilt in weitaus höherem Maße aber für einen Auslandseinsatz in Asien oder in islamischen Ländern. Nur allmählich schlägt sich diese Bedeutung auch in der Personalentwicklung nieder, denn interkulturelle Ausbildungs- und Trainingsprogramme werden erst seit wenigen Jahren in größerem Umfang eingesetzt (vgl. die Programme des IFIM).

Von jenen Personalentwicklungsmaßnahmen, welche die Unternehmen selbst für die Verbesserung der interkulturellen Kompetenz am geeignetsten halten, kommt aber nur ein Teil auch tatsächlich zum Einsatz, was im einzelnen aus der vorherigen Abbildung hervorgeht. So werden die Abordnung von Mitarbeitern zu ausländischen Tochtergesellschaften, das Coaching sowie internationale Gruppendiskussionen und das Teamentwicklungstraining von der Mehrheit beziehungsweise Hälfte der befragten Unternehmen praktiziert. Andere, ebenfalls als gut geeignet angesehene Instrumente, wie beispielsweise Cultural Self-Awareness, Cultural-Assimilator- und Sensitivity-Training, werden demgegenüber meist vernachlässigt. Diese Befunde bestätigen auch, dass insbesondere der Einsatz des für die Förderung der interkulturellen Kompetenz sehr wichtigen Assimilator-Trainings in Deutschland immer noch in den Anfängen steckt.

Insgesamt wird deutlich, dass die große Bedeutung, die der interkulturellen Kompetenz für die auslandsorientierte Personalentwicklung in der Praxis beigemessen wird, sich vorerst noch nicht in demselben Maße in der Auswahl und im Einsatz der Personalentwicklungsinstrumente manifestiert. In vielen Fällen werden Expatriates ihren Auslandseinsatz somit nur unzureichend präpariert antreten, nicht zuletzt auch aufgrund der meist viel zu kurz bemessenen Vorbereitungszeit.

Die Untersuchungsergebnisse zeigen ferner, dass selbst in den international stark engagierten deutschen Großunternehmen klare Defizite hinsichtlich der Entwicklung und Verbesserung der interkulturellen Kompetenz der Manager bestehen. Diese Unternehmen laufen damit Gefahr, insbesondere auf solchen Auslandsmärkten, deren kulturelles Umfeld sich von dem des Heimatmarktes stark unterscheidet, Misserfolge zu erzielen.

> **Merke:** **Es ist daher dringend geboten, die interkulturell orientierte Personalentwicklung zu intensivieren und ganz generell der interkulturellen Kompetenz der Manager eine größere Aufmerksamkeit im Rahmen der Unternehmensführung zu schenken.**

Entgegen der von der Unternehmensseite vielfach betonten Wichtigkeit der interkulturellen Kompetenz wird dieser Bereich der auslandsorientierten Personalentwicklung in der Praxis oft sträflich vernachlässigt.

8.1.1   Die IW-Umfrage

Es wurden bundesweit knapp 4.000 Unternehmen zur Ausbildung und Beschäftigung in ihrem Betrieb befragt, davon haben 775 auswertbare Fragebögen zurückgesandt. Gut zwei Drittel der Betriebe gehören dem Produzierenden Gewerbe an, ein Drittel ist dem Dienstleistungssektor zuzuordnen. Fast jedes sechste Unternehmen ist ein Handwerksbetrieb; zwei Drittel zählen zum Mittelstand. Insgesamt beschäftigen die befragten Unternehmen 1,6 Millionen Mitarbeiter:

Globalisierung und internationale Berufskompetenz – Die IW-Umfrage zu Ausbildung und Beschäftigung.

Das immer stärkere weltweite Engagement der Unternehmen schlägt sich auch in den Anforderungen an die Beschäftigten nieder. So halten viele Firmen bei ihren Mitarbeitern Fremdsprachenkenntnisse, Toleranz gegenüber anderen Kulturen sowie ein fundiertes Wissen über die relevanten Auslandsmärkte für wesentliche Qualifikationen. Fast die Hälfte der Betriebe gibt ihren Azubis das entsprechende Rüstzeug bereits mit. Darüber hinaus fordern die Unternehmen aber auch eine stärkere internationale Ausrichtung der Ausbildungsgänge.

Merke:	**Die zunehmende Internationalisierung der Wirtschaft ist schon längst nicht mehr nur eine Angelegenheit der Wirtschaftsforscher, Politiker und Konzernchefs. Sie prägt bereits seit längerem den beruflichen Alltag vieler Beschäftigter und verändert auch die Berufsausbildung nachhaltig.**

Insgesamt pflegen drei Viertel der befragten Firmen internationale Geschäftskontakte und machen dabei im Schnitt über ein Drittel ihres Umsatzes im Ausland. Aufgrund der intensiven Beziehungen zu Unternehmen und privaten Kunden in anderen Ländern ist nicht nur das Gros der Führungskräfte, sondern auch ein beträchtlicher Teil der Fachkräfte mit internationalen Tätigkeiten betraut:

Rund 37 Prozent der befragten Unternehmen berichten, ein bestimmter Teil ihrer Facharbeiter und -angestellten müsse sich regelmäßig auf internationalem Parkett bewegen.

Wenig erstaunlich ist dabei, dass diese Angabe immerhin von 46 Prozent derjenigen Betriebe gemacht wird, die mit dem Ausland Geschäftskontakte unterhalten. Wer seine Produkte nur in Deutschland oder gar nur in seiner Heimatregion verkauft, ist halt nicht unbedingt auf polyglotte Mitarbeiter angewiesen.

Zu den in international tätigen Firmen gefragten Fähigkeiten zählen in erster Linie die berufsbezogenen Fremdsprachenkenntnisse. Knapp ein Drittel aller Fachkräfte in den befragten Unternehmen greift regelmäßig auf ihr „Business English" oder „Francais des Affaires" zurück. An zweiter Stelle rangieren internationale Fachkenntnisse – gut jeder fünfte Beschäftigte muss etwa darüber Bescheid wissen, welche von seinem Betrieb angebotenen Güter und Dienste im Ausland gefragt sind, welche Rechtsvorschriften beim Export in ein bestimmtes

Land zu beachten sind oder ob das Produkt den dort geltenden technischen Normen entspricht.

Je nach beruflicher Tätigkeit bestehen dabei allerdings deutliche Unterschiede zwischen den Beschäftigten:

Während 40 Prozent der IT-Experten laufend auf ihre Fremdsprachenkenntnisse zurückgreifen müssen – Englisch ist nun einmal die Muttersprache der IT-Branche –, sind es bei den kaufmännischen Fachkräften nur 28 Prozent.

In den gewerblich-technischen Berufen hat sogar nur jeder Fünfte mit anderen Sprachen als Deutsch zu tun. Hinsichtlich der für das Auslandsgeschäft erforderlichen Fachkenntnisse sind die berufsspezifischen Unterschiede allerdings geringer.

Ihre Qualifikationen benötigen die Mitarbeiter in 23 Prozent der befragten Unternehmen besonders häufig für die Kommunikation mit Partnerunternehmen bzw. Kunden im Ausland

Die Zusammenarbeit mit ausländischen Kollegen im heimischen Betrieb ist für gut 11 Prozent der Firmen besonders relevant, die Betreuung von ausländischen Geschäftspartnern oder Kunden für knapp 11 Prozent. Dagegen sind nur in rund 7 Prozent der Unternehmen die Beschäftigten häufig im Ausland, um etwa beim Aufbau einer Niederlassung anzupacken oder den Vertrieb der dort produzierten Erzeugnisse zu koordinieren.

Merke:	Aus den Anforderungen an die Beschäftigten ergibt sich eine Liste von internationalen Qualifikationen, die von den Unternehmen für besonders wichtig gehalten werden. An erster Stelle steht dabei die Beherrschung der Wirtschaftssprache Nummer eins.

Rund 54 Prozent der befragten Unternehmen legen auf die Englischkenntnisse ihrer Mitarbeiter großen oder sogar sehr großen Wert.

Im kaufmännischen Bereich gilt dies sogar für drei von vier Betrieben. Bei ihren gewerblich-technischen Fachkräften hält immerhin knapp die Hälfte aller Firmen Englischkenntnisse für (sehr) relevant, bei Mitarbeitern in den IT-Berufen sind es 37 Prozent.

Um erfolgreich mit ausländischen Kunden verhandeln oder mit ausländischen Kollegen reibungslos zusammenarbeiten zu können, müssen die Beschäftigten aber auch die in anderen Kulturkreisen gebräuchlichen Umgangsformen kennen und sich daran gegebenenfalls anpassen können – insgesamt 37 Prozent der Unternehmen messen dieser Eigenschaft eine hohe Bedeutung bei. Ohnehin gilt: Wer beruflich mit unterschiedlichen Menschen zu tun hat, sollte ein großes Maß an Einfühlungsvermögen besitzen. Daher halten 34 Prozent der Unternehmen auch die Fähigkeit ihrer Mitarbeiter für entscheidend, sich in andere hineinversetzen zu können.

Erst hinter diesen so genannten Schlüsselqualifikationen rangieren spezifische Fachkenntnisse über internationale Standards und Normen sowie Kenntnisse über ausländische Märkte und internationale Geschäftspraktiken. Allerdings ist dieses fachliche Know-how gerade für

Beschäftigte in kaufmännischen Berufen durchaus von großem Belang – so die Aussage von über der Hälfte der Unternehmen.

Damit die Beschäftigten den beruflichen Anforderungen gerecht werden können, legen sich die Firmen schon bei der Ausbildung ins Zeug:

> **Merke:** **Knapp jeder zweite Betrieb fördert die internationale Berufskompetenz seiner Azubis.**

In den kaufmännischen und den IT-Berufen bietet sogar mehr als die Hälfte der Unternehmen entsprechende Qualifizierungsmaßnahmen an.

Dabei beziehen drei von zehn Betrieben die Auszubildenden in die Betreuung ausländischer Partner oder Kunden mit ein. Gut ein Viertel schult die zukünftigen Fachkräfte innerhalb des Betriebs in den benötigten Fremdsprachen. Immerhin 18 Prozent der ausbildenden Firmen bieten ihren Lehrlingen Auslandspraktika an. Ebenfalls in 18 Prozent der Unternehmen lernen und arbeiten die deutschen Azubis mit hier lebenden jungen Leuten aus anderen Ländern und Kulturkreisen in einer Gruppe zusammen. Dabei geht es nicht nur um das gemeinsame Büffeln von Fachkenntnissen, sondern auch um den Abbau von Berührungsängsten und Vorurteilen.

Die Betriebe tun also bereits eine ganze Menge, um die Fachkräfte von morgen auf die globalisierte Arbeitswelt vorzubereiten. Darüber hinaus halten sie jedoch eine stärkere internationale Ausrichtung der Berufsausbildung für erforderlich. Die neuen Anforderungen sollten dabei vor allem als Wahlbausteine angeboten werden, um die Ausbildungsordnungen nicht zu überfrachten.

Eine Ausnahme von dieser flexiblen Strategie wünschen sich die Betriebe allerdings in Sachen Fremdsprachen. Die Mehrheit hält Sprachen als Pflichtfach in der Berufsschule für erforderlich, zumal 1998/99 gerade einmal knapp ein Fünftel der Azubis an den Berufsschulen in Englisch unterrichtet wurde. Andere Fremdsprachen fehlen im Fächerkanon der Berufsschulen fast völlig.

8.1.2   Die IFIM-Studie

Eine weitere Studie wurde vom Institut für Interkulturelles Management (IFIM) durchgeführt. Zwischen Sommer 1998 und Herbst 1999 fand eine standardisierte Befragung deutscher Expatriates zum Thema „Unterschiede in Arbeitsverhalten und Management statt. Dabei wurden 325 Expatriates mit Vertrag sowie 132 mitgereiste Partner/innen befragt; der verwertbare Rücklauf der Studie betrug somit 457 Antwortbögen. Die Befragten waren zum Zeitpunkt der Befragung zwischen 9 und 15 Monaten im jeweiligen Gastland. Ausführliche Ergebnisse finden sich unter www.ifim.de.

8.1.3   Die Studie der Ernst & Young AG

Kostendruck führt zu Rückgang bei Entsendungen – unprofessionelles Management birgt finanzielle und rechtliche Risiken – entsandte Mitarbeiter klagen über unzureichende Betreuung und mangelnde Karrierechancen.

Derzeit steht das Thema Kostensenkung ganz oben auf der Agenda vieler Unternehmen – davon ist auch die Zahl der Entsendungen betroffen. Für das Jahr 2003 erwarten die Unternehmen, die Mitarbeiter ins Ausland entsenden, dass diese Zahl leicht zurückgehen wird.

Merke:	**Mit Entsendungen verfolgen die Unternehmen weniger das Ziel, die Mitarbeiter zu fördern. Stattdessen stehen konkrete Projekte und der wirtschaftliche Nutzen im Vordergrund.**

Das sind Ergebnisse einer Studie des Prüfungs- und Beratungsunternehmens Ernst & Young. Die Untersuchung basiert auf telefonischen Interviews mit Personalverantwortlichen von 120 deutschen Unternehmen, die mindestens 10 Mitarbeiter jährlich ins Ausland entsenden. Zusätzlich wurden 135 Mitarbeiter verschiedener Unternehmen befragt, die bereits ins Ausland entsandt worden sind.

Knapp ein Drittel der befragten Personalverantwortlichen geht davon aus, dass die Zahl der Entsendungen in ihrem Unternehmen im Jahr 2003 sinken wird. Die Mehrheit (54 Prozent) erwartet eine Stagnation. „Erst wenn die Wirtschaftslage sich wieder nachhaltig bessert und die Unternehmen wieder steigende Umsätze verzeichnen können, wird die Zahl der Entsendungen wieder deutlich steigen," erwartet Mark Smith, Leiter des Bereichs „Human Capital" bei Ernst & Young.

8.2   Kosten werden unterschätzt

Merke:	**Die meisten Unternehmen unterschätzen die Kosten von Auslandsentsendungen und gehen davon aus, dass ein ins Ausland entsandter Mitarbeiter im Durchschnitt doppelt so hohe Kosten verursacht wie sein in Deutschland verbleibender Kollege.**

Tatsächlich gilt dies (abhängig vom Entsendungsziel und anderen Faktoren) nur für ledige Mitarbeiter, die nicht auch die Familie ins Ausland mitnehmen. Bei Familien liegen die Kosten für das entsendende Unternehmen bis zu dreimal höher. Beispielsweise kostet ein verheirateter Mann mit zwei Kindern, der in Deutschland 75.000 Euro verdient (zuzüglich 11.300 Euro Arbeitgeberanteil zur Sozialversicherung), bei einem Auslandseinsatz in New York oder Tokio bis zu 250.000 Euro. Zudem nutzen viele Unternehmen die bestehenden steuerlichen Gestaltungsmöglichkeiten nur unzureichend und versäumen es, so ihre Belastung zu reduzieren (vgl. auch Wirth 1996).

8.2.1 Mitarbeiterförderung tritt in den Hintergrund – Wirtschaftlicher Nutzen hat Priorität

Die große Mehrheit der Unternehmen – 83 Prozent – begründet Entsendungen in erster Linie mit den Erfordernissen konkreter Projekte. Die Förderung der Mitarbeiter und des Austauschs zwischen den Niederlassungen steht nur für wenige Unternehmen im Vordergrund. Gerade in wirtschaftlich schwierigen Zeiten ist zu beobachten, dass Unternehmen die Notwendigkeit von Auslandsentsendungen kritisch hinterfragen.

Entsendungen finden nur bei den wenigsten Unternehmen „im großen Stil" statt. Die meisten befragten Unternehmen (69 Prozent) entsenden jährlich zwischen 10 und 30 Mitarbeiter von Deutschland ins Ausland. Gerade für kleinere Unternehmen, die nur in geringerem Umfang Mitarbeiterentsendungen vornehmen, stellt das Management und die Betreuung dieser Entsendungen eine besondere Herausforderung dar. Diese Unternehmen wickeln das Entsendungsmanagement oft sozusagen nebenbei durch die Personalabteilung ab. Da es hier zumeist an Kapazität, Erfahrung und Know-how mangelt, werden die Auslandseinsätze der Mitarbeiter oftmals nur unprofessionell begleitet.

Ein unprofessionelles Entsendungsmanagement kann nicht nur für das Unternehmen sehr kostspielig werden, sondern auch private Risiken für den entsandten Mitarbeiter bedeuten. Nicht alle Unternehmen werden der Verantwortung gerecht, die sie für ihre im Ausland tätigen Mitarbeiter tragen.

8.2.2 Die Vorbereitung auf das Ausland: Sprung ins kalte Wasser

Nur bei einer Minderheit der Unternehmen ist die ausreichende Vorbereitung der angehenden „Expatriates" auf den Auslandsaufenthalt gewährleistet. Immerhin 36 Prozent der befragten Mitarbeiter geben ab, dass sie sich nicht ausreichend auf die Entsendung vorbereitet gefühlt haben. Und 60 Prozent bemängeln, dass die notwendigen Regelungen und Vorbereitungen wie Visa, Versicherung und Wohnung nicht oder nur teilweise getroffen worden waren (vgl. IFIM).

8.2.3 Karriereknick statt Karrierekick

Die Mehrzahl – 60 Prozent – der ehemaligen Expatriates gibt an, dass die Reintegration in das heimische Unternehmen eher schlecht oder schlecht vorbereitet war. Und jeder vierte stellt im Rückblick sogar fest, dass die Reintegration nicht erfolgreich war. Für immerhin 13 Prozent der Expatriates hatte die Entsendung eher negative Auswirkungen auf ihre Karriere. 23 Prozent sind der Meinung, dass der Auslandsaufenthalt ohne Einfluss auf die Karriere blieb. „Mitarbeiter, die in ihr Heimatland zurückkehren müssen oft feststellen, dass ihr weiterer Karriereweg zunächst verbaut ist", so die Erfahrung vieler Mitarbeiter, die einige Zeit im Ausland gearbeitet haben.

> **Merke:** Viele Mitarbeiter, die aus dem Ausland zurückkehren, sehen sich innerhalb kurzer Zeit nach einem neuen Arbeitgeber um, weil die im Ausland gewonnene Erfahrung im eigenen Unternehmen wenig gewürdigt wird. Für die Unternehmen bedeutet der Verlust dieser Mitarbeiter immer auch, dass hohe Investitionen verloren sind.

Während die Unternehmen die Themen Steuerrecht und Versicherung als die größten Herausforderungen bei Entsendungen bezeichnen, geben die ehemaligen Expatriates an, dass für sie die größten Probleme im familiären Umfeld und bei der Integration und Reintegration lagen.

8.2.4 Die Ergebnisse der Organization Resources Counselors (ORC) Worldwide Studie

Über 780 weltweit tätige Unternehmen (repräsentieren ungefähr 110.000 Expatriates) haben am weltweit stattfindenden Survey of International Assignment Policies and Practices 2002/2003 über das Thema Entsendungsbedingungen teilgenommen; über 60 Unternehmen davon aus Deutschland. Die ORC Worldwide-Studie erscheint seit 40 Jahren im Zweijahresrhythmus.

> **Merke:** Auslandseinsätze sind unverändert ein wichtiges Instrument der Unternehmensstrategie weltweit operierender Unternehmen und Organisationen: Der Aufbau und die Entwicklung von Märkten, der Transfer von Wissen, die Durchsetzung von Konzerninteressen in ausländischen Tochtergesellschaften sind die vorherrschenden Motive, einen Mitarbeiter für mehrere Jahre ins Ausland zu entsenden.

Der gezielte Auslandseinsatz von Mitarbeitern ist darüber hinaus auch eine Maßnahme im Rahmen von internationalen Personalentwicklungsprogrammen.

Doch die Zeiten sind nicht einfach: In der heutigen wirtschaftlichen Situation unterliegen die Unternehmen einem starken Kostendruck. Dies schlägt sich auf die Gestaltung der Konditionen für internationale Personaleinsätze nieder. Es wird auch zunehmend die Frage der Kosten-Nutzen-Relation zwischen Expatriates und lokalen Mitarbeitern gestellt. Aber nicht nur das Thema Kostenkontrolle und -effektivität spielt derzeit eine große Rolle bei den Unternehmen, viele weitere Themen stehen ganz oben auf der Agenda der HR Manager sei es die effektivere Organisation der Personaltransfers oder aber die Reaktion auf ganz neue Entwicklungen z.B. im internationalen Personalwesen.

8.2.5 Entsendungsdauer

Die ORC Worldwide-Studie zeigt, dass sich Veränderungen bei der Entsendungsdauer ergeben. Ein Trend ist die Verkürzung der durchschnittlichen Long-Term Entsendungsdauer (LongTerm-Assignments). Ebenso lässt sich feststellen, dass der Anteil der Kurzzeitentsendungen (Short-Term zunimmt. Im Vergleich zu früheren Untersuchungen kann festgestellt werden, dass die meisten Expatriates zwar immer noch bis zu drei Jahre entsandt werden, jedoch Entsendungen von *3–5* Jahren kontinuierlich zurückgehen und das zu Gunsten relativ kurzer Transfers von bis zu 2 Jahren.

Merke:	**Auch ist erkennbar, dass Short-Term Entsendungen von ca. einem Jahr Dauer bei den Firmen einen immer höheren Stellenwert einnehmen. Immerhin sind bei den befragten Unternehmen schon 1/5 aller Entsendungen kürzer als 12 Monate.**

Die Ursachen dieser Entwicklung sind vielfältig: Zum einen spielen die schon zu Beginn erwähnten Kosten eine große Rolle. Da eine längerfristige Auslandsentsendung (inkl. aller üblichen Vergütungs- und Incentive-Elemente) in der Regel das mindestens zwei- bis dreifache eines vergleichbaren Arbeitnehmers in Industrieländern kostet, werden kürzere Entsendungszeiträume für Unternehmen zunehmend attraktiv, da sie kostengünstiger sind. So werden beispielsweise die Mitarbeiter bei Short-Term Entsendungen in der Regel nicht von ihren Familien begleitet. Doch auch Gründe auf Seiten der Mitarbeiter werden genannt: Trotz der heute viel besprochenen globalen Mobilität und Flexibilität ist es für die Unternehmen durchaus schwierig, vor allem Mitarbeiter mit Familie für einen langfristigen Transfer in ein anderes Land mit einer anderen Kultur zu bewegen. Dabei lässt auch das Problem der Dual Careers die Bereitschaft der Mitarbeiter für längere Auslandseinsätze merklich sinken.

Merke:	**Unternehmen reagieren auf diese Entwicklung der zunehmenden Short-Term Entsendungen vor allem mit der notwendigen Anpassung der Einsatzbedingungen und der Vergütungspakete. Bei der Ermittlung des Lebenshaltungskostenausgleichs wird z.B. ein spezieller Warenkorb zu Grunde gelegt. der die Kurzfristigkeit des Einsatzes berücksichtigt.**

Es zeigt sich, dass eine Reduzierung des Transferzeitraums im Hinblick auf das Ziel und die möglichen Konsequenzen genau bedacht werden muss. Dies sollte auch eine Überprüfung der unternehmenseigenen Prozesse beinhalten. Der Worldwide Survey zeigt, dass erst ein geringer Teil der Unternehmen die eigene Praxis an diese neuen Gegebenheiten angepasst hat, dass der Großteil der Firmen allerdings eine Überprüfung und Weiterentwicklung ihrer Policy in naher Zukunft planen. Dabei wird zunehmend eine Trennung von Short-Term und Long-Term Policies vorgenommen.

8.2.6   Expatriate-Vergütung

Die Vergütung bei Auslandsentsendungen bewegt sich zwischen zwei grundsätzlichen Philosophien: dem Heimatlandansatz (Balance Sheet Approach) und der Orientierung an lokalen Gehältern (Host Country Approach). Beim Heimatlandansatz wird die Situation des Mitarbeiters im Heimatland als Basis genommen und zusätzlich ein Lebenshaltungskostenausgleich errechnet. Das Expatriate-Gehalt richtet sich dabei nach dem bisherigen Gehalt im Heimatland und wird aufgebrochen in Steuern, Sozialversicherung, Wohnkosten, Lebenshaltungs-kosten und Sparrate. Die Cost-of-Living-Zulage ermöglicht es dem Mitarbeiter, seinen Lebensstil auch während der Auslandsentsendung zu erhalten (vgl. Wirth 1996).

Beim reinen Host Country Approach dagegen wird die Vergütung vom Gehalt vor der Entsendung abgekoppelt: Die Vergütung des Mitarbeiters im Ausland orientiert sich ausschließlich an marktüblichen Gehaltsstrukturen vor Ort. Dazu wird für die neue Position des Expatriates im Einsatzland ein sog. Job Pricing durchgeführt. Der Auslandsentsandte wird dann wie ein lokaler Mitarbeiter behandelt, zahlt in der Regel die ortsüblichen Steuern selbst und wird in das lokale Sozialversicherungssystem eingegliedert.

> **Merke:** Die überwiegende Anzahl der Unternehmen berechnet die Expatriate-Vergütung nach dem Muster des Heimatlandansatzes und verfolgt damit das Ziel, die Kaufkraft des Auslandsentsandten im Einsatzland sicherzustellen.

Sehr häufig wird auch ein Higher-of-Home or-Host Ansatz verwendet, bei dem jeweils das höhere von beiden Gehältern gezahlt wird, oder ein Host Plus, d.h. ein lokales Gehalt, das um bestimmte Expatriate Zusatzleistungen (z.B. Übernahme der Wohnkosten, Weiterführung der Heimat-sozialversicherung) ergänzt wird.

8.2.7   Intra-europälsche Transfers

Im Bereich des Expatriate Management scheinen sich die ersten Auswirkungen des gemeinsamen europäischen Binnenmarktes, vor allem der Wirtschafts- und Währungsreform, mit der Einführung des Euro zu zeigen. Bei Personaltransfers innerhalb Europas werden wegweisende Veränderungen von einigen Unternehmen diskutiert.

> **Merke:** Bei der Weiterentwicklung ihrer Einsatzbedingungen streben die Unternehmen eine stärkere Integration innerhalb Europas – vor allem in der Eurozone – auch bedingt durch eine stärkere Transparenz der Gehälter, an.

Wie kann man die Vergütung von Auslandsentsendungen innerhalb der EU stärker an die lokalen Gegebenheiten anpassen, so dass sich die Kosten der Transfers in einem vertretbaren Rahmen bewegen? Unstrittig ist, dass ein Vergütungsansatz für innereuropäische Expatriates weiterhin vor allem deren Mobilität sicherstellen muss, wobei für den Mitarbeiter das Prinzip der Kostenneutralität uneingeschränkt gültig bleiben soll. Es bleibt aber die Frage, inwieweit mit der Expatriate Vergütung weiterhin ein finanzieller Anreiz zum Einsatz im Ausland verbunden sein soll. Festzuhalten ist: Durch Auslandseinsätze erhöhen die Mitarbeiter ihre Employability und sie sind immer stärker eine Voraussetzung für die Karriere in internationalen Unternehmen (vgl. KfW-Bankengruppe (Hrsg., 2003).

Immer mehr Firmen reduzieren Incentives für Entsendungen wie Mobilitätszulagen, Foreign Service Premiums oder Auslandszulagen und gehen über zur Zahlung leistungsabhängiger Prämien, die der Expatriate bei entsprechender Performance erreichen kann. Ebenso wird in vielen Fällen nach dem System des Gastlandes verfahren. Die Unternehmen überlegen hierbei, ob die Performance-Bewertung auf dem Heimat- oder Einsatzlandsystem basieren soll. Auch ist in den letzten Jahren die Zahl der Unternehmen, die keine Incentives mehr zahlen, stetig angestiegen, immerhin auf über ein Viertel der europäischen Unternehmen, sogar ein Drittel der US-amerikanischen Firmen.

8.2.8   Übungsaufgaben zur Selbstkontrolle

Aufgabe 20:

Weshalb sind Auslandsentsendungen ein zentrales Instrument der Unternehmensstrategie für weltweit operierende Unternehmen?

Aufgabe 21:

Welches sind die wichtigsten Aktivitäten international tätiger Unternehmen; begründen Sie dies aufgrund der in den empirischen Studien gefundenen Ergebnissen.

9 Die Bedeutung internationaler Teams – der Ansatz von Hofstede

Lernziele

Nach dem Studium dieses Kapitels sollten Sie in der Lage sein:

- Kulturdifferenzen, die Organisationen beeinflussen am Beispiel des Hofstede-Ansatzes zu benennen;
- Die Bedeutung internationaler Teams für die erfolgreiche Internationalisierung zu erkennen

9.1 Problemstellung

Die internationale Verflechtung nimmt rapide zu. In einer solchen Situation sehen sich Unternehmen und andern Organisationen mit neuartigen Anforderungen konfrontiert. In der Heimat bewährte Managementmethoden und -instrumente funktionieren im Ausland nicht oder nur noch begrenzt. Kommunikations-, Motivations-, Führungs- und Entscheidungsprozesse unterliegen kulturellen Einflüssen, deren Nichtbeachtung gravierende Folgen nach sich ziehen kann.

Unter dem Sammelbegriff „Interkulturelles Management" stehen mittlerweile eine Vielzahl gut aufbereiteter Informationen über grundlegende Unterschiede in arbeitsrelevanten Denk- und Verhaltensweisen zur Verfügung (vgl. IFIM sowie Hummel/Zander 2005a). Die Beteiligten haben zumindest Vorstellungen davon, wie schwierig es ist, sich in einer fremden Kultur zu bewegen, und wie notwendig es daher wird vor einer Auslandsentscheidung etwas über den fremden Kulturkreis zu wissen.

Merke:	Es ist bereits schwer, Mitarbeiter und Geschäftspartner des gleichen Kulturkreises zu „harmonisieren".

Doch im Zeitalter der Globalisierung kommen noch größere Herausforderungen auf den Unternehmer zu. Es gilt, mit Geschäftspartner und Kunden zusammenzuarbeiten, deren Kultur- und Wertvorstellungen sich von den eigenen zum Teil sehr stark unterscheiden. Dabei muss der Unternehmer sich nicht nur im Arbeitsrecht und Rechnungswesen des jeweiligen Landes auskennen, sonder sollte auch Kulturunterschiede kennen. Jedes Fehlverhalten kann eine einmalige Geschäftsgelegenheit schwierig gestalten oder schlimmstenfalls ist sie zum Scheitern verurteilt. Fehler und Missverständnisse lassen sich vermeiden, wenn die beteiligten Partner mehr über die unterschiedlichen Kulturen wissen. In der Unternehmenspraxis treten immer häufiger kulturbedingte unterschiedliche Kommunikations- und Arbeitsweisen auf.

Merke:	Bei einer voranschreitenden internationalen Verflechtung wirtschaftlicher Prozesse werden Fragen des interkulturellen Managements zunehmend wichtiger.

Das Handeln und Verhalten von Menschen in Unternehmen wird dabei aus interkultureller Perspektive betrachtet. Ein bedeutender Aspekt des interkulturellen Managements, die Arbeit in einem internationalen Team soll im Folgenden näher betrachtet werden.

Interkulturelles Management impliziert, dass es sich mit kulturellen Verschiedenheiten der jeweiligen Länder, Regionen oder Subkulturen auseinander setzt und allgemeine Verhaltensgrundsätze formuliert.

Kulturkonzepte liefern hierzu einen Handlungsrahmen. Bevor ein tiefergehendes Verständnis der kulturellen Phänomene und Dimensionen sowie ihrer Hintergrundfaktoren geschaffen wird, ist es allerdings notwendig sich mit den Kulturverschiedenheiten zu beschäftigen. Eine der ersten Fragen dabei lautet: was versteht man eigentlich unter Kultur?

9.2   Kultur und Kulturunterschiede – der Ansatz von Hofstede

Kultur ist etwas Eigenartiges. Überall, wo Menschen leben, ist sie vorhanden und hat enormen Einfluss auf unser Verhalten. Dennoch wird man sich der eigenen Kultur erst bewusst, wenn man auf jemanden mit einer anderen Kultur trifft und merkt, dass die eigene Kultur anders ist als die in unserem Falle des Geschäftspartners (vgl. Hofstede 1997 sowie Hummel/Zander 2005a und Apfelthaler 1999).

Merke:	So definiert Hofstede (1997) Kultur als ... „die kollektive Programmierung des Geistes, die die Mitglieder einer Gruppe oder Kategorie von Menschen von denen anderer unterscheidet."

Im Prozess dieser „Programmierung" erlernen Menschen bestimmte Denk-, Fühl- und Handlungsmuster, die ihr Verhalten, ihre Wahrnehmung, Gefühle und Einstellungen prägen. Um welche Muster es sich handelt, wird durch das soziale Umfeld bestimmt: angefangen bei der

Familie setzt sich die „Programmierung" fort in der Schule, Nachbarschaft, Jugendgruppen, Arbeits- und Berufswelt, Partnerschaften usw. Kultur ist also erlernt, nicht angeboren. Menschen werden jedoch nicht nur durch Kultur allein geprägt, sondern durch das Zusammenwirken von menschlicher Natur, Kultur und der individuellen Persönlichkeit.

Hofstede veranschaulicht, wie Menschen seiner Ansicht nach „funktionieren". Zuallererst ist da die menschliche Natur, die „Grundausstattung" aller Menschen. Darunter versteht er allgemeine menschliche Eigenschaften wie z.B. das Vermögen, andere zu lieben, böse zu werden oder traurig zu sein. Auch das Verlangen nach Gemeinschaft mit anderen oder die Fähigkeit zu sprechen gehören dazu. Diese Fähigkeiten und Eigenschaften sind angeboren und universell in dem Sinne, dass alle Menschen über sie verfügen. Wie und auf welche Weise diese Potenziale allerdings eingesetzt und zum Ausdruck gebracht werden, wird durch die Kultur bzw. das soziale Umfeld, in dem Menschen leben und ihm Erfahrungen machen, bestimmt.

Merke: **Die Erforschung von Kulturunterschieden kann hilfreich sein, um Menschen, die anders sozialisiert sind, besser zu verstehen.**

Dabei lassen sich einige Hauptunterschiede zwischen Kulturen benennen. Kulturen lassen sich unterscheiden nach nationaler Ebene, nach dem Geburtsland oder im Falle der Migration nach den Länder, in denen jemand aufgewachsen ist. Ethische, religiöse und sprachliche Unterschiede können ebenfalls einen Basis für Kulturunterschiede sein, aber nur dann, wenn sich diese auf Werte, Normen und das Verhalten von Menschen auswirken. Wie Hofstede feststellt manifestiert sich Kultur auf **fünffache** Weise, in Form von: Symbolen, Helden, Ritualen, Werten und Normen.

Hofstede hat ein praktisches und einfaches Model entwickelt, um Kulturdifferenzen, die die Organisation beeinflussen, zu analysieren. Er unterscheidet folgende universale Grundfragen, d.h. Fragen die Menschen weltweit beschäftigen:

- **das Verhältnis zu Macht**
  Machtdistanz kann definiert werden ... „als das Ausmaß, bis zu welchem die weniger mächtigen Mitglieder von Institutionen bzw. Organisationen eines Landes erwarten und akzeptieren, dass Macht ungleich verteilt ist".

- **das Verhältnis zwischen Individuum und Gesellschaft**
  Eine Gesellschaft ist individualistisch, wenn die Beziehungen zwischen den Individuen unverbindlich sind.
  Eine Gesellschaft ist kollektivistisch, wenn Individuen von ihrer Geburt an in starke, geschlossene Gruppen aufgenommen sind, die ihnen im Tausch für bedingungslose Loyalität lebenslangen Schutz bieten.

- **Die erwünschten Rollen von Mann und Frau**
  Eine Gesellschaft ist maskulin, wenn soziale Geschlechtsrollen klar getrennt sind: Von Männern wird erwartet, durchsetzungsfähig und hart zu sein und materielle Erfolge anzu-

streben; Frauen haben weich und gefühlvoll zu sein, und es wird erwartet, dass sie vor allem auf die Sorge für das Lebenswohl ausgerichtet sind.

Eine Gesellschaft ist feminin, wenn sich die Geschlechtsrollen überschneiden; sowohl von Männern als auch von Frauen wird erwartet, dass sie bescheiden und gefühlvoll sind und sich auf die Sorge um das Lebenswohl richten.

- **Unsicherheitsvermeidung**
  Unsicherheitsvermeidung bezeichnet das Ausmaß, in dem sich Mitglieder einer Kultur durch unsichere oder unbekannte Situationen bedroht fühlen; dieses Gefühl äußert sich unter anderem in nervöser Gespanntheit, einem Bedürfnis nach Vorausschaubarkeit und nach formalen und informalen Regeln.

- **kurz- und langfristige Orientierung**
  Langfristige Orientierung ist auf Investitionen gerichtet, die langfristige ihren Nutzen erweisen.
  Für die kurzfristige Orientierung ist der Wunsch charakteristisch, an Trends und Moden teilzuhaben, ungeachtet welche Konsequenzen daran in der Zukunft verbunden sind.

9.3 Zur Notwendigkeit der Bildung internationaler Teams

Im Zuge der internationalen Zusammenarbeit entsteht immer häufiger die Notwendigkeit, hoch spezialisierte Arbeitskräfte auf einem weltweiten Arbeitsmarkt zu rekrutieren und sie in immer mehr gemischt-kulturelle Gruppen zu integrieren. Anlässe hierfür könnten sein: Fusionen, Kooperationen, Joint Ventures etc.

Merke:	Die fortschreitende Vernetzung und Erweiterung des europäischen Binnenmarktes und anderer kontinentaler Märkte der Welt führt dazu, dass nicht nur Großunternehmen, sondern auch zunehmend mittelständische Entscheidungsträger ihre Geschäftsstrategie und damit in letzter Konsequenz auch ihre Personal- und Organisationsentwicklung strategisch an den internationalen und interkulturellen Erfordernissen von morgen ausrichten müssen.

International zusammengesetzte Teams, unabhängig in welcher Form und auf welcher Ebene sie auch immer gebildet werden, werden dann zu einem entscheidenden Wettbewerbsfaktor, wenn es gelingt, den Beitrag der einzelnen Teammitglieder zu einem Optimum zusammenzuführen.

9.3.1   Herausforderungen an internationale Teams

Es ist sehr wahrscheinlich, dass jedes Gruppenmitglied eine andere Vorstellung darüber hat, worin sein Beitrag zur effizienten und effektiven Gruppenarbeit besteht. Hinzu kommt, dass bei interkulturell zusammengesetzten Gruppen, die Auffassungen der einzelnen Gruppenmitglieder bei der Erfassung, Analyse, Behandlung und Bewertung Arbeitsbezogener Problemstellungen sowie den Beitrag, den der Einzelne in den unterschiedlichen Phasen zu leisten hat, divergieren (vgl. Söllner 2009).

Merke:	In einer Situation interkultureller Zusammenarbeit orientieren sich die Mitglieder einer Kultur an ihrem eigenen kulturspezifischen Problemlösungsprozess, den sie als gegeben und allgemeingültig hinnehmen.

Dadurch kommt es unweigerlich zu Irritationen und Missverständnissen, weil der jeweils andere durch die Kultur geprägten Erwartungen nicht entspricht, sondern fremdkulturell handelt.

Erschwerend kommt hinzu, dass diese kulturellen Unterschiede bei der Zusammensetzung der Gruppe oftmals ignoriert werden und auch keine spezifisch externen und/oder internen Vorbereitungsmaßnahmen seitens der Unternehmen angedacht sind, um dieser Herausforderung gerecht zu werden.

9.3.2   Interkultureller Lernprozess
für multinationale Arbeitsteams

In international zusammengesetzten Teams muss ein neuer Denkansatz entwickelt werden, der davon ausgeht, dass die Beteiligten ihre kulturellen Divergenzen als Ausgangsbasis ihrer Arbeit ansehen. Dies bedeutet eine Abkehr bisher geübter Praxis, die vorwiegend darin bestand, dass kulturelle Anpassungsprozesse als gegeben angesehen wurden und bei auftretenden Problemen die Meinung vertreten wurde, dass sie sich im Zeitablauf von selbst erledigen. Das Eingangsbeispiel hat das Scheitern dieses Ansatzes deutlich werden lassen (vgl. Thomas 1999).

Merke:	Wer den Erfolg einer international zusammengesetzten Arbeitsgruppen will muss einen interkulturellen Lernprozess auf allen Seiten einleiten.

Auf die Gruppenmitglieder übertragen bedeutet dieser Ansatz, dass bereits vor Formierung eines Multikulturellen Teams die Bereitschaft bei allen Teilnehmern gegeben sein muss, sich in eine lernende Situation zu begeben. Des Weiteren sind vor dem eigentlichen Tätigkeitswerden der multikulturellen Gruppe eine Reihe von Maßnahmen seitens des jeweiligen Unternehmens zu ergreifen, um die Gruppenmitglieder für ihre neue „Umgebung" zu sensibilisieren, d.h. sie mit möglichen Problemen vertraut zu machen, die bei der Bildung von derartigen Gruppen auftreten können.

Mit Blick auf die verschiedenen Trainingskonzepte scheint ein kulturorientiertes Training besonders gut geeignet, bei den Mitglieder multikultureller Arbeitsgruppen das Verständnis für die Relativität eigenkulturell geprägter Werte und Handlungsorientierungen zu fördern und sie zu einer höheren Wertschätzung fremdkulturell geprägter Vorgehensweisen zu befähigen (vgl. hierzu die Angebote des ifim).

9.3.3   Effektivität von multikulturellen Teams

Wenn es darum geht, die Effektivität eines multikulturellen Teams zu erfassen, dann spielen unterschiedliche Einflussgrößen eine Rolle, die sich u.a. aus folgenden Fragen ergeben. Wie werden Konflikte gesehen und ihnen begegnet, werden unterschiedliche Verhaltensweisen und Erfahrungen der Gruppenmitglieder aus verschiedenen Ländern und Kulturkreisen in das Team eingebunden und wenn, wie können sie in einen Zusammenhang mit der Gruppeneffektivität gebracht werden?

Da sich in einem multikulturellen Team Mitglieder aus mehreren Nationen und aus unterschiedlichen Kulturkreisen zusammenfinden, besteht eine der wichtigsten Aufgaben darin, aus divergierenden Vorstellungen baldmöglichst zu einem gemeinsamen Gruppenverständnis zu gelangen (vgl. Kutscher/Schmid 2008).

Anders formuliert: „Die Unterschiede fruchtbar machen". Es gilt der Leitsatz: Erfolgreich kann man überall sein; „es gilt die Kulturen zu verstehen und zu nutzen".

Die jeweils verwendete Kommunikationssprache beeinflusst auch die Effektivität eines international zusammengesetzten Teams. Um Anweisungen adäquat umsetzen zu können, muss man sie vorher richtig verstanden, d.h. der entsprechende Bedeutungsgehalt muss mit der geforderter Kommunikationssprache in Übereinstimmung gebracht werden.

Merke:	Untersuchungen zur Effektivität von Arbeitsgruppen haben ergeben, dass Entscheidungs- und Einigungsprozesse von Arbeitsgruppen haben ergeben, dass Entscheidungs- und Einigungsprozesse.

Der Verständigungsprozess wird vor allem dadurch erschwert, dass die Gruppenmitglieder sich in ihrem Verhaften an unterschiedlichen kulturellen Konzepten orientieren.

Konflikte kann man auch als ein Element betrachten, das, richtig umgesetzt, einen wertvollen Beitrag zum Gruppenerfolg liefern. Nicht ein lineares Denken wird hierbei von einzelnen Gruppenmitgliedern verlangt, sondern das Einbeziehen unterschiedlicher Meinungen und Auffassungen erlaubt es jedem Gruppenteilnehmer, gemeinsame Ansatzpunkte zu erkennen.

Divergierende implizite Handlungsorientierungen begünstigen Missverständnisse. Unausgesprochene Vorurteile und ein höheres Maß an Misstrauen gegenüber Menschen anderer Nationalität tragen dazu bei, dass die Zusammenarbeit in multikulturellen Teams meist mit höherem Stress verbunden ist als in vergleichbaren homogenen Gruppen. Andererseits bringt gerade die Heterogenität der Perspektiven in kulturell gemischten Gruppen große Chancen für kreative und innovative Problemlösungen. Die Wissenschaftler behaupten auch, dass, je auslandserfahrener die Mitarbeiter einer Unternehmung sind, desto höher auch die Chancen, dass die Zusammenarbeit in einem multikulturellen Team von Erfolg gekrönt ist.

9.3.4 Die Phasen der Teamentwicklung

Die vorangegangenen Ausführungen haben deutlich gemacht, dass internationale Teams vor vielfältigen Herausforderungen stehen, die in den Ansprüchen und in ihrer Intensität sich als sehr komplex erweisen. Unabhängig, ob das Team mit sprachlichen Herausforderungen konfrontiert ist, unterschiedliche Nationalitäten zu integrieren und historisch bedingte Sensibilitäten zu berücksichtigen hat oder durch divergierende Vorstellungen über gruppendynamische Prozesse geprägt ist, alle diese Faktoren das Gruppenverhalten und die gewünschte Entscheidung einer Gruppenkohäsion.

Merke:	Die Entwicklung zu einer Gruppe unterliegt einem Phasenprozess, der im Zeitablauf zu sehen ist und mit jeweils unterschiedlichen Verhaltensweisen der Gruppenmitglieder verbunden ist. Wer das Aufgabenverhalten in den entsprechenden Phasen nicht richtig einzuschätzen weiß, wird den Gruppenbildungsprozess unnötig erschweren, möglicherweise ihn sogar verhindern.

Eine Gruppe wird sich allerdings nur dann endgültig formieren können, wenn es ihr gelingt, einen Attraktivitätsgrad (Kohäsion) für alle ihre Mitglieder zu entwickeln. Kohäsion bezieht sich dabei auf das Ausmaß, in dem eine Gruppe eine kollektive Einheit bildet und ist zugleich Maßstab für die Stabilität einer Gruppe. Mitglieder hochkohäsiver Gruppen sind bereit, sich für und in der Gruppe zu engagieren, Zeit und andere Ressourcen einzusetzen und andere Aktivitäten hinter den Gruppenerfordernissen zurückzustellen. Kohäsive Gruppen dienen auch der Befriedigung von Individualbedürfnissen. Außerdem schaffen sie Identität, vermitteln Sinn im sozialen Gefüge und helfen, die Welt besser zu verstehen. Abschließend werden auf der Basis eines flexiblen Rollenverhaltens aller Gruppenmitglieder die Energien freigesetzt, die notwendig sind, um durch konstruktive Beiträge den Gruppenerfolg auch langfristig sichern zu helfen.

9.3.5 Leitung multikultureller Teams

Um multikulturelle Team zu leiten, kann man auf Methoden und Ausgangspunkte des Human Resources Managements zurückgreifen. Eine gute Leitung multikultureller Teams erfordert es, die vorhandenen Potenziale der Mitarbeiter(innen) gezielt zu entwickeln. Das Management der „menschlichen Ressourcen" nimmt die Qualifikationen und Talente des Personals auf allen Ebenen der Organisation zum Ausgangspunkt. Unternehmensziele sollen beim Human Resources Management gerade dadurch erreicht werden, dass diese Talente erschlossen werden.

Neben allerlei Aspekten, die sie miteinander teilen, unterscheiden sich Mitarbeiter(innen) in einer multikulturellen Gesellschaft nicht nur in ihren persönlichen Eigenschaften, sondern auch in ihren sozialen Hintergründen (Klasse, Geschlecht, sexuelle Orientierung, ethnischer Hintergrund usw. Diese Unterschiede erfordern Manager(innen), die mit Diversität umzuge-hen verstehen: die nicht von einer Sorte „human" ausgehen, sondern in der Lage sind, die Fähigkeiten unterschiedlichen Menschen auf die jeweils zu diesen passende Weise zu för-dern. Maßgeblich für den Erfolg ist dabei die Kenntnis der eigenen Verhaltenskodes und der Selbstverständlichkeiten des/der anderen.

Für eine effektive Leitung ist es notwendig, dass der Leitende:

1. eine deutliche Position gegenüber der Interkulturalisierung und den Konsequenzen, die das für die Entwicklung der Organisation und der Personalpolitik hat, einnimmt;
2. Einblick hat in die Mechanismen, die die Beziehung zwischen Mehrheit und Minderheit bestimmen. Dabei geht es um die Kernbegriffe: Kultur, Macht und Identität;
3. eine Haftung entwickelt, die sich durch Toleranz für unterschiede auszeichnet und in der der Mehrwert der interkulturellen Zusammenarbeit einen zentralen Platz einnimmt;
4. über Fähigkeiten verfügt, die geplanten Ziele effektiv realisieren zu können, d.h. vor allem eine gute Kommunikation mit den Mitarbeiter(innen) zustande bringen, den pas-senden Leitungsstil anwenden und die vorhandenen Mitarbeiterpotenziale zielgerichtet entwickeln.

9.3.6   Situationsbezogene Leitung

Wenn Führungskräfte mit unterschiedlichen Erwartungen ihrer Mitarbeiter(innen) konfron-tiert werden, hinsichtlich einer guten Führung bzw. Leitung, kann es sinnvoll sein, auf das Model der „situationsbezogenen Leitung„ zurückzugreifen. Dieses Model unterscheidet vier Grundstile.

Diese vier Grundstile unterscheiden sich folgendermaßen:

1.   Instruktionsstil (Quadrat 1)
Bei diesem Grundstil zeigen die Vorgesetzte vier aufgabenorientiertes und wenig bezie-hungsorientiertes Verhalten. Da es sich bei diesem Stil um eine „Einbahnstraßen-Verkehrsform" von Vorgesetzten hin zu den Mitarbeiter(innen)handelt, ist der Begriff „an-weisen" oder auch „anordnen" kennzeichnend. Die Vorgesetzten legen dabei die Rolle der Mitarbeiter(innen) präzise fest und geben ihnen Anweisungen, was, wie, wo und wann die Aufgabe zu erledigen ist (vgl. Hummel/Zander 2008).

Typisches Verhalten von Vorgesetzten bei „anweisen":

- Sinn und Zweck klar benennen
- Klare Anweisungen erteilen
- Notwendigkeit betonen

- Kontrollfragen stellen
- konkrete Vereinbarungen treffen

2. Überzeugungsstil (Quadrat 2)

Bei diesem Grundstil zeigen Vorgesetzte viel aufgabenorientiertes und viel beziehungsorientiertes Verhalten. Kennzeichnet ist der Begriff „überzeugen", da Vorgesetzte zwar in der Hauptsache aufgabenorientiert auftreten, sich daneben aber bemühen, die Mitarbeiter(innen) durch Gespräche und sozial-emotionale Unterstützung dazu zu bringen, Entscheidungen auch psychologisch zu akzeptieren. Typisches Verhaften von Vorgesetzten bei „überzeugen":

- Sinn und Zweck klar benennen
- Richtige Durchführung betonen
- Missverständnisse klären
- Problemlösungen anleiten
- Konkrete Vereinbarungen treffen

3. Partizipationsstil (Quadrat 3)

Bei diesem Grundstil zeigen Vorgesetzte wenig aufgabenorientiertes und viel beziehungsorientiertes Verhaften. Der Begriff „unterstützen" ist charakteristisch für diesen Führungsstil, da Vorgesetzte und Mitarbeiter(innen) an der Entscheidung beteiligt sind und die Führungskräfte sich vor allem auf das Stimulieren und die sozial-emotionale Unterstützung ihrer Mitarbeiter(innen) richten.

Typisches Verhaften von Vorgesetzten bei „unterstützen":

- Probleme ausfindig machen und akzeptieren
- Durch Nachfragen das eigentliche Problem aufspüren
- Verständnis für Gefühle zeigen
- Helfen bei Problemlösungen
- Fragen, ob die Lösung zufriedenstellend ist

4. Delegationsstil (Quadrat 4)

Bei diesem Grundstil zeigen Vorgesetzte wenig aufgabenorientiertes und wenig beziehungsorientiertes Verhaften. Dieser Stil lässt sich durch den Begriff „delegieren" kennzeichnen, da Vorgesetzte bewusst und in vollem Vertrauen ihre Mitarbeiter(innen) selbständig arbeiten lassen. Typisches Verhalten bei „delegieren":

- Interesse zeigen
- Verständnis für Probleme zeigen
- Bedingungen analysieren
- Neue Informationen geben
- Vertrauen aussprechen
- Eigene Aktivitäten in diesem Rahmen besprechen und abstimmen

9.3.7 Management von Machtbeziehungen

Nicht nur kulturelle Unterschiede, sondern auch Machtverhältnisse beeinflussen die Zusammenarbeit am Arbeitsplatz. Migrant(inn)en sind häufig in den unteren Lohngruppen überrepräsentiert und haben es mit Kolleg(inn)en und Vorgesetzten zu tun, die sich als überlegen sehen. Hinzu kommt, dass Migrant(inn)en oft eine zahlenmäßige Minderheit in Betrieben und Organisationen darstellen. Im Folgenden werden beide Blickwinkel im Hinblick auf die Verhaltenstendenzen von eingewanderter Minderheit und einheimischer Mehrheit und die Handlungsmöglichkeiten von Führungskräften, eine Eskalation von Konflikten zu vermeiden, ausgearbeitet.

Die bekannteste Theorie, die das zahlenmäßige Verhältnis zwischen Mehrheit und Minderheit und dessen Einfluss auf das Rollenverhalten am Arbeitsplatz untersucht, stammt amerikanischen Wissenschaftlern. Sie unterscheiden in ihrer Untersuchung vier Grundkonstellationen bei Gruppen:

- Die uniforme Gruppe
  In dieser Gruppe gehören alle zur gleichen sozialen Kategorie.

- Die ungleiche Gruppe
  Bei diesem Typ befindet sich eine der zwei Kategorien oder Untergruppen in erdrückender Überzahl.

- Die schwankende Gruppe
  In dieser Gruppe ein Zahlenverhältnis der beiden Kategorien von ungefähr 65%-35%. Statistisch gesehen gibt es zwar Mehrheit und Minderheit, die Mehrheit hat aber keine extreme Übermacht.

- Die gleichgewichtige Gruppe
  Die Anzahl beider Kategorien steht ungefähr 50%-50%.

Merke:	**Empirische Ergebnisse zeigen, dass diejenige Kategorie, die sich zahlenmäßig in der Mehrheit befindet, auch die Kultur der Gesamtgruppe in vielerlei Hinsicht bestimmt.**

Die Mehrheitsangehörigen werden als „Dominante" bezeichnet, die verstreuten Angehörigen der Minderheit als „Einzelne". Die „Einzelnen" werden von der Mehrheitsgruppe eher als Stellvertreter(innen) ihrer sozialen Kategorie betrachtet denn als Individuen.

Vier Aspekte spielen bei diesen Wahrnehmungs- und Gruppenprozessen eine wichtige Rolle:

1. Sichtbarkeit
   Einzelne bekommen mehr Aufmerksamkeit. Sie fallen durch ihre äußerlichen oder sichtbaren kulturellen Merkmale mehr auf als andere, und die Dominanten sind sich ihrer Anwesenheit eher als der anderen Gruppenmitglieder bewusst. Diese ‚Sichtbarkeit', ist für die „Einzelnen" bei ihrer Arbeit eine konstante Belastung.

2. Kontrast

Die Anwesenheit von „Einzelnen", die sich durch ihr Aussehen oder ihr Verhaften von allen übrigen abheben, führt auch dazu, dass den dominanten die eigene Gruppenkultur mehr bewusst wird. Verhaltensweisen die bis dahin unhinterfragt als selbstverständlich galten, werden durch den „Kontrast" plötzlich sichtbar.

3. Stereotypisierung/Assimilation

Sobald Neulinge in überkommenen Strukturen Einzug halten, werden sie anhand allgemeiner gesellschaftlicher Vorurteile gegenüber der Gruppe der sie angehören, beurteilt: „Italiener sind emotional, Schwarze musikalisch" usw. Der Vorbild-Migrant wird als Repräsentant seiner Gruppe betrachtet.

Merke:	**Alle Mitarbeiter(innen) empfinden es als angenehm zu wissen, was die Organisation unter „qualitativ guter Arbeit" versteht. Wenn darüber Klarheit besteht, kann man einschätzen, ob Vorgesetzte zufrieden oder unzufrieden sind, wo die schwachen und die starken Seiten bei der Arbeit liegen und was verbessert werden müsste.**

Eine möglichst reibungslose Kommunikation ist für jede Führungskraft von größter Bedeutung, um Mitarbeiter(innen) begleiten, coachen und anleiten zu können. Bei Kommunikation muss unterschieden werden zwischen der Inhaltsebene und der Beziehungsebene (das Verhältnis der Kommunikationspartner(innen) zu einander. In der interkulturellen Kommunikation sollen folgende Aspekte beachtet werden: Wir müssen uns 1) technisch und 2) gefühlsmäßig verstehen können.

9.3.8   Fazit

In den Produktionsstätten deutscher Automobilkonzerne arbeiten Deutsche Seite an Seite mit Italienern, Griechen, Türken, Jugoslawen und Polen. In den Labors der großen Chemieunternehmens trifft man Forschungsteams, denen u.a. amerikanische, indische, britische und deutsche Wissenschaftler angehören. Längst gehören multikulturelle Arbeitsteams zum betrieblichen Alltag vieler Unternehmen.

Merke:	**Das man sich in den letzten Jahren in deutschen Unternehmen stärker mit interkulturellen Fragestellungen auseinander setzt, ist sicher zu begrüßen. Man hat verstanden, dass andernorts anders gefühlt, gedacht wird dass es für den Unternehmenserfolg entscheidend ist, dies zur Kenntnis zu nehmen. Auf allen Unternehmensebenen muss also ein internationales Bewusstsein entstehen, eine veränderte Grundhaltung.**

Immer häufiger entstehet die Notwendigkeit, hoch spezialisierte Arbeitskräfte auf einem weltweitweiten Arbeitsmarkt zu rekrutieren und sie in immer mehr gemischt – kulturelle Gruppen zu integrieren. International zusammengesetzten Teams werden zu einem entscheidenden Wettbewerbsfaktor.

9.4   Zusammenfassung – 7 Thesen

These 1: Die wesentlichen Anforderungskriterien an internationale Mitarbeiter sind nach wie vor entsprechende Fremdsprachenkenntnisse, interkulturelle Kenntnisse und Erfahrungen sowie Persönlichkeitskriterien, wie Toleranz, Kontaktfreude und Geduld. Die Zusammensetzung und die Ausprägung der einzelnen Kriterien differieren dagegen je nach der unternehmensspezifischen Positionierung und der strategischen Zielrichtung (vgl. Hummel/Zander 2005e).

These 2: Die Beschäftigung mit Auslandspersonalpolitik entspricht nicht der Bedeutung der deutschen Außenwirtschafts-Aktivitäten. Dies gilt insbesondere für die Wachstumsregionen im asiatisch-pazifischen Raum und größenspezifisch für die mittelständisch strukturierten Unternehmen. In den meisten Unternehmen fehlt es an einer systematischen internationalen Personalentwicklung mit dem Ziel eines Ausgleichs von Defiziten bei Führungskräften international tätiger Unternehmen.

These 3: Die Unternehmen sind konfrontiert mit einer sinkenden Bereitschaft der entsprechenden Mitarbeiter für einen Auslandseinsatz. Die Gründe hierfür liegen im Wertewandel, wie Einstellungen zu Karriere und Familie, im sozialen Beziehungsnetz und in den erwarteten Reintegrationsproblemen. In den Unternehmen fehlt noch ein entsprechendes Problembewusstsein.

These 4: Auslandspersonalpolitik umfassend anzusetzen heißt: Ziele, Kosten und Personalarbeit in den Einzelfällen zu integrieren. Um ein System qualifizierter internationaler Personalentwicklung, bestehend aus Anforderungsprofilen und Maßnahmen, zu entwickeln, müssen zuerst die unternehmensspezifischen Voraussetzungen der Internationalität überprüft und festgelegt werden. Hierfür sind dann die Anforderungen der jeweiligen Märkte zu analysieren, die Positionierung des Unternehmens im internationalen Kontext zu bestimmen und die strategischen Ziele des Unternehmens im internationalen Kontext festzulegen.

These 5: Auslandsaktivitäten erfordern regelmäßig Entwicklungsprozesse bei den Mitarbeitern. Darauf beruht die personalpolitische Notwendigkeit, Personalarbeit in Einzelfällen als Personalentwicklung zu begreifen, zu planen und zu praktizieren. Ausgehend von dieser unternehmenspolitischen Ausrichtung können Anforderungsprofile für „Internationale Mitarbeiter" entwickelt werden und entsprechende Maßnahmen der internationalen Personalentwicklung konzipiert und umgesetzt werden.

These 6: Die Planung der Personalentwicklung im Ausland muss Grundlagen der Auslandstätigkeit (Auswahl, Vorbereitung, Vertragsbedingungen), Betreuung während des Auslandseinsatzes und eine dynamische Rückgliederungs- und Integrationsplanung umfassen.

These 7: Ein Anreizsystem mit monetären und nichtmonetären Elementen ist die Antwort auf die abnehmende Bereitschaft von Mitarbeitern zur internationalen Karriereentwicklung. Neben den Vergütungselementen haben insbesondere die Karriereplanung und die Gestaltung der Reintegration im Anschluss an Auslandseinsätze eine hohe Bedeutung. Kernstück der Personalentwicklungsplanung im Ausland ist demnach eine dynamische Rückgliederungs- und Integrationsplanung.

9.5   Übungsaufgaben zur Selbstkontrolle

Aufgabe 22:
Benennen Sie die wesentlichen Faktoren, die Kulturdifferenzen beeinflussen anhand des Ansatzes von Hofstede.

Aufgabe 23:
Welches sind die wichtigsten Herausforderungen an internationale Teams?

Aufgabe 24:
Welche Aspekte spielen bei Wahrnehmungs- und Gruppenprozessen von internationalen Teams eine wichtige Rolle:

10 Organisationsstrukturen internationaler Unternehmungen

Lernziele

Nach dem Studium dieses Kapitels sollten Sie in der Lage sein:

- Die Determinanten der Organisationsstruktur internationaler Unternehmen zu benennen;
- Die wichtigsten Strukturen international tätiger Unternehmen zu benennen;
- Die Vor- und Nachteile einzelner Strukturen abzuwägen

Vorbemerkung

Eines der zentralen Probleme internationaler Unternehmen besteht in der Organisation der internationalen Geschäftstätigkeit. Hier geht es in erster Linie darum, Strukturen zu finden, die den Anforderungen internationaler Unternehmen genügen. Diese beziehen sich vor allem auf die Verwaltung der internationalen Geschäfte, die Erhaltung der Flexibilität des Unternehmens und die Integration unterschiedlicher Kulturen in das Unternehmen. Dabei besteht das primäre Ziel der Strukturgestaltung darin, einen effektiven und effizienten Aufgabenvollzug sicherzustellen (vgl. Hummel (Ed.), 2004 sowie Söllner 2009).

In der Realität finden wir eine Vielzahl von unterschiedlichen Organisationsstrukturen, mit denen internationale Unternehmungen versuchen, auf die an sie gestellten internen und externen Anforderungen zu reagieren. Im Folgenden wird ein Überblick über internationale Organisationsstrukturen gegeben. Bei allen Organisationsstrukturmodellen die Vor- und Nachteile sowie die Faktoren angesprochen, die die Wahl der jeweiligen Organisationsform begünstigen (vgl. Kutschker/Schmid 2008).

10.1 Determinanten der Organisationsstruktur internationaler Unternehmen

Die Organisationsstruktur international tätiger Unternehmen wird von einer Vielzahl von Variablen beeinflusst. In einem ersten Schritt können diese Variablen in **interne** und **externe** Determinanten aufgeteilt werden. Folgende Abb. 10.1 zeigt wesentliche Determinanten im Überblick auf.

Externe Faktoren	Interne Faktoren
• Konkurrenzstruktur und -verhalten • Marktcharakteristika • Nachfragestruktur und -verhalten • Räumliche Entfernungen • Politische und rechtliche Reglementie- rungen • Umweltdynamik • Kulturelle Faktoren	• Grundorientierung des Unternehmens • Unternehmens- und Marketingziele und -Strategien • Bedeutung des Auslandsgeschäfts • Unternehmensflexibilität • Qualifikation der Mitarbeiter bzw. des Managements • Auslandserfahrung • Finanzielle Ressourcen • Art der angebotenen Produkte

Abb. 10.1: Determinanten der Organisationsstruktur internationaler Unternehmen

Im Hinblick auf die **externen** Faktoren lassen sich folgende Aussagen treffen:

• Die Konkurrenzstruktur und das Konkurrenzverhalten beeinflusst die organisatorische Gestaltung von Unternehmen insofern, als zu unterscheiden ist, ob globale oder multinationale Wettbewerbsstrukturen vorliegen.
• Marktcharakteristika umfassen Strukturvariablen wie Marktgröße, Marktwachstum, Marktpotential, sowie die Innovationsintensität eines Marktes. Je nachdem hat sich die Organisation des international tätigen Unternehmens entsprechend anzupassen z.B. im Hinblick auf die Größe von Organisationseinheiten und deren Flexibilität.
• Bedeutende Größe aus Marketing-Sicht im Hinblick auf die Organisationsstruktur international tätiger Unternehmen stellen die Nachfragestruktur und das Nachfrageverhalten dar. Die Kundenorientierung muss sich also in der Organisationsstruktur niederschlagen.
• Räumliche Entfernungen ziehen häufig Kommunikationsprobleme nach sich. Von Bedeutung sind räumlich bedingte Zeitdifferenzen aufgrund verschiedener Zeitzonen, die eine sofortige Abstimmung zwischen Organisationseinheiten in verschiedenen Ländern verhindern können.
• Politische und rechtliche Reglementierungen haben insofern organisationalen Einfluss und wirken sich unmittelbar auf die zu implementierende Organisationsstruktur ein.
• Einen direkten Einfluss auf organisatorische Strukturen hat das Ausmaß an Umweltdynamik.
• Kulturelle Faktoren sind in organisatorischer Hinsicht sowohl in unternehmensinterner als auch in unternehmensexterner Hinsicht von Bedeutung.

Aus den **internen** Faktoren, welche im Gegensatz zu den externen Faktoren – zumindest weitgehend – dem Einfluss des Unternehmens unterliegen, lassen sich folgende Aussagen im Hinblick auf ihren Einfluss auf die Organisationsstruktur eines Unternehmens ableiten:

• Von grundsätzlicher Bedeutung für das organisationale Gefüge in einem international operierendem Unternehmen ist die Grundorientierung des Unternehmens
• Darüber hinaus stehen die Unternehmens- und Marketingziele sowie -Strategien in einem Zusammenhang mit der Grundorientierung eines Unternehmens.

- Ein weiterer Faktor, welcher einen Einfluss auf Organisationsentscheidungen in international tätigen Unternehmen hat, ist die Bedeutung des Auslandsgeschäfts aus Sicht des jeweiligen Unternehmens, z.B. spielen Auslandsaktivitäten eine nur untergeordnete Rolle oder befindet sich ein Unternehmen am Anfang einer Internationalisierungsstrategie, so wird häufig der Export als Markteintrittsstrategie gewählt. In organisatorischer Hinsicht bedeutet dies die Einrichtung einer Exportabteilung.
- Das gewünschte Ausmaß an Unternehmensflexibilität im Hinblick auf Änderungen der Unternehmensumwelt (z.B. Änderung von Kundenbedürfnissen, Dynamik des Konkurrenzverhaltens, Häufigkeit rechtlicher Änderungen) tangiert die Organisationsstruktur.
- Die erfolgreiche Implementierung jeglicher Organisationsstruktur sowie deren Weiterentwicklung sind unmittelbar abhängig von der Qualifikation der Mitarbeiter bzw. des Managements.
- Das Ausmaß an Auslandserfahrung prägt das organisationale Gefüge insofern, als bei geringer Auslandserfahrung und entsprechend hohem Marktunsicherheit im Ausland aus Sicht des Unternehmens häufig lediglich Exportabteilungen eingerichtet werden.
- Unmittelbar angesprochen sind auch die vorhandenen finanziellen Ressourcen, die einem Unternehmen zur Verfügung stehen.
- Die Art von einem Unternehmen angebotenen Produkte beeinflusst die Organisationsstruktur durch ihr Ausmaß an Erklärungsbedürftigkeit und notwendiger Serviceintensität.

Merke:	In welchem Ausmaß die einzelnen aufgezeigten internen und externen Faktoren tatsächlich für die Organisationsstruktur eines internationalen Unternehmens relevant sind, kann nur im jeweiligen Einzelfall geklärt werden. Diese Tatsache deutet auf den situativen Ansatz hin.

Auch institutionsökonomische Ansätze haben mit Bezug auf Marketingfragen u.a. im Bereich Outsourcing oder bei Außendienstaspekten – allerdings bisher ohne Berücksichtigung speziell internationaler Besonderheiten – Anwendung gefunden.

10.2 Unspezifische Organisationsstrukturen internationaler Unternehmungen

In der Anfangsphase der Internationalisierung schlägt sich eine Auslandtätigkeit in den meisten Unternehmungen kaum auf die Organisationsstruktur nieder. Selbst wenn es zur Gründung einer Tochtergesellschaft im Ausland kommt, so schlägt sich dies in den meisten Fällen zunächst nicht oder nur unwesentlich in der Organisationsstruktur nieder. Der Geschäftsführer der ausländischen Tochtergesellschaft erhält einen relativ großen Entscheidungsspielraum und berichtet direkt an die oberste Unternehmungsleitung. Auf eine umfangreiche organisatorische Restrukturierung wird in der Regel verzichtet. In der Literatur findet man für diese Form der Organisationsstruktur neben der Bezeichnung „unstructured System" auch die Termini „direct reporting structure" oder „mother-daughter-structure".

Die Vorteile einer unspezifischen Organisation des Auslandsgeschäfts in Form einer „direct reporting structure" bzw. „mother-daughter-structure" liegen auf der Hand:

- die kostenspielige Anpassung der Organisationsstruktur,
- die Möglichkeit der raschen Anpassung an lokale Gegebenheiten und an mögliche Umweltveränderungen,
- das Auslandsgeschäft wird nicht als „Anhängsel" betrachtet,
- die „direct reporting structure" bzw. „mother-doughter-structure" erhöht die Wahrscheinlichkeit, dass ein weiteres Auslandsengagement sukzessive vorbereitet und weiter vorangetrieben wird.

Die Nachteile der unspezifischen Organisation in Form einer „direct- reporting-structure" bzw. „mother-doughter-structure" treten vor allem bei einer zunehmenden Zahl an Auslandstöchtern zutage:

- Überlastung der obersten Unternehmungsleitung,
- nicht ausreichende Kenntnis der jeweiligen Auslandsmärkte,
- Verhinderung des direkten Austausches von Erfahrungen, Wissen und Fähigkeiten,
- Rivalitäten zwischen den einzelnen ausländischen Einheiten,
- Der Geschäftsführer der Tochtergesellschaften kann ein Denken aus der eigenen Perspektive entwickeln, bei dem die gesamt Unternehmung leicht aus dem Blickfeld geraten kann.
- Die Beziehungen zu den einzelnen Tochtergesellschaften werden stark durch persönliche Präferenzen oder Abneigungen der obersten Unternehmungsleitung im Inland geprägt.

Insbesondere bei mittelständischen Unternehmungen, die international tätig sind, wird die „direct-reporting-structure" häufig gewählt. Erst mit fortschreitender Internationalisierung gehen manche Unternehmungen dann von unspezifischen Organisationsstrukturen zu segregierten oder integrierten Organisationsmodellen über. Es ist jedoch darauf hinzuweisen, dass selbst zunehmende Internationalisierung nicht zwingend zu segregierten oder integrierten Organisationsmodellen führen muss. So wurde durch empirische Untersuchungen herausgefunden, dass viele internationale Unternehmungen mit Stammsitz in Schweden lange Zeit an den so enannten „direct-rporting-tructures" festhielten.

10.3   Segregierte Organisationsstrukturen internationaler Unternehmungen: Die internationale Division

Segregierte Strukturen liegen vor, wenn das Auslandsgeschäft vom Inlandsgeschäft organisatorisch deutlich getrennt wird (vgl. Söllner 2009, S. 401ff). Es kommt zur Bildung einer Abteilung, die ausschließlich für das Auslandsgeschäft zuständig ist. Segregierte Organisationsstrukturen sich durch eine organisatorische Trennung von Inlands- und Auslandsgeschäft

aus. Die wird strukturell in aller Regel durch eine Zusammenfassung aller Auslandsaktivitäten in einer häufig aus der Exportabteilung hervorgehenden „International Division" deutlich. Wesentliches Charakteristikum des Organisationsmodells „Internationale Division" ist
die Dichotomie von Inlandsgeschäft und Auslandsgeschäft auf der ersten Hierarchieebene
unterhalb der Unternehmungsleitung. In der folgenden Abbildung 10.2 findet sich ein
Grundmodell der segregierten Organisation.

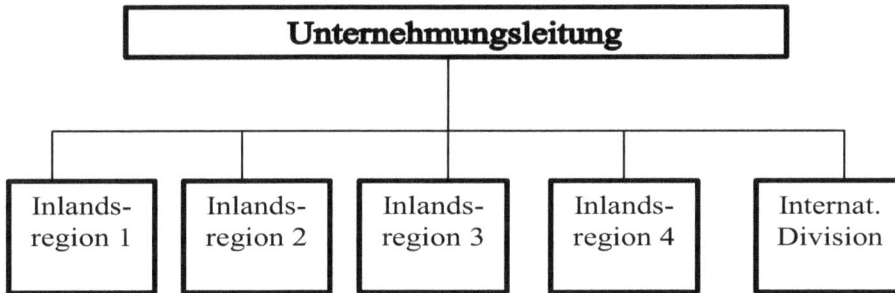

```
                      ┌─────────────────────────────────────┐
                      │        Unternehmungsleitung          │
                      └─────────────────────────────────────┘
```

| Inlands-region 1 | Inlands-region 2 | Inlands-region 3 | Inlands-region 4 | Internat. Division |

Abb. 10. 2: Segregierte Organisation bei Funktionalgliederung des Inlandsgeschäfts

Internationale Divisionen als organisatorische Einheiten für das gesamte Auslandsgeschäft
können wiederum selbst nach Funktionen, nach Geschäftsbereichen, nach Produkten oder
nach Regionen organisiert sein. In der Unternehmungspraxis findet man häufig eine weitere
Untergliederung nach Regionen oder Ländern. Unterstützt wird die Internationale Division in
der Regel durch eigene Stabsabteilungen, die unabhängig von den Stabsabteilungen der In-
landsbereiche operieren.

| Merke: | Die Organisation über eine Internationale Division trifft man vor allem in solchen Unternehmungen an, bei denen das Auslandsgeschäft einer-seits eine so große Bedeutung erlangt hat, dass es mit unspezifischen Organisationsstrukturen nicht mehr zu steuern, zu koordinieren und zu kontrollieren ist, bei denen   das Auslandsgeschäft aber anderer-seits noch bei weitem eine geringere Rolle spielt als das Inlandsge-schäft. |

Die Vielzahl von empirischen Untersuchungen zur Wahl der „richtigen" Organisationsform
lässt den Schluss zu, dass Internationale Divisionen vor allem unter folgenden Bedingungen
gewählt werden:

- der Auslands Umsatz hat eine kritische Größe erreicht, der Inlandsumsatz übersteigt den
  Auslandsumsatz aber immer noch bei weitem,
- der Auslandsumsatz wird nur mit einem oder mit wenigen Produkten erzielt, die eng mit
  einander verwandt sind, einen hohen Reifegrad aufweisen und sich nur langsam verändern,

- das Auslandsgeschäft ist geographisch weit gestreut und auf viele (häufig auch kleinere) Tochtergesellschaften verteilt.

Als **Vorteile** differenzierter Strukturen sind insbesondere die Spezialisierung, d.h. die Zusammenfassung in einer Abteilung sowie die kurzen Kommunikationswege zu nennen. **Nachteile** sind dagegen die vielfach zu beobachtenden Isolierungstendenzen, Doppelgleisigkeiten bei den zentralen Stabsabteilungen sowie die erschwerte Übertragung von Innovationen im Heimatland auf ausländische Märkte. Differenzierte Strukturen stellen deshalb nur dann eine geeignete strukturelle Reaktion auf die Internationalisierung dar, wenn die Auslandsaktivitäten noch keinen bedeutenden Umfang erreicht haben, der Diversifikationsgrad des Auslandsgeschäfts gering ist und wenige Führungskräfte mit internationalen Erfahrungen zur Verfügung stehen.

10.4　　Integrierte Organisationsstrukturen internationaler Unternehmungen

Bei einer zunehmenden Internationalisierung gehen viele Unternehmungen von einer segregierten bzw. differenzierten zu einer integrierten Organisationsform ihrer Tätigkeiten über. Die Dichotomie zwischen Inlands- und Auslandsgeschäft wird aufgelöst.

Merke:	**Es werden also organisatorische Einheiten bzw. Geschäftssegmente gebildet, deren Leitung sowohl für das Inlands- als auch das Auslandsgeschäft zuständig ist.**

Derartige Strukturen sind vorwiegend bei Unternehmen anzutreffen, welche in erheblichem Ausmaß international tätig sind bzw. deren Hauptgeschäft im internationalen Bereich liegt. Darüber hinaus fördert eine egozentrische Ausrichtung des Unternehmens integrierte Organisationsformen. Auf der ersten Hierarchieebene unterhalb der Unternehmungsleitung nicht mehr zwischen Inlands- und Auslandsgeschäft unterschieden, sondern unmittelbar eine Strukturierung nach Funktionen, Geschäftsbereichen, Produkten oder Regionen vorgenommen. Bei eindimensionalen integrierten Organisationsmodellen wird dabei entweder nach Funktionen oder nach Geschäftsbereichen oder nach Produkten oder nach Regionen gegliedert, die jeweils weltweite Verantwortung tragen. Bei mehrdimensionalen integrierten Organisationsmodellen werden gleichzeitig zwei, drei oder gar vier Strukturierungskriterien (Funktion, Geschäftsbereich, Produkt und Region) herangezogen.

10.5 Eindimensionale integrierte Strukturen

10.5.1 Integrierte Funktionalstrukturen

Integrierte Funktionalstrukturen liegen vor, wenn die Leiter der einzelnen Funktionsbereiche (z.B. Einkauf, Forschung und Entwicklung, Produktion, Marketing, Verwaltung) sowohl für die Inland- als auch die Auslandsaktivitäten verantwortlich sind; die internationalen Aktivitäten werden also in die zugehörigen Funktionsbereiche integriert. Derartige Strukturen bieten sich an, wenn ein enges, recht homogenes Produktprogramm vorliegt und funktionsübergreifende Produktkenntnisse nicht von entscheidender Bedeutung sind, sondern die Funktion bzw. Verrichtung als solche im Vordergrund steht. Folgende Abbildung 10.3 zeigt beispielhaft eine integrierte Funktionalstruktur.

Abb. 10.3: *Grundmuster der integrierten Funktionalstruktur*

Integrierte Funktionalstrukturen werden vor allem dann gewählt, wenn (vgl. Launer 2006)

*   weltweit relativ einheitliche Produkte und Technologien vorliegen und es sich eher um Einprodukt- als um Mehrproduktunternehmungen handelt,
*   eine weltweite hohe Neigung zur Programmierung, Standardisierung und Formalisierung vorliegt,
*   die Auslandsaktivitäten nur begrenzte Bedeutung haben und/oder sich die Internationalisierung in einer Konsolidierungsphase befindet,
*   die Anzahl ausländischer Tochtergesellschaften relativ gering ist,
*   die Akquisitionstätigkeit beschränkt ist und Tochtergesellschaften weitgehend durch Neugründungen aufgebaut werden, und
*   die Auslandsaktivitäten problemlos einzelnen Funktionalbereichen untergeordnet werden können.

Folgende **Vor- und Nachteile** sind mit integrierten Funktionalstrukturen verbunden:

*   Es bestehen gute Möglichkeiten der Durchsetzung abgestimmter Aktivitäten auf den Auslandsmärkten.

- Die Gefahr einer starken „in-house"-Konkurrenz auf den Auslandsmärkten existiert nicht.
- Funktionalstrukturen sind verbunden mit einer Zentralisierung von Autorität und Verantwortung in der Stelle des jeweiligen Funktionsbereichsleiters. Hierdurch wird die Unternehmungsleitung von funktionalen Entscheidungen entlastet.
- Selbst bei nur mäßiger Internationalisierung ergibt sich ein hoher Koordinationsbedarf zwischen den einzelnen Funktionsbereichen. Es besteht die Tendenz zur Überlastung der Unternehmungsleitung mit rein koordinativen Aufgaben.
- Durch die starke Inanspruchnahme der Unternehmensleitung mit Koordinationsaktivitäten wird die strategische Unternehmensgesamtplanung vernachlässigt.
- Die mit funktionsorientierten Organisationsstrukturen einhergehende Zentralisierung von Entscheidungsbedürfnissen und Verantwortung kann auch auf nachgeordneten Hierarchieebenen (z.B. Funktionsbereichsleiter) zur Überlassung führen.
- Nicht immer besteht Eindeutigkeit dahingehend, welchem Funktionsbereich die jeweiligen Auslandsaktivitäten zugeordnet werden sollen.
- Lange Kommunikationswege, wie sie für Funktionalstrukturen typisch sind, erschweren den Informationsfluss und schränken die Flexibilität der Organisation ein.
- Mit zunehmender Diversifikation werden die Koordinationserfordernisse immer schwieriger.

Merke: **Integrierte Funktionalstrukturen sind in solchen Unternehmungen anzutreffen, die über einen geringen Diversifikationsgrad verfügen, deren Auslandsaktivitäten relativ unbedeutend sind und sich in erster Linie auf den Export beschränken. Beispiele dafür sind nur gering diversifizierte Automobilunternehmungen, internationale Ölgesellschaften und andere Unternehmungen des primären Sektors.**

10.5.2   Integrierte Geschäftsbereichs- und Produktstrukturen

Die Organisationsform der integrierten Geschäftsbereichs- bzw. Produktstrukturen zeichnen sich dadurch aus, dass die Geschäftsbereichs- oder Produktmanager weltweite Linienverantwortung erhalten. Geschäftsbereichs- bzw. Produktmanager sind für die entsprechende Geschäftssparte oder das entsprechende Produkt nicht nur im Inland, sondern weltweit tätig. Eine besondere Form der integrierten

Produktstruktur ist deren Organisation als Profit-Center. Hier sind die Geschäftsbereiche (Produktsparten) für ihre Geschäftsergebnisse selbst verantwortlich.

Sowohl die integrierte Geschäftsbereichs- als auch die integrierte Produktorganisation werden von der Philosophie eines ausgeprägten Portfolio- und Profitdenkens getragen. Nächstfolgende Abbildung verdeutlicht das Grundprinzip integrierter Geschäftsbereichs- bzw. Produktorganisationen (vgl. Abb10.4).

```
┌─────────────────────────────────────────────┐
│          Unternehmungsleitung                │
└─────────────────────────────────────────────┘
```

| Geschäftsbereich/ Produktsparte A In und Ausland | Geschäftsbereich/ Produktsparte B In und Ausland | Geschäftsbereich/ Produktsparte C In und Ausland | Geschäftsbereich/ Produktsparte D In und Ausland |

Abb. 10.4: Grundmuster der integrierten Geschäftsbereichs-/ Produktstruktur

Integrierte Geschäftsbereichs- oder Produktorganisationen werden vor allem in folgenden Fällen gewählt:

- die Unternehmung weist – sowohl im Inland als auch im Ausland – ein heterogenes Produktprogramm auf,
- das Produktprogramm basiert auf mehreren unterschiedlichen Technologien,
- das Produktprogramm unterliegt einem raschen Wandel,
- die Produkte lassen sich relativ problemlos Geschäftsbereichen zuordnen oder erwirtschaften genügend Umsatz, um von eigenständigen Produktmanagern, Produktlinienmanagern oder Produktgruppenmanagern betreut zu werden,
- der Umfang internationaler Unternehmungstätigkeit ist relativ groß und
- die Unternehmung möchte eine geographische Zersplitterung des Produktprogramms vermeiden sowie die Produkte weltweit weitgehend unverändert absetzen.

Die integrierte Produktstruktur weist folgende **Vor- und Nachteile** auf:

- Die Produktorientierung führt zu einer hinreichenden Flexibilität, um sich an dynamische Märkte anpassen zu können.
- Durch die direkte Zurechenbarkeit von Kosten und Erlösen können Profit-Center gebildet werden. Hierdurch ist die Einrichtung einer erfolgsabhängigen Entlohnung möglich.
- Motivation und Kreativität der Mitarbeiter werden gefördert.
- Die weltweite Produktkoordination wird erleichtert, einer Programmzersplitterung in internationaler bzw. globaler Hinsicht wird entgegengewirkt.
- Es kommt zur Akkumulation von internationalen Marktkenntnissen bei den heimischen Produktdivisionen.
- Es besteht die Gefahr, regionale Besonderheiten nicht ausreichend zu berücksichtigen.
- Hohe „in-house"-Konkurrenz und Spartenegoismus können zu Ineffizienzen (z.B. Doppelarbeit) und aus übergeordneter Gesamtunternehmenssicht zu suboptimalen Entscheidungen führen. Synergiepotentiale werden häufig nicht genutzt.
- Es können Koordinationsprobleme auftreten, wenn Mehrspartentochtergesellschaften im Verbund mit einem reinen Auslandssparte-Heimatsparte-Berichtsystem existieren, da in

diesem Falle die Rolle der Geschäftsleitung der ausländischen Tochtergesellschaften un-
terhöhlt wird.

Merke: **In der Unternehmungspraxis treten integrierte Geschäftsbereichs- und
Produktorganisationen weitaus häufiger auf als integrierte Funktio-
nalorganisationen.**

10.5.3   Integrierte Regionalstrukturen

Wird ein Unternehmen auf der zweithöchsten Hierarchieebene nach geographischen Kriterien strukturiert, liegt eine Regionalstruktur vor. Die in- und ausländischen Aktivitäten werden in regional gegliederte Teilbereiche zusammengefasst. Die Leiter der entstehenden Regi-
onalsparten sind für alle in der jeweiligen Region anfallenden Aufgaben verantwortlich und
direkt der Unternehmungsleitung unterstellt. Je nach Definition kann eine Region dabei ein
einziges Land oder – wie im Regelfall zu beobachten – eine Ländergruppe mit in sich (weitgehend) homogenen Nachfragestrukturen umfassen (z.B. Region „Lateinamerika"). Nach-
folgende Abbildung 10.5 zeigt eine integrierte Regionalstruktur.

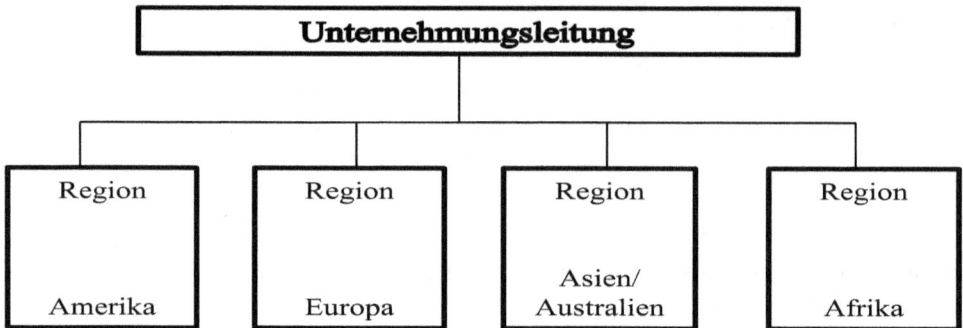

Abb. 10.5: Integrierte Regionalstuktur

Modelle der integrierten Regionalstruktur werden vor allem von Unternehmungen gewählt,

- deren Umfang internationaler Tätigkeit relativ hoch ist und die im Ausland nicht nur
  Vertriebsniederlassungen, sondern auch Produktionsstätten errichten,
- die eine starke Notwendigkeit zur regional- und länderspezifischen Anpassung haben und
- bei denen Verhandlungen mit ausländischen Regierungsstellen, Behörden oder Verbänden
  eine zentrale Rolle für den Geschäftserfolg darstellen.

Folgende **Vor- und Nachteile** weisen Regionalstrukturen auf:

- Auf die Bedürfnisse spezifischer Länder bzw. Regionen kann bestmöglich eingegangen werden. Die „Lokalisierungsvorteile" werden höher eingeschätzt als die Vorteile eines international bzw. weltweit einheitlichen Marketing.
- Die Integration von nationalen und internationalen Geschäft wird erleichtert, eine globale Perspektive somit gefördert.
- Die regional Manager erwerben detaillierte Marktkenntnisse in den von ihnen betreuten Gebieten z.B. über Kunden Konkurrenten, Markt- bzw. Handelsusancen usw. Die Marketingaktivitäten lassen sich dann entsprechend ausrichten.
- Die Übertragung von neuen Ideen auf andere Märkte wird erschwert („not-invented-here-Problem").
- Es besteht die Gefahr, dass die Produktkoordination und die Abstimmung der Forschungs- und Entwicklungsaktivitäten sowie anderer Funktionalbereiche vernachlässigt wird. Die Erlangung von Synergieeffekten wird hierdurch erschwert.

10.6 Mehrdimensionale integrierte Strukturen

Die bisher beschriebenen Strukturalternativen geben nur einen Teil der in der Praxis internationaler Unternehmen vorherrschenden Organisationsstrukturen wieder. Ein anderer, in den vergangenen Jahren immer größer werdender Teil weist eine mehrdimensionale Struktur auf, bei der nicht nur Funktion, das Produkt oder die Region als Strukturbildendes Kriterium gilt; vielmehr wird die Struktur in diesem Fall durch zwei oder mehr Gliederungskriterien gleichzeitig bestimmt. Werden dabei zwei Kriterien zur Gliederung der Organisation unterhalb der Unternehmungsleitung herangezogen, so spricht man von Matrixstrukturen. Werden gar drei Kriterien simultan berücksichtigt, so hat sich in der Literatur der Terminus der Tensorstrukturen „eingebürgert". Sie verkörpern eine Verknüpfung von koordinierten Produktzuständigkeiten bei gleichzeitiger Regionalverantwortung und beratenden, aber faktisch Weisungsbefugten funktional gegliederten Zentralstäben (vgl. Abb. 10.6).

Die Notwendigkeit zur Einführung mehrdimensionaler Strukturen nimmt mit steigendem Internationalisierungsgrad einer Unternehmung zu. Die Vorteile mehrdimensionaler Strukturen liegen vor allem in der gleichzeitigen Berücksichtigung funktionaler, regionaler und produktspezifischer Anforderungen. Die Notwendigkeit permanenter Abstimmungsprozesse zwischen den Leitern der Teilbereiche fördert zudem den Kommunikationsfluss und das kreative Potential in der Unternehmung. Zentrale Nachteile sind jedoch das hohe Konfliktpotential durch Strukturbedingte Kompetenzüberschneidungen und die Verzögerung von Entscheidungsprozessen. Damit diese Nachteile die genannten Vorteile nicht überwiegen, erfordert die Einführung einer Matrixstruktur deshalb auch eine veränderte Organisationsstruktur, die statt der formalen Position die Bedeutung der inhaltlichen und kommunikativen Kompetenz der Führungskräfte betont.

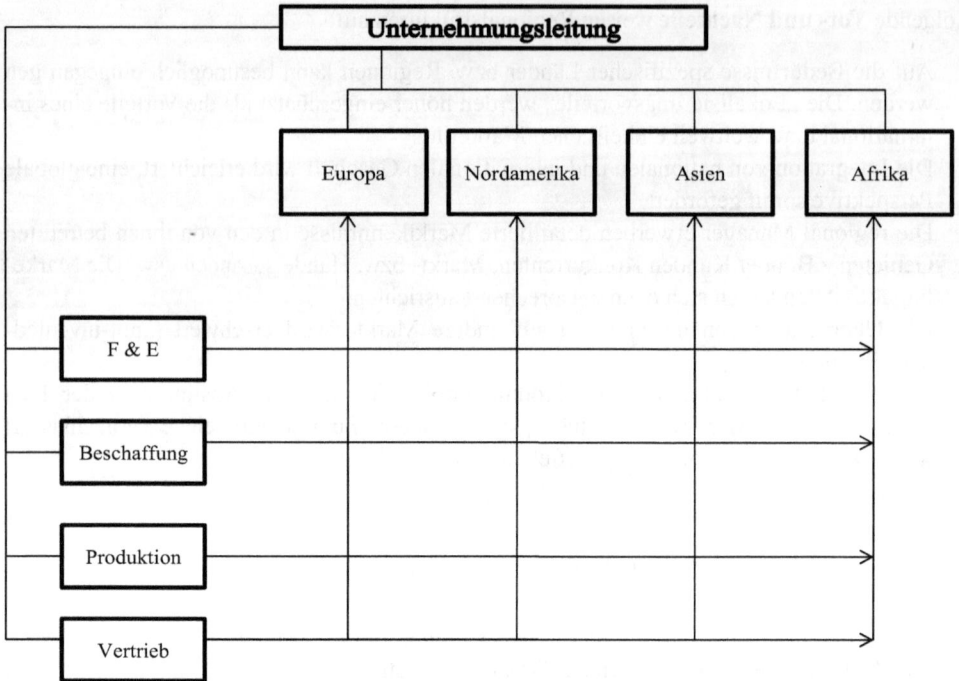

Abb. 10.6: *Zweidimensionale Matrixstrukturen*

Im Vergleich zu den anderen Formen der Organisationsstruktur hat die Matrixstruktur zwar immer wieder große Aufmerksamkeit erlangt, allerdings gleichzeitig wenig Verbreitung gefunden. Die mit der Matrixorganisation verbundenen Schwierigkeiten werden im Falle einer Tensororganisation noch erhöht.

10.6.1   Hybride Organisationsstrukturen

Neben den erörterten ein- und mehrdimensionalen Modellen existieren darüber hinaus verschiedene Mischtypen (Hybrid-Strukturen), welche auf die unternehmensindividuellen Anforderungen zugeschnitten sind. Hierzu gehört bspw. die Zwischenschaltung von regionalen Headquarters zwischen der Muttergesellschaft und den Auslandsgesellschaften; hierdurch kann im Falle umfangreicher, regional abgrenzbarer Geschäftsvolumina den besonderen Bedingungen der jeweiligen Marktgebiete entsprochen werden. Die Aufgabe der Headquarters kann u.a. darin bestehen, Problemlösungen für komplexe Probleme, welche mehrere einzelne Regionen in ähnlicher Weise betreffen, zu erarbeiten und an die Auslandsgeschäfte weiterzuleiten. Denkbar sind zudem Kombinationen der dargestellten Strukturierungsmodelle; so kann das Geschäft mit erfolgreich eingeführten, im Markt etablierten Produkten bspw. in Form einer produkt- oder gebietsintegrierten Struktur abgewickelt werden, während Produkte, die sich im Einführungs- oder Wachstumsstadium befinden, über internationale Division geführt werden. Auch die gleichzeitige Berücksichtigung von produkt- und gebietsspezifischer Strukturierung ohne komplexe Matrixstrukturen zu entwickeln, ist Ausdruck einer Hybriden Lösung.

10.6.2   Holdingstruktur

In den letzten Jahren sind Holdingstrukturen wieder in den Vordergrund gerückt. Eine Holding besteht aus einer Holdinggesellschaft, die an mehreren rechtlich und organisatorisch selbständigen Tochterunternehmen eine Kapitalbeteiligung hält (vgl. Abb. 10.7). Die übergeordnete, strategische Leitung findet in der Holdinggesellschaft statt, während das operative Tagesgeschäft weitgehend von den Tochterunternehmen selbst abgewickelt wird. Die Tochterunternehmen werden entweder aus dem bestehenden Unternehmen ausgegliedert oder hinzugekauft. Insofern definiert sich die Holdingstruktur weniger über die interne Aufgabenverteilung als über die spezifische gesellschaftsrechtliche Ausgestaltung (vgl. Launer 2006).

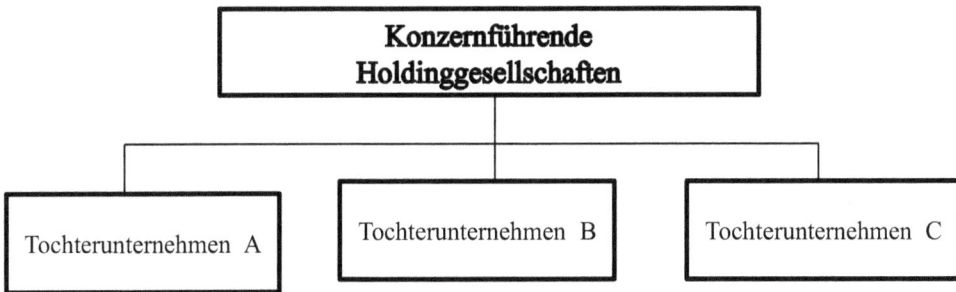

Abb. 10.7: Beispiel einer Holdinggesellschaft

In der Literatur werden verschiedene Formen der Holding unterschieden:

- Eine Finanzholding beschränkt sich in erster Linie auf die Verwaltung von Finanzanlagen
- Die Managementholding ist eine Form der Geschäftsbereichsorganisation. Die Hol ding nimmt gesamt strategische Aufgaben der Geschäftsbereiche wahr.

Der Holding wird die Fähigkeit zugeschrieben, den besonderen Anforderungen einer internationalen Geschäftätigkeit zu entsprechen, weil sie eine Antwort auf die immensen Koordinationsbedarf auslösende Spezialisierung in internationalen Unternehmen und das daraus resultierende Spannungsverhältnis von Arbeitsteilung und Koordination gibt. Durch kleine dezentrale und selbständige Unternehmenseinheiten sollen den Koordinationsbedarf reduziert, Kosten eingespart und Abstimmungsvorgange beschleunigt werden. Da sich kleine Unternehmenseinheiten außerdem besser auf dynamische und komplexe Umwelten einstellen können, ermöglicht das die gerade auf internationalen Märkten erforderliche Flexibilität und Kundennähe.

Nicht zuletzt ist – international – die Ausnutzung spezifischer Rechts- und Steuersysteme ein Ziel. Steuer Vorteile ergeben sich, wenn die Holding ihren Firmensitz in ein Land mit niedrigen Steuersätzen verlegt, da die von den Tochterunternehmen an die Holding angeführten Gewinne dann günstigeren Steuersätzen unterliegen. In internationalen bzw. internationalisierenden Unternehmen erlaubt die Holding neben der Marktnähe an den einzelnen Standorten ein hohes Maß an Flexibilität und zugleich und zugleich eine Risikosteuerung über verschiedene Märkte hinweg (Theisen 1997). Probleme bewirkt die Holdingorganisation, wenn nach der Ausgliederung von Unternehmensleiten die Töchter ihre Selbständigkeit opportunistisch ausnutzen und erhoffte Synergien ausbleiben. Außerdem ist der Erfolg der Holding stark vom Funktionieren informeller Koordinationsmechanismen abhängig, da zwischen den Tochterunternehmen institutionalisierte Kommunikations- und Koordinationsmechanismen fehlen. Trotz dieser Probleme sind Holdingsunternehmen in der Praxis weit verbreitet. Dies gilt vor allem für technologie- und produktorientierten Unternehmen, bei denen die dezentrale Struktur die notwendige Marktnähe ermöglicht und die übergeordnete Leitung die verschiedenen Bereiche zusammenführen soll.

10.6.3   Projektorganisation

Projektorganisationen sollen nicht immer dauerhaften Charakter haben, sondern können auch temporäre Elemente beinhalten. Dies ist bei der Projektorganisation der Fall. Hier steht die zeitliche Dimension der zu erfüllenden Aufgaben im Vordergrund. Unter einem Projekt wird ein Vorhaben verstanden, das zeitlich begrenzt ist, ein eindeutiges Ziel besitzt und relativ umfangreiche, komplexe und außergewöhnliche Aufgaben (keine Routineaufgaben) zum Inhalt hat, die die Einbindung mehrerer Personen erfordern (vgl. Müller/Kornmeier 2002).

Der Grund, die die herkömmliche Aufgabenorganisation durch Projekte zu ergänzen, liegt darin, dass in Unternehmen Aufgaben anfallen, für deren Bearbeitung im Rahmen der dauerhaften Struktur keine oder zu geringe Freiräume bestehen. Typische Beispiele sind Reorganisationsmaßnahmen, die Einführung neuer Produkte, die Vorbereitung von Unternehmenskooperationen oder -Zusammenschlüssen, und internationale groß Projekte. Vor allem im internationalen Kontext sind Projekte nicht unproblematisch:

• sprachliche Barrieren,
• kulturelle Unterschiede,
• räumliche Distanz zwischen den Beteiligten,
• verschiedene Voraussetzungen einer Projektorganisation.

Da insbesondere in internationalen Unternehmen eine Vielzahl zeitlich befristeter Aufgaben besteht, stellt die Projektorganisation trotz der skizzierten Probleme ein unverzichtbares Korrektiv statischer, dauerhafter Organisationsstrukturen dar. Damit internationale Projekte erfolgreich sind, müssen jedoch unbedingt interkulturelle Kompetenz und eine unternehmensweite Akzeptanz der Projektarbeit gewährleistet sein.

10.7   Zusammenfassung

In der einschlägigen Literatur werden zur Bildung von Typologien über internationale Organisationsstrukturen meist zwei Kriterien herangezogen: (1) die organisatorische Stellung des Auslandsgeschäfts im Vergleich zum Inlandsgeschäft und (2) die Art der Spezialisierung, welche die Organisationsstruktur determiniert.

1. Organisatorische Stellung des Auslandsgeschäfts: Erstens wird bei der Bildung von Typologien der Organisationsstruktur nach der Stellung des Auslandsgeschäfts gefragt und dabei differenziert,
   – ob das Auslandsgeschäft vom Inlandsgeschäft getrennt wird oder
   – ob das Auslandsgeschäft mit dem Inlandsgeschäft zusammengefasst wird.
   – Wird das Auslandsgeschäft vom Inlandsgeschäft organisatorisch „abgespalten", so spricht man von segregierten bzw. differenzierten Organisationsstrukturen. Werden dagegen Auslandsgeschäft und Inlandsgeschäft organisatorisch „zusammengelegt", so handelt es sich um integrierte Strukturen
2. Art der Spezialisierung: Es wird nach Art der Spezialisierung gefragt und dabei zwischen einer Gliederung nach
   – Funktionen
   – Geschäftsbereichen und Produkten
   – Regionen oder Kunden

Folgende Abbildung 10.8 soll die Systematisierung der Organisationsformen internationaler Unternehmungstätigkeit veranschaulichen.

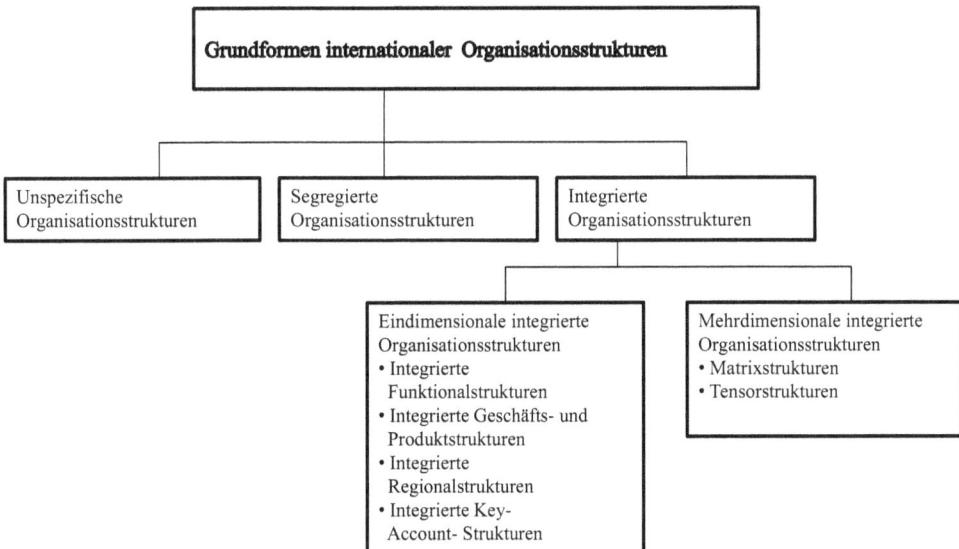

Abb.10.8: *Systematisierung der Organisationsformen internationaler Unternehmungstätigkeit*

Neben den ein- und mehrdimensionalen Modellen existieren darüber hinaus verschiedene Mischtypen (Hybrid-Strukturen). Wir sprechen auch von Holdingstrukturen und Projektorganisation.

Merke:	**Da jede Organisationsform spezifische Vorteile, gleichzeitig auch Nachteile aufweist, muss die Auswahl der „richtigen" Strukturalternative vor dem Hintergrund der Situation des jeweiligen internationalen Unternehmens getroffen werden.**

10.8   Übungsaufgaben zur Selbstkontrolle

Frage 25:
Welches sind die wichtigsten Determinanten der Organisationsstruktur internationaler Unternehmen?

Frage 26:
Benennen Sie die wichtigsten Strukturen international tätiger Unternehmen.

Frage 27:
Welches sind die Vor- und Nachteile einzelner Strukturformen?

11 Besonderheiten der Zusammenarbeit mit den Ländern Osteuropas – das Beispiel Polen

Lernziele

Nach dem Studium dieses Kapitels sollten Sie in der Lage sein:

- Die wesentlichen Einflussfaktoren des Transformationsprozesses osteuropäischer Länder zu benennen;
- Die wichtigsten Standortvorteile zu benennen

11.1 Engagement in Osteuropa – deutsche Hilfe bei der Transformation

Der positive Ausgang des noch andauernden Transformationsprozesses in östlichen Volkswirtschaften hängt im Wesentlichen davon ab, wieweit es gelingt, die vorhandenen Qualifikationsstrukturen den Erfordernissen westlicher Wirtschaftsstrukturen anzupassen; dies muss zudem noch sehr schnell erfolgen, soll die Wirtschaft der betreffenden Länder nicht zusammenbrechen (vgl. ausführlich: Christians/Zschiedrich (Hrsg., 2009). Die Realisierung des Transformationsprozesses obliegt Menschen, die in Verwaltung und Betrieben tätig sind. Ihnen das erforderliche Wissen über die Markwirtschaft und deren Gesetzmäßigkeiten sowie über Betriebsführung nach marktwirtschaftlichen Erfordernissen zu vermitteln, ist Ziel einer breit gefächerten Zusammenarbeit bei der Aus- und Weiterbildung von Fach- und Führungskräften der Wirtschaft. Damit kommt der beruflichen Aus- und Weiterbildung von Fach-, Führungs- und Führungsnachwuchskräften eine entscheidende Rolle für den erfolgreichen Verlauf des Transformationsprozesses zu (vgl. Hummel 1997 sowie Kasperson/Dobrzynski 1995).

So wird z.B. Siemens im Zuge der EU-Osterweiterung, die zum 1. Mai 2004 vollzogen wurde, seine Aktivitäten teilweise in die Beitrittsländer verlagern (vgl. Financial Time Deutschland vom 12.12.2003). Geplant ist u.a. Software – Entwicklung, Fertigung und Buchhaltungsfunktionen in den Beitrittsländern aufzubauen. Ein Argument ist z.B. das Potenzial hoch qualifizierter Software-Ingenieure zu nutzen. Wir treffen da auf ganz fantastische Mitarbeiter mit hervorragender Ausbildung, erklärte der für das Osteuropa-Geschäft im Konzern zuständige Mitarbeiter. Als weitere Vorteile werden die logistische Anbindung, die Sprachkenntnisse, die Mentalität und die geringeren Risiken genannt.

Die Bedeutung Polens als Handelspartner für deutsche Unternehmen hat dabei besonders in den Jahren seit der Öffnung der osteuropäischen Märkte zugenommen. Dieser Fakt wird durch den Beitritt Polens zur EU im Jahre 2004 deutlich.

Merke:	**In einer empirischen Studie der Wissenschaftlichen Hochschule für Unternehmungsführung und der Unternehmungsberatung EMC, wird Polen auf Platz eins unter den besten Investitionsstandorten der neuen EU-Länder genannt.**

Aus diesem Grund werden einige kulturelle und politische Besonderheiten an diesem Land fallstudienhaft dargestellt.

11.1.1   Einige Hintergrundinformationen

Seit 1989 öffnen ich Polen und andere osteuropäische Länder schrittweise, und sie schaffen konsequent neue internationale Beziehungen, insbesondere mit der Europäischen Gemeinschaft. Durch den Beitritt Polens in die Europäische Gemeinschaft wird es noch mehr Kontakte mit Menschen verschiedenster Kulturen geben, da das zeitgenössische Europa eine große Zahl religiöser und ethnischer Gruppen und Nationen aus aller Welt umfasst.

Polen konnte in der letzten Dekade einen beträchtlichen Fortschritt mit der Umwandlung der zentralen Planwirtschaft in eine Marktorientierte Wirtschaft erzielen. Dies wird zusätzlich ausländischen Firmen die Möglichkeit eröffnen in den polnischen Markt zu investieren. Er bemerkt weiter, dass der Zustrom von langfristig angelegtem Kapital zu einer Produktivitätssteigerung des Technologietransfers und der Einführung von effizienterem Management – Techniken führt.

So gab es z.B. nach Angaben der polnischen Behörde für ausländische Investitionen im Jahre 1998 in Polen ungefähr 150 Telefonanschlüsse pro 1000 Einwohner In 2003 soll diese Ziffer auf 270 steigen. Zurzeit gibt es vier verschieden Mobil – Telefonanbieter mit stetig steigender Kundenzahl. Diese Ziffer eröffnet den Anbietern enorme Möglichkeiten. Wichtig für sie ist es nun, eine gründliche Studie der polnischen Gesellschaft, der Marktkonditionen und der organisatorischen Charakteristik zu erstellen, um sich aus diesen Geschäftsmöglichkeiten und dem Wissenstransfer Vorteile zu verschaffen.

Strategische Fragen wie z. B. Ausbildung, hängen von einer durchgehenden Voranalyse der polnischen Kultur ab. Für diese Firmen könnte es von großem Nachteil sein voraus zu setzen, dass dieser Wissenstransfer ohne die Berücksichtigung der kulturellen Unterschiede zwischen der polnischen und der deutschen Gesellschaft erfolgen kann.

Schließlich ist das zeitgenössische Polen gerade erst aus der Asche des Kommunismus entstanden, welcher mit all seinen vererbten Werten in gewissen Teilen der Gesellschaft noch existiert. Die gesellschaftliche Transformation in Polen ist noch immer in der Entstehungsphase.

Merke:	**Deshalb wird vor dem Erarbeiten einer Unternehmensstrategie eine Analyse notwendig sein, die zu klären hat, welche Rolle die Kultur und die polnische Gesellschaft bei „ Management Entscheidungen" spielen.**

11.2 Kultureller Hintergrund

Kulturstudien zeigen, dass Menschen verschiedener Länder Werte, Erkenntnisse und Verhalten teilen, welche sie von anderen Kulturen differenzieren. Diese Differenzen sind augenscheinlich in unterschiedlichen Arbeitswerten und Managementverhalten. Diese Tatsache hat folglich Einfluss auf organisatorische Praktiken wie die Auswahl, die Einstellung, die Ausbildungs- und Arbeitsentwicklung, und ist deshalb, bei Investitionen eines Unternehmens in anderen Ländern, speziell zu beachten. Zum Berücksichtigen der kulturellen Möglichkeiten und Hindernisse sind „Vier Dimensionen der Kultur" ein nützliches Werkzeug. Wir greifen hier auf den bereits vorgestellten Ansatz von Hofstede zurück.

Hofstedes Modell handelt primär mit den Differenzen zwischen nationalen Kulturen und zeigt wie diese den Wert des Arbeitsplatzes beeinflussen. Er und seine Mitarbeiter untersuchten 116000 Angestellte in Branchen, Tochterfirmen oder sonstige an IBM angegliederte Niederlassungen. Er untersuchte Angestellte in über 40 verschiedenen Ländern der westlichen Welt. Die Erkenntnisse der Hofstede-Untersuchungen stützen die Annahme, dass durchweg eine landeskulturelle Dominanz gegenüber einer Unternehmenskultur besteht, selbst in multinationalen Unternehmen mit tendenziell vereinheitlichter Firmenkultur.

Hofstedes Ideologie liegt die Annahme zugrunde, dass Unternehmen unter dem Aspekt der kulturabhängigen Machtdistanz, dem Meiden von Unsicherheit, der Individualität oder Kollektivität sowie der Männlich- und Weiblichkeit funktionieren.

Diese vier Dimensionen des kulturellen Einflusses werden nachfolgend dargestellt.

Da die Hofstede-Untersuchungen sozialistische Länder Mittel- und Osteuropas nicht einbeziehen konnten, beziehen wir uns nachfolgend auf die Ergebnisse einer Replikation polnischer Forscher.

11.2.1 Machtdistanz

Die Dimensionen der Machtdistanz handeln mit erwünschten oder unerwünschten Ungleichheiten. Es wird aufgezeigt, wie die Gesellschaft die Ungleichheiten ihrer Mitglieder aufnimmt. In manchen Gesellschaften generieren natürliche körperliche oder geistige Differenzen wirtschaftliche, politische und soziale Ungleichheiten, wohingegen andere Kulturen zur kleineren Machtdistanz neigend, versuchen die Macht der Führer zu mindern. Die Dimensionen zeigen also, wie weit die Gesellschaft Hackordnungen tolerieren und wie aktive Mitglieder versuchen diese zu reduzieren. In Ländern mit tiefer Machtdistanz bewerten die Menschen die Unabhängigkeit des einzelnen höher als dessen Anpassung. Hierarchien werden mehr als bequeme Übereinstimmungen verstanden denn als existenziell erforderliche Rangordnung.

Merke:	Der Untersuchung Zufolge liegt in Polen die Machtdistanz recht hoch, während sie in Deutschland eher niedrig liegt. Gesellschaften mit höherer Machtdistanz neigen zu einem größeren Zentralisationsgrad und zur ungleichen Verteilung von Macht.

Untergeordnete akzeptieren wahrscheinlich eher eine erhöhte Überwachung durch ihre Vorgesetzten. Dies führt oft dazu, dass Angestellte Meinungsverschiedenheiten mit ihren Vorgesetzten vermeiden. Das gewünschte „gute Zusammenarbeiten" kann so nicht funktionieren. Polnische Angestellte akzeptieren einen autoritären Führungsstil ohne Mühe, da diese Art mit der Unwirksamkeit der früheren kommunistischen Führung eng verwandt ist. Dies könnte zu einem Hindernis bei der Belegschaftsbildung führen. Polnische Arbeiter haben gegenüber deutschen Angestellten ein unterschiedliches Verhalten zu ihren Vorgesetzten. Junge Arbeiter könnten z.B. zu einem lockeren Verhältnis gegenüber der Autorität neigen, wohingegen die älteren Generationen, welche unter dem alten Regime arbeiteten, eine etwas restriktivere Führung gewohnt sind.

Die hohe Machtdistanz der polnischen Gesellschaft kann also auch aus einer unterschiedlichen Perspektive betrachtet werden. Nämlich aus jener der „alten" gegenüber der „neuen" Autorität. In der früheren kommunistischen Gesellschaft, waren Partykönige oft wichtiger als Unternehmensführer. Leute welche ihre offiziellen Autoritäten nicht anerkannten wurden oft verfolgt. Auf der anderen Seite gab es wirkliche Autoritäten welche die Leute anerkannten und akzeptierten. Trotz den geänderten Bedingungen in Polen in der letzten Dekade machen die Leute noch immer einen Unterschied zwischen offizieller und inoffizieller Macht. Diesbezüglich sind die für Unternehmungen mit hoher Machtdistanz empfohlenen Führungsstile für Polen unwirksam. Trotz der stetigen Annäherung des polnischen Systems an jenes der westlich-demokratischen Gemeinschaft sind in diesem immer noch einige Werte des früheren kommunistischen Regimes fest verankert. Dies macht die richtige Wahl des Systems, um eine polnische Belegschaft zu führen umso schwerer. Auch hier wiederum scheint die jüngere Generation sich einfacher an das westliche Arbeitsverhalten anzupassen. In Anbetracht der Tatsache, dass Polen eine der jüngsten Population in Europa besitzt, 29 % der Polen sind unter 19 Jahre alt, könnten ausländische Investoren auf längere Sicht großen Gewinn von einer wachsenden Kundenbasis und einer breit qualifizierten Arbeitswelt erwarten.

11.2.2 Meiden von Unsicherheit

Das „Meiden von Unsicherheit" ist eine Dimension, welche misst, wie weit Kulturen ihre Mitglieder daran gewöhnt Unerwartetes und Zweideutiges zu akzeptieren. Es zeigt auch, wie die Menschen Ungewissheit tolerieren und das unbekannte Morgen unbeschwert aufnehmen. Schwaches „Meiden von Unsicherheit" führt zu kleinerer Angst und einer größeren Bereitschaft Risiken in Kauf zu nehmen. Daraus resultiert ein kleinerer emotionaler Widerstand gegenüber Änderungen und Innovationen. In Gesellschaften mit tiefem Bedürfnis fürs „Meiden von Unsicherheit" besitzen Manager in höheren Positionen meist ein höheres Durchschnittsalter und die Karriere als Manager ist meist wichtiger als eine Karriere als Spezialist.

> **Merke:** **Menschen solcher Kulturen sind unternehmerischer und innovativer als Menschen aus Kulturen mit starker Neigung zum „Meiden von Unsicherheit". Gesellschaften mit hohem Bedürfnis an „ Meiden von Unsicherheit" bevorzugen klare Vorschriften, Regeln und Anweisungen.**

Untergebene mit weniger innovativen Tätigkeiten werden stärker kontrolliert. Der Durchschnitt der Manager ist bereits etwas älter und überwiegend ein Experte. „Meiden von Unsicherheit" kann als Einschätzung gesehen werden, wie aktiv eine Gesellschaft versucht Risikos zu vermeiden, und deshalb einen Sinn für Kontrollen entwickelt.

In der Untersuchung konnte gezeigt werden, dass polnische Mitarbeiter relativ hoch liegen mit dem „Meiden von Unsicherheit". Dies kann mit der Vergangenheit erklärt werden, in der das Individuum nur begrenzt die Möglichkeit hatte, ihr oder sein Schicksal zu bestimmen, da alles im Interessen der kommunistischen Partei zu geschehen hatte. Daraus resultiert die lange Tradition der Polen im bestehenden Gesetzessystem Lücken zu finden. Infolge dessen reagierte das Parlament mit Entwürfen von sehr detaillierten und komplizierten Gesetzen, um ein Umgehen des Gesetzes zu verhindern.

Heute könnte man meinen, dass jüngere Arbeiter ein tieferes Bedürfnis für das Meiden von Unsicherheit haben. Diese Annahme wird jedoch von der Untersuchung nicht bestätigt. Ein hoher Grad an „Meiden von Unsicherheit" spiegelt eine tiefere Risikobereitschaft, welche als das Bedürfnis nach genauer Überwachung und einem hohen Grad an Zentralisierung während des Entscheidungsprozesses gedeutet werden kann. Gemäß Hofstedes Studie haben die Deutschen einen tieferen Stand an „Meiden von Unsicherheit", was möglicherweise ein weiteres Hindernis bei der Teambildung in einem polnischen Unternehmen darstellen könnte. Wenn demzufolge die polnischen Mitarbeiter anders geführt werden müssen als die aus dem deutschen Stammunternehmen Entsandten, kann dies beim Management und der restlichen Belegschaft zu einem Problem führen.

11.2.3 Kollektivität versus Individualität

„Individualität versus Kollektivität" zeigt die Relation zwischen dem Individuum und der Gruppe. Individual-Gesellschaften sind auf individuelles Recht und Errungenschaften konzentriert. Es wird erwartet und begrüßt, wenn das Individuum seine eigenen Bedürfnisse und

Wünsche befriedigt. Für die Menschen ist der Gang zum Gericht ziemlich alltäglich, um die eigenen Rechte gegenüber Autoritäten oder anderen Mitgliedern der Gesellschaft zu verteidigen.

> **Merke:**   **Wettbewerbe jeglicher Art sind willkommen, und die Entscheidung des Individuums steht über Gruppenentscheidungen. Individuen haben das Recht ihre eigene Meinung auszudrücken, auch wenn dies entgegen der Meinung der Mehrheit steht.**

Die Führungskräfte und Arbeitnehmer suchen interessante „Jobs" und sind nicht sehr eng oder loyal mit der Firma verbunden. Die Mitglieder dieser Kultur bevorzugen mehr die Zugehörigkeit zur Gesellschaft als jene zur Firma, Gruppe oder Familie. Die gegensätzliche Einstellung ist in kollektiven Gesellschaften vorherrschend, wo die Errungenschaften und Loyalität der Gruppe höher gewertet werden als die Effizienz. Das Individuum wird als ein Mitglied der Gesellschaft, der Gruppe oder der Familie wahrgenommen.

„Kollektivität versus Individualität" ist ein Faktor, durch den die Kulturmitglieder durch den sozialen Druck der Scham oder durch internen Druck der Schuld kontrolliert werden. Die Polen neigen zu einem relativ tiefen Stand an Individualität. Verglichen mit Deutschland, welches in Hofstedes Studie einen höheren Stand hat, weist dies auf eine weitere Differenz zwischen den zwei Ländern hin. Die polnische Gesellschaft scheint eine höhere Kollektivität zu besitzen als die Deutsche. Wie auch immer, mit dem Wechsel von einem kommunistischen Regime zu einer Demokratie hat die polnische Gesellschaft Schwierigkeiten das Recht abzubilden. Die Menschen könnten dazu neigen, weniger individuell zu sein, als Menschen von Ländern mit höherer westlicher Prägung. Zur selben Zeit könnten sie jedoch eine zu starke Kollektivität ablehnen, da diese sie an das frühere Regime erinnert. Auch dies generiert ein Problem bei dem Zusammenstellen der Belegschaft der Auslandsniederlassung. Wenn wir uns also für polnische Arbeitnehmer unter deutscher Führung entscheiden, müssen dem Management die möglichen Probleme beim Führen einer polnischen Belegschaft bewusst gemacht werden. Sie müssen auf das Lösen solcher Probleme trainiert werden.

11.2.4   Männlichkeit versus Weiblichkeit

„Männlichkeit versus Weiblichkeit" beschreibt Kulturen mit verschiedenen Verhaltensrollen der Frauen und der Männer in der Gesellschaft. In der so genannten „männlichen Gesellschaft" ist die Geschlechterrolle klar verteilt und die Leistung wird als vorherrschender Wert wahrgenommen. Bei den Männern wird ein anmaßendes und konkurrierendes Verhalten erwartet und ist sogar willkommen. In der so genannten „weiblichen Gesellschaft" wird die Geschlechterrolle nicht so klar unterschieden. Als Errungenschaft zählen eher gute Beziehungen und Kontakte mit anderen denn Eigentum und Macht, wie es in männlichen Kulturen der Fall ist. Eine hohe Motivation und Kooperation ist wichtiger und von größerem Wert als der gegenseitige Wettbewerb.

Wenn es um den Stand der Männlichkeit geht, ergibt sich aus der Untersuchung für Polen in etwa derselbe Wert wie aus Hofstedes Untersuchung für Deutschland. Dies kann für deutsche Unternehmen als günstige Konstellation betrachtet werden.

Merke:	**Die zwei Kulturen besitzen in etwa dieselben Werte, wenn der Erfolg gesucht ist. Die maskulinen Werte gegenüber den weiblichen Werten werden kein Problem zwischen den Managern und den Arbeitern der zwei verschiedenen Kulturen darstellen.**

11.2.5   Sprache, Ausbildung und Arbeit

Hofstedes Model ist jedoch nur als ein Instrument unter vielen zu identifizierenden Unterschieden zwischen Deutschland und Polen anzuwenden. Einige andere, in der Belegschaftsbildung als relevant zu berücksichtigende Begebenheiten bei Auslandsniederlassungen sind Verschiedenheiten in Sprache, Erziehung, verfügbare Arbeitskräfte und Arbeitskosten. Entsprechend statistischer Daten ist die polnische Population gut ausgebildet und wird von der Jugend dominiert. 60 % der Menschen sind jünger als 40 Jahre und, wie bereits erwähnt, ist ein großer Prozentsatz der Bevölkerung unter 19 Jahre alt. Das so viele Menschen jünger als 40 sind ist ein großer Vorteil bei der Arbeitskräftebeschaffung, da die Mehrheit der Angestellten wegen ihres jungen Alters nicht oder nur geringfügig durch das alte Regime beeinflusst wurden.

Merke:	**Westliche Managementpraktiken werden eingeführt, die eine gute Möglichkeit darstellen, das Management relevante Wissen in englischer Sprache zu erlernen.**

In Polen wird die englische Sprache derzeit eher geringfügig angewandt, aber unter der jüngeren Bevölkerung ist ihre Nutzung stetig steigend und sie etabliert sich zunehmend zur bevorzugten Zweitsprache im Geschäftsleben und in der Schule. Verschiedene Ausbildungsprogramme werden eingeführt. Diese Ausbildungsprogramme erhöhen die grundsätzlichen Managementanforderungen wie z.B. Organisationskenntnisse, Planung, Kommunikation und Problemlösungsmethoden.

Die Arbeitssprache Englisch könnte für die polnische Belegschaft problematisch werden. Die Kommunikation untereinander wäre nur schwer möglich. Wenn wir uns für britische Manager und polnische Arbeiter entschließen, kann die Sprache zu Managementproblemen führen. Dasselbe Problem könnte bei einer rein polnischen Belegschaft auftreten, da dies zu Kommunikationsproblemen zwischen der Zentrale und dem Überseebetrieb führen könnte.

Die Teilnahme an beruflichen Ausbildungslehrgängen nimmt seit kurzem stark zu. Dies bedeutet ein Ansteigen des Ausbildungsstandes und das Vorhandensein gut ausgebildeter Arbeitskräften.

Ein weiterer Vorteil einer Standortverlagerung sind die relativ günstigen Arbeitskosten in Polen. Das Institut der deutschen Wirtschaft kommt für das Jahr 2002 im verarbeitenden Gewerbe auf folgende Werte: In Polen liegen die Arbeitskosten bei 6.60 Euro, während in Deutschland (Ost) die vergleichbaren Werte bei 16.43 Euro und in Deutschland (West) bei 26.36 Euro liegen. Somit ist es kostengünstiger, polnische Arbeitskräfte einzustellen, als deutsche auszubilden und nach Polen zu entsenden. Auch wenn vergleichsweise Polen die in Osteuropa teuersten Arbeitskräfte besitzt.

11.2.6   Situation der Gewerkschaften

Polen ist eine parlamentarische Demokratie mit einem Zweikammersystem. Seit 1989 haben sich viele polnische Regierungen dazu verpflichtet, den Regierungseinfluss auf die Märkte zu reduzieren und die polnische Wirtschafts- und Geschäftspolitik und Reglementierung in Übereinstimmung mit den Anforderungen der EU zu bringen, um sich auf den Beitritt zur Europäischen Union vorzubereiten. Polen hat die größten Unternehmen privatisiert und mit der Konzentration auf kleinere und mittlere Unternehmungen begonnen. Die Regierung legt den privaten Unternehmungen noch immer eine, auf allen Niveaus, relative hohe Bürde an Reglementierungen auf Die polnischen Staatsplaner trieben die Privatisierungsbemühungen mit Absicht schleppend voran, um die Privatisierung wiederholt zu verzögern. Somit hatten sie genügend Zeit für das Entwerfen und das Einführen von strengen Offenlegungsregeln und von treuhänderischen Standards für Unternehmen (vgl. Hummel/Zander 2004).

Merke:	Die Gewerkschaften stellen für ausländische Unternehmen eine nicht unwichtige Größe bei Standortentscheidungen dar. Die polnische Gewerkschaftsbewegung ist und war seit jeher nicht unproblematisch für ausländische Investoren, speziell dann, wenn die Manager von erst kürzlich privatisierten kleinen Firmen Restrukturierungsmaßnahmen in Gang setzten.

Die Streikaktivität hat allerdings in den letzten Jahren abgenommen und ist nicht länger bedrohlich oder Existenz gefährdend für Polens industrielle Infrastruktur.

Dennoch darf man die noch existierenden, liberalen Streikgesetze in Polen nicht außer Acht lassen. Sie geben den Arbeitnehmern das Recht, mittels Streik ihre sozialen und ökonomischen Interessen zu schützen oder durchzusetzen. Trotz enormen Rückgangs der Mitgliederzahlen beeinflusst die Gewerkschaft die Politik noch immer in einem Masse ihre Mitglieder, wie es in westeuropäischen Ländern unvorstellbar ist.

11.3   Personalpolitische Strategien

11.3.1   Strategische Annäherung

Wie bereits erwähnt, für die Unternehmen wären bei mehrheitlich aus polnischen Arbeitnehmern bestehenden Belegschaften, die Kosten der Auslandsniederlassung noch immer niedriger als in Deutschland. Wie auch immer, der Ausbildungsstand ist der Schlüssel zum wirtschaftlichen Erfolg, und der deutsche Ausbildungssektor ist dem polnischen nahezu in allen Bereichen überlegen. Deshalb macht es für ein Unternehmen durchaus Sinn, Hochqualifizierte Deutsche in gut bezahlten Positionen zu engagieren, damit diese mit ihrem Können ein hoch innovatives und konkurrenzfähiges Unternehmen aufbauen zu können. Auf lange Sicht wird das Unternehmen hiervon profitieren (vgl. Hummel/Zander 2005b).

Das Entsenden von gut ausgebildeten deutschen Managern nach Polen, welche ihr Geschick und ihr Wissen im Sinne von Personalentwicklung weitergeben, könnte für das Unternehmen einen beträchtlichen Vorteil gegenüber der Konkurrenz darstellen. Zudem ist dadurch eine starke Bindung zwischen der Tochter- und der Muttergesellschaft gewährleistet und das Verfolgen gemeinsamer Unternehmensziele durch die Tochtergesellschaft wäre dadurch sichergestellt. Auf die Schulung polnischer Manager in Deutschland wird in den folgenden Abschnitten näher eingegangen.

11.3.2   Sprache

Wie bereits erwähnt, sind die Englischkenntnisse der polnischen Bevölkerung noch wenig ausgeprägt. Würden für den Aufbau und die Führung von Auslandsniederlassungen zweisprachige deutsche Manager (Polnisch und Englisch sprechend) entsandt, könnte das vorhandene Wissen mit den polnischen Beschäftigten auf effektivere Art und Weise geteilt werden. Dies würde, verglichen mit der Entsendung von nicht polnisch sprechenden deutschen Managern, einen reibungsloseren Austausch von Informationen zwischen Managern und Arbeitnehmern, sowie zwischen Managern verschiedener Hierarchien der Tochtergesellschaft erlauben. Auf längere Sicht sollte das Unternehmen zum Ziel haben, einige ihrer polnischen Angestellten für Führungsaufgaben einzusetzen, nachdem diese für ihre Aufgaben gewissenhaft ausgebildet worden sind. Die Ausbildung und das Training ist ein permanenter Personalentwicklungsprozess

11.3.3   Ausbildungsstrategien

Jedes Unternehmen sollte versuchen, seine Mitarbeiter langfristig an sich zu binden. Dies gilt insbesondere, wenn in die Ausbildung und Personalentwicklung seiner Angestellten investiert wird. Diese Kosten müssen sich über einen längeren Zeitraum durch loyale und erfolgreiche Mitarbeiter amortisieren; wenn Beschäftigte das Unternehmen verlassen, nachdem diese in deren Ausbildung investiert hatte, bedeutet dies für das Unternehmen einen großen Know-how und Wettbewerbsverlust. Um Fachkräfte an das Unternehmen zu binden und deren Fähigkeiten voll zu nutzen, kann durchaus nach westlichem Vorbild ein Motivierendes Entlohnungs- und Beteiligungssystem eingeführt werden.

Merke:	**Aus der Studie von Hofstede wissen wir, dass in fremden Kulturen tätige Manager ihre Führungsgewohnheiten den jeweiligen Machtdistanzerwartungen ihrer Untergebenen anpassen müssen. Somit ist es der entsandte Manager, welcher seine Gewohnheiten auf die lokalen Arbeitnehmer abstimmen muss und nicht umgekehrt.**

Eine wesentliche vorbereitende Maßnahme für die entsandten deutschen Manager ist deshalb deren Aufklärung über die unterschiedliche Auffassung von Machtdistanz der verschiedenen Kulturen. Andernfalls könnte ein deutscher Manager annehmen, dass die polnischen Arbeitnehmer mit ihm übereinstimmen, wenn er nicht deren Unbehagen in Konfliktsituationen wahrnimmt.

11.3.4   Annäherung an die polnische Kultur

Die unterschiedliche Arbeitsplatzkultur zwischen Polen und Deutschland in den beiden Ländern hat eine bis zu einem gewissen Grade unterschiedliche Angestelltenstrategie zur Folge, z.B. im Verhalten auf gewisse Führungsstile. Einige der kulturellen Unterschiede wurden bereits aufgezeigt.

Die Globalisierung macht die Welt kleiner im Bezug auf den Informationszugriff (Stichwort: Telekommunikation). Informationen können heutzutage grenzüberschreitend auf effiziente Art geteilt werden. Diese Tatsache stützt maßgebend die „Konvergenz Hypothese", welche ein weltweites Angleichen von Organisationsformen und Arbeitnehmerverhalten voraussagt.

Ohne Zweifel wird der entsandte Manager jedoch die Kluft zwischen den Kulturen zu überbrücken helfen, so dass die neuen Arbeitspraktiken von den Polen angenommen werden, sofern diese insgesamt für eine Bereicherung gehalten werden. Der folgende Abschnitt diskutiert einige spezielle Probleme bei der Belegschaftsbildung von deutschem und polnischem Personal.

11.3.5   Auswahl und Einstellung

Merke:	**Wie bereits erwähnt, sollten zu Beginn der Auslandsaktivitäten deutsche Arbeitnehmer für das Top-Management des polnischen Tochterunternehmens gewählt werden, welche dann schrittweise durch polnische Angestellte ersetzt werden.**

Die günstigste Lösung für die Selektion und Einstellung wäre es, Mitarbeiter mit umfassenden Kenntnissen der polnischen Kultur zu finden. Dies ist normalerweise nicht der Fall, und dennoch, für dieses Unternehmen wäre dies äußerst interessant besonders wegen der fehlenden internationalen Erfahrung. Nicht zuletzt deswegen muss das Unternehmen sich darauf konzentrieren, Mitarbeiter zu finden, welche die nötigen Fähigkeiten besitzen und gewillt sind zu lernen und sich der polnischen Kultur anzupassen. Diese Einstellung ist von höchster Wichtigkeit, um Fehlentscheidungen bei der Wahl des entsandten Personals zu vermeiden. Kenntnisse der polnischen Sprache wurden bereits als ein wichtiges Selektionskriterium genannt, insbesondere aufgrund der mangelhaften Englischkenntnisse der polnischen Bevölkerung. Sicherlich wird es schwierig sein geeignete deutsche Arbeitnehmer mit Kenntnissen der polnischen Sprache zu finden. Als Langzeitziel könnte diese Hürde jedoch gemeistert werden, indem sich das Unternehmen in der Tochtergesellschaft auf eine junge Belegschaft konzentriert. Wie bereits erwähnt sind 29% der Bevölkerung jünger als 19 Jahre alt, womit dieses Ziel ohne allzu große Schwierigkeiten zu erreichen ist, und langfristig die Sprachbarrieren zu überwinden hilft.

Als weiterer wichtiger Punkt sind die unterschiedlichen Managementtechniken in den beiden Ländern. Wie bereits bemerkt, ist das Einführen eines westlichen Managementstils bei Osteuropäischen Managern im Umfeld einer früheren sozialistischen und nationalen Kultur, wie Polen es war, sehr schwierig. Die tägliche Kontrolle der Belegschaft lag in der Aufgabe des polnischen Managements, im Gegensatz zu dem eher kooperativen und individuellen Führungsstil, den deutsche Manager praktizieren.

Durch die größere Machtdistanz akzeptieren polnische Arbeiter eher eine strengere Überwachung als deutsche Arbeitnehmer. Bei der Suche nach geeigneten Arbeitskräften sollten daher eher Kandidaten berücksichtigt werden, deren Denkweise eher polnisch als deutsch ist; hier können verschiedenste Test angewandt werden (vgl. z.B. IFIM). Falls die importierten Techniken und Fertigkeiten nicht auf lokale Bedingungen abgestimmt werden, wird der Transferprozess mit höchster Wahrscheinlichkeit scheitern.

11.3.6 Training und Entwicklung

Wie betont, ist es für das Unternehmen wichtig, die Orientierungsphase nicht zu vernachlässigen. Unter der Orientierungsphase wird die Vorbereitung der Arbeitnehmer auf ihren Auslandseinsatz verstanden. Die Manager sollten auf allen wichtigen Gebieten geschult werden. Wird in die Orientierungsphase investiert, kann sich dies später um ein vielfaches auszahlen. Wird diese Phase jedoch vernachlässigt, könnten sich die Arbeitnehmer später enttäuscht und isoliert fühlen, was zu einem kontraproduktiven Auslandseinsatz führen würde. Die Ausbildung der Arbeitnehmer sollte informations- oder tatsachenorientiert erfolgen, um über wichtige Fakten zu informieren. Ein Training des kulturellen Bewusstseins hängt ebenfalls mit dem Erkennen der eigenen Werte, Einstellungen und Verhaltensweisen zusammen. Das Verhalten der unterschiedlichen Kulturen kann z.B. bei Bestrafung oder Belohnung markant verschieden sein.

11.3.7 Belohnung und Vergütungen

Auf Grund der vergleichsweise niedrigen Lebenshaltungskosten in Polen, sieht sich das Personalmanagement keinen speziellen Problemen mit attraktiven Vergütungspaketen für die entsandten Manager gegenüber (vgl. Hummel/Zander 2005c). Es war allgemein bekannt, dass der traditionelle polnische Manager für seinen Arbeitseinsatz keine zusätzliche monetäre Belohnung erwartete. Viel eher gab es eine Art personenbezogenes Belohnungssystem, das den polnischen Managern erlaubte, politische Meinungen zu nutzen, um einen höheren Status in der Organisation einzunehmen. Dieses System ist mit einem westlichen Leistungsbezogenen Belohnungssystem nicht kompatibel.

Merke:	**Daraus folgt, dass ein sorgfältiges Implementieren eines Leistungssystems nötig ist, um eine Spaltung zwischen deutschem und polnischem Management zu vermeiden.**

Daraus folgt die Notwendigkeit einer detaillierten Analyse der aktuellen polnischen Gehalts- und Kompensationspolitik und der gesetzgeberischen Grundlagen.

11.4   Weiterbildung osteuropäischer Führungskräfte und ihre Bedeutung im Transformationsprozess

Wir beschränken uns im Folgenden auf den Bereich der beruflichen Weiterbildung, steht diese doch vor einer historisch einmaligen Herausforderung sowohl in quantitativer als auch in qualitativer Hinsicht. Zur erfolgreichen Bewältigung dieser Aufgaben müssen jeweils differenzierte und effiziente Lösungen gefunden werden (vgl. Hummel 1997).

Unterschiedliche Lösungen müssen in den einzelnen Staaten und Regionen entsprechend den nationalen und regionalen spezifischen Voraussetzungen entwickelt und implementiert werden , weil sich diese Umbrüche in den jeweiligen Staaten und Regionen nach Intensität und zeitlicher Dimension, wirtschaftlicher Ausgangsbedingungen und kulturellen Prägungen in sehr unterschiedlichen Phasen vollziehen;

- Ungeachtet dessen ist es ein wesentliches Ziel der eingeleiteten Reformen in allen Staaten, die Wettbewerbsfähigkeit auf den internationalen Märkten zu erreichen und zu behaupten. Vordringliche Aufgabe der beruflichen Aus- und Weiterbildung ist es, hierfür die erforderlichen Qualifikationen zu sichern;
- Dabei sollen in die Weiterbildung alle Erwerbstätigen – nicht nur die Führungskräfte und Spezialisten – einbezogen werden. Der Übergang in die Marktwirtschaft und der Aufbau neuer Strukturen kann nur gelingen, wenn die Menschen sich mit den neuen Verhältnissen identifizieren und sich engagieren;
- Eine wesentliche Rolle spielen die von planwirtschaftlichen Systemen geprägten Lebenserwartungen. Mit dem Systemwandel sind Veränderungen in der Arbeitskultur verbunden, in Verhaltensweisen, Berufserfahrung sowie in Wertvorstellungen.

Merke:	**Die bisherigen Erfahrungen zeigen, dass dem Unternehmen als sozialem Lernort eine Schlüsselfunktion im Transformationsprozess zukommt.**

Dies wiederum hat vielfältige Konsequenzen für die Ausgestaltung der Weiterbildungsinhalte und die organisatorischen Rahmenbedingungen.

11.4.1 Die organisatorischen Rahmenbedingungen: Lernort, Lehr- und Lernformen

Management-Trainings sollten insbesondere in den osteuropäischen Reformstaaten keine reine Monolog-Veranstaltung westlicher Dozenten sein, sondern durch eine Projektsituation fallstudienhaft die Transformationsproblematik erleichtern helfen. Das Ziel derartiger Veranstaltung muss darin bestehen, den östlichen Manager als Transformationshelfer zu gewinnen, der auch über seine Führungsfunktion hinaus als Multiplikator aktiv wird. Durch aktive Lehrmethoden wie Workshops und möglichst EDV-gestützte Unternehmensplanspiele wird die Vermittlung ganzheitlicher ökonomischer Denkstrukturen möglich, die darüber hinaus die einzelnen Management-Aufgaben aus der Sicht der verschiedenen Disziplinen deutlich machen.

Folgende Gesamteinschätzung nach mehrjähriger Tätigkeit des DIHT-Beirats, eines Gremiums, das die vorwiegend wirtschaftlichen Bildungsmaßnahmen mehrerer dafür eingesetzter Institutionen in Mittel- und Osteuropa berät, unterstützt und überprüft, bei der Bewertung vorgelegter Projekte kann dabei vorgenommen werden: „Bei den Schulungsveranstaltungen in Osteuropa sind immer wieder zwei Dinge aufgefallen; einmal die große Bereitschaft aller Beteiligten beim Aufbau einer neuen Wirtschaft mitzuwirken, und zum anderen ihre Schwierigkeiten, Kommandoton und Risikoscheu zu überwinden" Immerhin standen für diesen Zweck für elf osteuropäische Staaten sowie staatenübergreifende Projekte insgesamt 150 Millionen Euro zur Verfügung, und der Beirat hat bisher mehr als 800 Förderanträge beraten, die in konkrete Schulungsmaßnahmen umgesetzt wurden.

Darüber hinaus befindet sich ein Prüfungsraster im Einsatz, mit dessen Hilfe in standardisierter Form eingehende Projektanträge beurteilt werden. Zu den „Querschnittsevaluierungen" dieses Rasters gehören z.B. eine Analyse des Bewertungs- und Projektansatzes sowie eine Kosten-Nutzen-Analyse, wenn gleichwohl der quantifizierbare Nutzen aufgrund unvollständiger klarer Daten für den Weiterbildungssektor nicht immer eindeutig zu bestimmen ist. Zusätzlich können zur Beurteilung der eingereichten Projektvorschläge externe Sachverständige herangezogen werden. Interessant erscheint in diesem Zusammenhang die Aussage eines Beirats-Mitglied „der ersten Stunde", dass die Weiterbildung für Manager in Osteuropa häufig von Managern ehemaliger DDR-Betriebe vermittelt wird, die des Russischen mächtig sind (immerhin fließen rund ein Viertel der eingesetzten Beratungsmittel in diese Regionen). „Diese Leute können als Übermittler marktwirtschaftlicher Gegebenheiten deshalb besonders gut wirken, weil sie nicht nur die russische Sprache, sondern auch die russische Seele besser kennen".

> **Merke:**   **Aufgrund der bereits erwähnten Tatsache, dass der Status des Transformationsprozesses in den einzelnen Reformländern unterschiedlich fortgeschritten ist, müssen dementsprechend differenziert die Maßnahmen der Aus- und Weiterbildung ausgestaltet werden.**

Einbezogen sind Fach- und Führungskräfte der Verwaltung sowie Führungs- und Führungsnachwuchskräfte der Wirtschaft. Doch das ist bei weitem noch nicht alles. Die Palette reicht bis zur Umschulung von Offizieren und bis zum Vermitteln notwendiger Kenntnissen in Gründung von Kleinunternehmen. Sie schließt die Einrichtung von Modellzentren zur Ausbildung vor allem im kaufmännischen, aber auch im gewerblichen Bereich ein. Schwerpunkt des Transformationsprozesses ist die Privatisierung der Betriebe. Angelegenheiten, die damit im Zusammenhang stehen, sind zentrale Themen der Aus- und Fortbildung.

Positiv gewandt bedeutet dies, dass Pilotprojekte zur Erprobung neuer Aus- und Weiterbildungsansätze – vor Ort und in der Region – sich als höchst geeignetes Instrument erwiesen haben, um neue Strukturen und Konzepte zu erproben und von unten her wachsen zu lassen. Häufig entstehen diese in Partnerschaften zwischen Schulen, Betrieben, außerbetrieblichen Bildungsstätten, Kammern, Wirtschaftsvereinigungen und Gewerkschaften. Der Initiative und dem Engagement vieler Einzelpersönlichkeiten und nicht-staatlicher Institutionen ist es zu verdanken, dass viel mehr in Gang gesetzt worden ist, als es die Regierungen allein je zu tun vermocht hätten.

11.4.2   Qualifizierungsprogramme und -ziele: Exemplarische Beispiele

Exemplarisch sollen im folgenden, ohne den Anspruch auf Vollständigkeit zu erheben, einige Schulungsmodelle unterschiedlicher Träger mit differenzierten curricularen Zielsetzungen und zeitlichen Verläufen skizziert werden, um einen Eindruck über das Spektrum angebotener Maßnahmen geben zu können. Demnach haben derartige Maßnahmen das Ziel, Grundlagenwissen für die Übernahme von Managementaufgaben in marktwirtschaftlich organisierten Einrichtungen zu vermitteln. Ferner wird die Unterstützung der marktwirtschaftlichen Entwicklung in den Reformländern angestrebt sowie soll über die Sozialpartnerbeziehungen in der Bundesrepublik Deutschland anschaulich und praxisnah informiert werden; damit soll die Umgestaltung der sozialen Systeme in den osteuropäischen Staaten unterstützt werden.

Zunächst soll ein umfassendes Projektdesign zur Managementaus- und -weiterbildung vorgestellt werden, welches einen geplanten Zeitraum von ca. 2 bis 5 Jahren umfasste, gleichwohl je nach speziellen Wünschen und Bedürfnissen komprimiert oder weiter ausgedehnt werden kann. Das erklärte Ziel dieses Projektes ist es, dabei direkte Problemlösungen in den Unternehmen und die Aus- und Weiterbildung der Manager im Aus- und Weiterbildungskonzepte so miteinander zu verbinden, dass

- eine möglichst schnelle und effiziente Analyse sowie Lösung der betriebsindividuellen Kernprobleme erreicht wird;

- parallel dazu findet bei den Managern ein systematischer Aufbau des Management Know-hows westlicher Prägung statt und wobei
- die Aus- und Weiterbildung konzeptionell eine Mischung aus Lernen an konkreten Geschäftsvorfällen, Schulungstechniken und Selbststudium darstellt.

Die folgenden Bausteine im curricularen Konzept sind dabei vorgesehen. Um die genannten Ziele zu erreichen, liegt der erste Aktivitätenschwerpunkt (Phase 1) in betriebsindividuellen Systemanalysen, die über:

- eine Ist-Aufnahme der vorhandenen Personal-, Sachmittel-, Produkt- und
- Organisationssituation,
- eine Schwachstellenanalyse und
- eine Formulierung von u.E. notwendigen Maßnahmen zur Beseitigung der internen Schwachstellen und zum Aufbau internationaler Wettbewerbsfähigkeit zu einem ersten Bild über die aktuelle Situation der Unternehmen und darüber, was zu tun ist, führt.

Den Abschluss dieser Systemanalyse bildet ein Bericht über die notwendigen personellen, sachlichen, finanziellen und organisatorischen Maßnahmen, der gleichzeitig als Grundlage für die danach folgenden Ausbildungsblöcke dient.

Da Investitionen in Aus- und Weiterbildung aufgrund ihrer eher strategischen Ausrichtung naturgemäß hoch sind, ist es in der zweiten Phase besonders wichtig, hierfür entsprechend der in Phase 1 formulierten zu besetzenden Stellen hierfür die geeigneten Personen zu finden, um eventuelle Fehlinvestitionen zu vermeiden. Hierfür kann z.B. das in westlichen Systemen bewährte Assessment-Center-Verfahren eingesetzt werden. Die nun folgenden Aus- und Weiterbildungsblöcke, deren Zeitpläne so gestaltet sind. dass für die Kandidaten grundsätzlich ein ,,learning by doing" im eigenen Unternehmen möglich ist, können je nach Größe der Unternehmen entweder individuell oder branchenspezifisch gruppiert oder sogar branchenübergreifend zusammengefasst werden.

Aufgrund der sehr heterogenen Ausgangslage im Wissensfundus der Teilnehmer scheint es sinnvoll, vor Beginn der fach- und themenspezifischen Ausbildung im Rahmen des möglichen alle Teilnehmer auf ein einheitliches Niveau zu bringen (Phase 3). Dazu gehören insbesondere:

- das prinzipielle Verständnis für Ziele und Aufgaben des Managements westlicher Prägung aufzubauen;
- die wesentlichen Unterschiede in den Denkperspektiven zwischen östlichem und westlichem Wirtschaftssystem insbesondere bzgl. Management herauszuarbeiten;
- die wesentlichen Grundbegriffe und Inhalte westlichen Managements zu erläutern und innerhalb dieser Grundbegriffe sowie Inhalte dort Schwerpunkte zu setzen, wo für gleiche Begriffe unterschiedliche Bedeutungsinhalte vorliegen und
- die Struktur eines Managementsystems westlicher Prägung entsprechend seiner Zielsetzung und seines Aufgabenspektrums zu vermitteln.

In der Phase 4 wird ein spezielles Top-Management-Programm angeboten, das bis zu den Grundlagen des betriebswirtschaftlichen Denkens und betriebswirtschaftlicher Methoden führt und inhaltlich dort die Schwerpunkte setzt, wo die typischen Aufgaben des Top-Managements liegen. Das Top-Management-Programm umfasst sechs Schulungsblöcke (Rechnungswesen, Controlling, Internationaler Rechtsverkehr, Organisation, Marketing und Finanzwesen), die hintereinander stattfindend in ca. 9 Monaten bewältigt werden können.

Voraussetzung für den Erfolg derartiger Schulungsmodelle ist, dass das ganze Unternehmen nach den gleichen grundlegenden Denkmustern und den gleichen Methoden arbeitet. Um dies zu erreichen, werden in Phase 5 auch das Middle und Lower Management mit einem Basis-Programm geschult. Das Basisprogramm umfasst dabei 12 Schulungsblöcke (Rechnungswesen, Controlling, Organisation, Planung, Berichtswesen, Statistik, EDV, Produktion, Marketing, Finanzwesen, Internationaler Rechtsverkehr, Projektmanagement sowie Führungstechniken), die – zum Teil parallel ablaufend – in ca. 18 Monaten bewältigt werden können. Als didaktisches Konzept für dieses Basisprogramm wird ein Methodenmix vorgeschlagen zwischen „Vor-Ort-" und „Fernstudium".

Das Rechnungswesen als eines der Kernbereiche im Rahmen der Wirtschaftsreformen in Osteuropa steht im Mittelpunkt einer Schulungskonzeption für osteuropäische Rechnungswesen- und Finanzexperten. Im Rahmen ihrer Wirtschaftsreformen sind z.Z., Rechnungslegungsgesetze zu überarbeiten und den westlichen Standards anzupassen. Die Anpassungsmaßnahmen in diesem Bereich sind deshalb von so großer Bedeutung, weil der dringende Wunsch und auch die Notwendigkeit dieser Länder, ihre geschäftlichen Aktivitäten mit westlichen Ländern zu intensivieren, nur dann Aussicht auf Erfolg haben, wenn die westlichen Kapitalgeber, Investoren und Gläubiger bei ihren Investitionsentscheidungen sich auf eine adäquate Rechnungslegung in ihren Gesellschaften (Joint Venture) in Osteuropa stützen können.

In Ergänzung dazu sind in einigen osteuropäischen Reformstaaten Bestrebungen zu erkennen, einen unabhängigen Berufsstand im Rechnungswesen- bzw. im Wirtschaftsprüfungsbereich entsprechend der Praxis in der westlichen Welt zu installieren. Bisher war die Rechnungslegung sozialistischer Unternehmen in erster Linie auf das Planungsinstrumentarium der zentralistischen Verwaltung ausgerichtet. Den Erfordernissen einer zentralistischen Planwirtschaft entsprechend wurde ein Rechnungswesen geschaffen, das ausgehend von der wirtschaftlichen Tätigkeit der einzelnen Betriebe durch Verdichtung der Daten auf verschiedenen hierarchischen Ebenen den gesamtwirtschaftlichen Prozess umfassend und detailliert abbilden sollte. Im Gegensatz dazu ist das Rechnungswesen westlicher Unternehmen in erster Linie Steuerungsinstrument für das Management des Unternehmens. Es ist Grundlage jeglicher Managemententscheidung im Unternehmen. Darüber hinaus ist es Informations- und Schutzinstrument für (potentielle) Gesellschafter und Gläubiger und anderer am Unternehmen interessierter (Banken).

Beide Vorhaben – die Überarbeitung der Rechnungslegungsgesetze und die Schaffung eines unabhängigen Berufsstandes – sind ohne westliche Hilfe nicht durchführbar. Ziel dieser Hilfe muss jedoch sein, den osteuropäischen Managern und Entscheidungsträgern die nötige Sachkompetenz zu vermitteln. Folgende curriculare Inhalte scheinen für diese Zielerreichung sinnvoll:

- Betriebsformen in einer marktwirtschaftlichen Ordnung
- Externe Rechnungslegung (der Jahresabschluss), einschl. Konzernrechnungslegung und Rechnungslegung
- Internes Rechnungswesen und Unternehmensführung
- Darstellung und Analyse der finanziellen Lage eines Unternehmens
- Investitionsrechnung und Unternehmensbewertung
- Prüfung durch den Abschlussprüfer (der Beruf des Wirtschaftsprüfers, Stichprobenprüfung, Prüfung der EDV etc.)

Schließlich soll noch auf ein Beispiel aus dem Bereich Personalmanagement eingegangen werden. In diesem Falle wurden Führungskräfte aus der GUS im Rahmen eines ca. vierwöchigen Seminars mit folgenden Inhalten vertraut gemacht:

- Arbeitsmarktsituation in Deutschland
- Personalmarketing
- Personalbetreuung
- Personalentwicklung
- Führungskräfteentwicklung
- Mitarbeiterführung
- Arbeitsrechtliches Umfeld
- Tarifrecht
- Sozialrecht
- Personalkosten

Zusätzlich wurden noch Exkursionen in öffentliche und privatwirtschaftlich organisierte Betriebe unternommen und die genannten Themenbereiche „vor Ort" diskutiert.

11.4.3   Zusammenfassung

Die Erfahrungen der letzten Jahre haben gezeigt, dass das erforderliche betriebswirtschaftliche und technische Wissen auf der Grundlage der vorhandenen Aus- und Weiterbildungsstandards relativ problemlos erworben werden kann. Die Erfahrungen haben aber ebenso deutlich gezeigt, dass erhebliche Probleme auf den Feldern der Handlungs- und Sozialkompetenz, den Verhaltensweisen und in den notwendigen Veränderungen der gewachsenen Wertestrukturen liegen. Wir wissen, dass Prozesse des Wertewandels langwierig sind. Während es bei eher fachlichen Qualifikationen durchaus um das Aufholen und Anpassen an bestehende (westliche) Standards geht, können Auswirkungen von kulturellen Unterschieden nur im Dialog um die Schaffung von Verständnis und Toleranz geführt werden.

> **Merke:**   **Bei der Entwicklung der Humanressourcen kommt dabei den Unternehmen eine Schlüsselrolle zu.**

Die Anpassung an die sich schnell verändernden Marktbedingungen und an den Wandel der Technologien kann den einzelnen Unternehmen unter dem Druck des sich verschärfenden internationalen Wettbewerbs nur gelingen, wenn sie über effiziente und flexible Strukturen verfügen. Nach der nunmehr langjährigen Erfahrung des DIHT-Beirats richtet sich dessen Kritik insbesondere gegen Projekte, die nicht gemeinsam mit den entsprechenden Partnern erarbeitet wurden, zu theorielastig und zu wenig handlungsorientiert sind. Dabei gilt es jedoch zu bedenken, dass je nach Ansatz und Art der Integration auch die Erfahrungen, die gemacht worden sind, variieren. Generell kann wohl gesagt werden, dass die Ansätze von der Mehrzahl der beteiligten Institutionen als positiv bewertet werden. Weitere Erfahrungen des DIHT-Beirats lassen sich wie folgt zusammenfassen:

Kurzfristige Seminare können eher einen langfristigen Qualifizierungserfolg bewirken, die Veranstaltungen sollten nicht vollständig von deutscher Seite finanziert werden, der Anteil der ausländischen Partner sollte nach und nach gesteigert werden und es sollte weiterhin eine Vielzahl deutscher Träger mitwirken, um eine Konzentration auf einzelne Organisationen zu vermeiden. Bei der Konzeption von weiteren Maßnahmen und Programmen der einzelnen Träger sollten jedoch auch die folgenden Erfahrungen berücksichtigt werden.

- Es sollte deutlich sein, welche Art von Projekt angestrebt wird: ein Restrukturierungsprojekt. bei dem es eher um eine Unternehmensberatung in Richtung von Strukturveränderungen in Verwaltungen und Betrieben geht, oder um reine Qualifizierungsprojekte, in denen Wissensdefizite und vor allem Verhaltensweisen verändert werden sollen.
- Erste Projektansätze gingen davon aus, dass man Manager aus den Reformstaaten am besten in marktwirtschaftlich organisierte Systeme bringt, um ihnen vor Ort das System zu veranschaulichen. Dieser Transfer war mit dem Schlagwort des „Handlungstourismus" belegt. Diese Erfahrungen erklären die auffällig hohen Kosten; sie führen dazu, dass die Maßnahmen heute sehr viel stärker „vor Ort" stattfinden. Im Einzelnen bedeutet dies: erfahrene Tutoren zu installieren, Partner praxisnah zu unterstützen, gute Partner auswählen und vor allem die Qualifizierten Nachbetreuen. Ferner bedeutet dies, vor Ort entsprechende Einrichtungen (Akademien) zu gründen, sowie eine dauerhafte Kooperation mit verlässlichen Partnern anzustreben.
- Als weitere wichtige Erfahrung sind die besonderen Anforderungen an die Seminarunterlagen zu nennen. Zur Vermeidung von Sprachproblemen und damit auch einer wenig effizienten Vermittlung der zugrunde liegenden Inhalte sollten diese in der jeweiligen Landessprache vorliegen oder aber sollte für eine Simultanübersetzung gesorgt werden.
- Abgesehen von bilateralen, geschichtlich begründeten Ressentiments wie z.B. zwischen Deutschland und Polen sollte grundsätzlich auf gewachsene Traditionen, Kultur und Geschichte sowie das Erkennen und Einbeziehen der wirtschaftlichen, ökonomischen und ökologischen Strukturen Rücksicht genommen werden. Wir kennen in diesem Zusammenhang aus der marktwirtschaftlichen Umstrukturierung der ehemaligen DDR den Begriff des „Besserwessi".
- Aus den Erfahrungen heraus wird besonderer Wert auf die Rekrutierung von Teilnehmern aus den Betrieben gelegt, nicht so sehr aus den Managementinstituten sowie Zentraleinheiten; oftmals dominieren hier eigene Interessen.

Zusammengefasst kann festgestellt werden, dass Weiterbildungsmaßnahmen im beschriebenen Sinne immer nur flankierenden Charakter haben können. Der Weg in die Markwirtschaft muss von den Regierungen und den Gesellschaften in Osteuropa in eigener Regie gegangen werden. Über die Geschwindigkeit und den Erfolg der eingeleiteten Maßnahmen entscheidet dabei die Kompetenz der Führungsmannschaften in Unternehmen, Wirtschaft und Verwaltungen.

11.5 Übungsaufgaben zur Selbstkontrolle

Aufgabe 28:
Benennen Sie die wesentlichen Einflussfaktoren des Transformationsprozesses osteuropäischer Länder auf dem Wege zur Marktwirtschaft;

Aufgabe 29:
Welches sind die wesentlichen Standortfaktoren, die im Zuge von Standortverlagerungen in osteuropäische Staaten diskutiert werden?

12 Besonderheiten der Zusammenarbeit mit Ländern Westeuropas – das Beispiel Frankreich

Lernziele

Nach dem Studium dieses Kapitels sollten Sie in der Lage sein:

- Die wesentlichen Hemmnisse der Aufnahme internationaler Beziehungen deutscher Unternehmen in Frankreich zu benennen;
- Die wichtigsten kulturspezifischen Unterschiede zwischen Deutschland und Frankreich zu benennen

12.1 Interkulturelles Management – Ziele und Fakten

Interkulturelles Management ist *à la mode*. Es ist ein Lieblingsthema von Seminarveranstaltern und ein wachsender Markt für Berater. Das einschlägige Schrifttum nimmt täglich zu. Auch die Presse hat sich des Themas angenommen. Kein Zweifel, das interkulturelle Management floriert (vgl. Hummel/Zander 2005a, S. 132ff).

Dies ist umso erstaunlicher, als das Thema vor zehn Jahren in Frankreich wie in Deutschland noch unbekannt war (vgl. im folgenden Herterich 2000). Der Umschwung kam, als in den achtziger Jahren die intercultural communication amerikanischer Soziologen in Europa ihren Einzug hielt. Die hiesigen Autoren beziehen sich in der Tat bei ihren Veröffentlichungen fast regelmäßig auf angelsächsische Vorbilder.

Merke:	Die interkulturellen Fachleute haben sich zum Ziel gesetzt, den Unternehmen die Beziehungsprobleme bewusst zu machen, die beim Umgang mit Ländern anderer Kulturen auftreten, und die dabei auftretenden Konflikte lösen zu helfen.

Die meisten Initiativen in dieser Richtung sind Anfang der neunziger Jahre entstanden. Mehrere Ereignisse hatten damals darauf eingewirkt: die Abschaffung der letzten dirigistischen Maßnahmen in Frankreich, das Inkrafttreten des Gemeinsamen Europäischen Binnenmarkts, der Fall der Berliner Mauer und des Eisernen Vorhangs. Der Blick auf die kulturelle Vielfalt wurde weltweit frei und grenzenlos (vgl. Hummel/Schmeisser/Seifert 2010).

12.1.1   Ein deutsch-französisches Spezialthema?

Man kann sich jedoch des Eindrucks nicht erwehren, interkulturelles Management sei vor allem ein deutsch-französisches Spezialthema geworden. Die meisten Professoren, Autoren und Berater auf diesem Gebiet sind Franzosen und Deutsche. Von interkulturellen Problemen zum Beispiel mit Italien oder England ist kaum die Rede. Sicher kommt das noch. Doch kann man sich die Frage stellen, ob zwischen Deutschen und Franzosen nicht ein besonderer Hang besteht, sich ständig gegenseitig zu beobachten.

Dieser Tatbestand entbehrt nicht der Paradoxie. Sollten zwischen deutschen und französischen Unternehmen tatsächlich so viele interkulturelle Probleme bestehen? Wie hätte dann der deutsch-französische Handel seit Jahren Rekordhöhen erreichen können? Umgekehrt, wenn der Warenaustausch zwischen Deutschland und Frankreich so gut funktioniert, warum sollte es dann dabei so viele Beziehungsprobleme geben? Zu fragen wäre auch, welchen Umfang die deutsch-französische Handelsbilanz erreicht hätte, wenn keine solchen Probleme vorlägen.

12.1.2   Chancen der Komplementarität

Diese Fragen sind nicht nur theoretischer Natur. Die wirtschaftliche Abhängigkeit zwischen beiden Ländern ist heute so groß, dass schon ein geringer Rückgang der Warenlieferungen für beide Seiten dramatische Folgen hätte. Daher müsste alles getan werden, um im deutsch-französischen Wirtschaftsaustauschs alle störenden und nutzlosen Hindernisse zu vermeiden.

Zwischen den Verantwortlichen der Unternehmen in Deutschland und Frankreich besteht heute weitgehende Übereinstimmung darüber, wie angesichts der Globalisierung Unternehmen zu führen sind. Manager handeln nach betriebswirtschaftlichen Regeln. Diese sind in allen Ländern gleich.

> **Merke:**   **Entscheidend für das Unternehmensergebnis sind Produkt, Wettbewerbssituation, Mitarbeiterqualifikation und Führungskompetenz.**

Franzosen und Deutsche sollten deshalb ihre kulturellen Unterschiede nicht als Problem, sondern als Chance betrachten. Offenbar ist man sich beiderseits des Rheins noch nicht bewusst, welches Potential in dieser deutsch-französischen Komplementarität liegt.

12.1.3   Wirtschaft und Kultur sind untrennbar

Welche Art Problem liegt vor, wenn zwischen deutschen und französischen Unternehmen Missverständnisse auftreten? Liegt der Grund wirklich immer in kulturellen Unterschieden? Man sollte jedes Mal fragen, ob unzureichende Wirtschaftlichkeit bei deutsch-französischen Geschäftsbeziehungen nicht auch auf ungenügende Fachkompetenz oder fehlende internationale Erfahrung zurückgeht.

> **Merke:**   **Der interkulturelle Faktor tritt nie isoliert auf. Er ist immer an einen wirtschaftlichen Vorgang gebunden. Darin liegt das Problem.**

Es wäre daher falsch, bei auftretenden Problemen systematisch mit dem interkulturellen Ansatz vorgehen zu wollen, solange man nicht sicher ist, ob nicht in Wirklichkeit auch sachliche Gründe oder Managementfehler vorliegen.

Will man in einem Land erfolgreich verkaufen, so sollte man es gründlich kennen. Jedes Unternehmen sollte seine ausländischen Märkte so gut kennen wie seinen eigenen. Zwar ist diese Forderung nur schwer umsetzbar, da die Unternehmen nicht über genügend Zeit und Mitarbeiter dafür verfügen. Trotzdem sollte man das Ziel im Auge behalten. Je besser man ein Land kennt, desto weniger begegnet man dort kulturellen Problemen. Mangelhafte Länderkenntnis ist der Hauptgrund für Misserfolge im internationalen Geschäft.

12.1.4   Entscheidend sind die Personen

Will man ein Land kennen lernen, so ist ein Aufenthalt im Lande die beste Methode. Nur durch Eintauchen in den Alltag eines Landes lernt man seine Kultur und das Verhalten seiner Menschen kennen. Für den geschäftlichen Erfolg ist dies eine unabdingbare Voraussetzung.

In dieser Erkenntnis sind in den Jahren 1960 deutsche Führungskräfte nach Frankreich gegangen, um für ihre deutschen Stammhäuser Tochtergesellschaften aufzubauen. Sie haben sich das notwendige Wissen vor Ort selber angeeignet, ohne auf interkulturelle Schulung zurückgreifen zu können, da diese damals noch nicht existierte. Sie haben sozusagen interkulturelles Management vor der Zeit praktiziert.

Um in Frankreich mehr zu verkaufen, hatte sich der Inhaber einer Stuttgarter Elektronikfirma entschlossen, in Paris eine Niederlassung zu gründen. Als erstes begab er sich an Ort und Stelle, nachdem er sein Schulfranzösisch wieder à jour gebracht hatte. Nach mehrwöchigem Aufenthalt in Frankreich kehrte er zurück und sagte: „Jetzt habe ich viel gelernt. Ihr Franzosen versteht Dinge zu tun, die wir nicht können. Davon werde ich einiges in meiner Firma in Deutschland einführen."

Anschließend stellte er in Frankreich einen Mann seines Vertrauens ein, der die Tochtergesellschaft gründete und führte. Er ist seit 20 Jahren immer noch auf seinem Posten. Die Firma ist in ihrer Branche die Nummer Eins in Frankreich geworden. Zu keinem Zeitpunkt gab es Beziehungsprobleme zwischen dem Mutterhaus und der Tochtergesellschaft.

Merke:	Auf die Personen kommt es an. Will ein Mutterhaus im Umgang mit seinen ausländischen Filialen Sorgen vermeiden, so stellt es dort Niederlassungsleiter ein, die fachlich kompetent, vertrauenswürdig, zweisprachig (vorzugsweise dreisprachig) sind und ein gutes Klima der Zusammenarbeit zu schaffen verstehen.

Sie sind Botschafter zwischen dem Mutterhaus und der Landesgesellschaft. Gute internationale Beziehungen im Unternehmen sind in erster Linie eine Sache der Führungskräfte.

12.2   Unternehmenskultur – Hindernis bei Fusionen

Ein entscheidendes Kriterium für das Gelingen internationaler Kooperationen ist die Unternehmensgröße. Interkulturelle Konflikte sind in Konzernen häufiger als bei mittelständischen Unternehmen. Dieser Eindruck geht jedenfalls aus den von interkulturellen Fachleuten häufig zitierten Beispielen hervor.

Merke:	Großunternehmen sind geprägt durch schwergewichtige Organisationsstrukturen. Ihre Unternehmenskultur ist eng mit ihrer Organisationsform verbunden.

Starke Unternehmenskulturen wie bei Bosch oder Michelin können sich als entscheidendes Kriterium für das Gelingen einer Fusion erweisen.

Entscheidend sind ferner die vor der Fusion bestehenden Kräfteverhältnisse. Treffen direkte Konkurrenten aufeinander, so können die Schäden aus dem Zusammenprall der Unternehmenskulturen größte Ausmaße annehmen. Das Spiel der Kräfte ist unterschiedlich, je nachdem ob es sich um eine beiderseits angestrebte Zusammenarbeit oder eine frei beschlossene Niederlassungsgründung handelt oder ob eine erzwungene Fusion oder eine feindliche Übernahme vorliegt. Im ersten Fall wird im Allgemeinen eine insgesamt positive Erwartungshaltung bei den Mitarbeitern bestehen, während bei einer Zwangskooperation auf beiden Seiten mit Schutz- und Abwehrreaktionen zu rechnen ist.

12.2.1   Der Mittelstand als Beispiel

Auf diesem Gebiet lässt sich von mittelständischen Unternehmen vieles lernen. Die größte Zahl der deutschen Unternehmen in Frankreich sind mittelständische Unternehmen. Sie stellen 90 Prozent der deutschen Industrielandschaft dar. Mittelständische Unternehmen sind nicht dem Druck von Aktionären ausgesetzt. Ihr Kapital befindet sich meist in privater Hand, oft einer Familie. Gewinne werden häufig reinvestiert. Dies stärkt ihre finanzielle Unabhängigkeit. Überwiegend herrscht dort langfristiges Denken auf der Grundlage von technischem Wissen, Produktqualität und fachlicher Qualifikation der Mitarbeiter.

Merke:	Ist bei großen Unternehmen die Organisation ein entscheidender Faktor in internationalen Kooperationen, so treten bei mittelständischen Betrieben wesentlich stärker die verantwortlichen Personen in den Vordergrund.

Diskretion im Auftreten kommt häufig dazu.

Aus diesem Grund sind die Erfahrungen mittelständischer Unternehmen bei internationalen Kooperationen im Allgemeinen wenig bekannt. Oft gelingen dort solche Projekte besser, da für deren Vorbereitung und Durchführung mehr Zeit zur Verfügung steht. Ein Beispiel ist jener deutsche Firmeninhaber, der seinen französischen Wettbewerber aufkaufte, mit dem er seit Jahren gute Beziehungen unterhielt und der keinen Nachfolger hatte. Die Verhandlungen hatten sich über Jahre hingezogen.

12.2.2 Unternehmenskultur vor Nationalität

Interkulturelle Beziehungen spielen sich in erster Linie zwischen zwei Unternehmen ab. Sie sind erst an zweiter Stelle eine Frage der Nationalität. Kulturelle Konflikte können auch zwischen Unternehmen der gleichen Nationalität auftreten. Andererseits zeigen Beispiele, dass es zwischen Firmen unterschiedlicher Nationalität zu problemloser Zusammenarbeit kommen kann.

Die Pannen sind indessen zahlreich.

Merke:	Ist Nach statistischen Untersuchungen misslingt die Hälfte der internationalen Fusionen. Als Hauptgrund werden kulturelle Differenzen angegeben.

Ein anderer, entscheidender Grund kommt dazu, nämlich der Mangel an Zeit. Das Vertrauen zwischen den Personen beider Seiten, entscheidende Grundlage einer zukünftigen Zusammenarbeit, wächst nur langsam. Die meisten Fusionen und Firmenkäufe finden jedoch in einer Atmosphäre der Hektik statt, die ein vertrauensvolles Zusammenkommen von Anfang an verhindert. Die Diktatur der Kurzfristigkeit ist der größte Feind interkultureller Kooperationen.

12.2.3 Ist das interkulturelle Management überholt?

Auf Probleme zwischen französischen und deutschen Mitarbeitern angesprochen, erwiderte der Leiter einer deutschen Niederlassung in Frankreich: „Über dieses Stadium sind wir längst hinweg." Man könnte also fragen, ob die interkulturelle Lehre nicht schon zu spät dran ist. Zahlreiche Unternehmen sind schon seit Jahrzehnten international erfolgreich tätig, während die Lehre des interkulturellen Managements erst am Anfang steht (vgl. Hummel/Zander 2005a).

In den vergangenen Jahren haben vor allem französische Unternehmen interkulturelle Beratung in Anspruch genommen. Sie hatten zum Zeitpunkt der Liberalisierung der französischen Wirtschaft noch relativ wenig Erfahrung auf internationalen Märkten, während deutsche Unternehmen dort schon seit langem heimisch waren und nicht auf die Idee gekommen wären, dabei interkulturelle Berater zu Hilfe zu rufen.

12.2.4   Plurikulturelle Ansätze und praktische Lösungen

Merke:	**Das interkulturelle Management steht heute an einem entscheidenden Punkt seiner Entwicklung.**

Es hat in Lehre und öffentlicher Meinung seinen festen Platz erobert. Gleichzeitig wachsen in der Wirtschaft Zweifel über dessen praktischen Nutzen. Jedes Unternehmen ist ein Einzelfall. Sein Erfolg im interkulturellen Umfeld hängt von der Erfahrung und Kompetenz seiner Führungskräfte ab. Diese Einmaligkeit der Kultur und des internationalen Vorgehens der Unternehmen setzt der Entwicklung einer interkulturellen Theorie natürliche Grenzen.

Doch ist dies zugleich eine Herausforderung. Angesichts der Globalisierung müssen sich Unternehmen wie interkulturelle Fachleute zu einer echten internationalen Dimension hineinwickeln. Deutschland und Frankreich sind nicht mehr das ausschließliche Handlungsfeld. Die meisten Unternehmen sind in vielen Ländern gleichzeitig tätig. Jede bilaterale Beziehung wird von einem Beziehungsnetz zusätzlicher und andersartiger Kulturen überlagert. Jeder nationale Kunde wird ein internationaler, sobald er in anderen Ländern Produktionsstätten oder Tochtergesellschaften unterhält.

Merke:	**Ein Beispiel dafür ist die Automobil-Zulieferindustrie. Automobilfirmen haben heute Produktions- oder Montagebetriebe in mehreren Ländern. Wegen der logistischen Verzahnung (kurze Liefertermine, Nähe zum Automobilwerk) sind die Zulieferer gezwungen, dort ebenfalls Produktionsstätten zu errichten.**

Dadurch kommen sie weltweit mit unterschiedlichsten Landeskulturen in Berührung, mit denen sich die zentrale Unternehmensführung auseinandersetzen muss. Hier muss weltweit ein echtes mehrkulturelles Management (management pluriculturel) praktiziert werden.

12.2.5   Zusammenarbeit zwischen Lehre und Praxis

Angesichts der engen Verbindung zwischen Wirtschaft und Kultur im Unternehmen wird es für Fachleute der interkulturellen Lehre und Beratung in Zukunft unabdinglich, über eine betriebswirtschaftliche Ausbildung und eine solide Kenntnis der betrieblichen Abläufe zu verfügen. Nur so können sie glaubhaft Vorschläge machen, die der Unternehmenspraxis nützen. Sie können sich dabei auf die Erfahrung von tausenden von Unternehmen stützen, die seit Jahrzehnten erfolgreich weltweit tätig sind.

Ergreifen interkulturelle Fachleute diese Chance, so vermeiden sie es, auf die wirtschaftliche Realität in Rückstand zu geraten. Die Praxis entwickelt sich schneller als die Theorie. Der Schwerpunkt des interkulturellen Managements liegt auf Management und muss auf wirtschaftlichen Nutzen zielen. Eine enge Zusammenarbeit zwischen Theorie und Praxis ist daher unabdingbar, wenn das interkulturelle Management in Zukunft alle seine Chancen wahren will.

12.3 Interkulturelles Management aus deutsch-französischer Sicht

Durch die Globalisierung werden die Unternehmen mit einer wachsenden Zahl von Kulturen anderer Länder konfrontiert, deren Berücksichtigung bei der internationalen Tätigkeit zunehmend an Bedeutung gewinnt.

Merke:	**Für den Erfolg auf ausländischen Märkten entscheidet über das Produkt hinaus immer mehr die Kunst des Umgangs mit den lokalen Verhaltensnormen und Bräuchen.**

Das interkulturelle Management entwickelt dafür Entscheidungshilfen. Es kann definiert werden als Lehre von der Unternehmensführung im kulturell differenzierten Umfeld, in Frankreich „diversité culturelle" genannt. Vorläufer waren in den achtziger Jahren amerikanische Soziologen, die sich mit Fragen der cross cultural communication befasst hatten.

In Europa beschäftigen sich heute vor allem deutsche und französische Autoren mit Fragen des interkulturellen Managements. An deutschen und französischen Universitäten bestehen Studiengänge für interkulturelle Unternehmensführung. In beiden Ländern wächst die Zahl der einschlägigen Veröffentlichungen.

Merke:	**Dass dabei die Beziehungen zwischen deutschen und französischen Unternehmen im Vordergrund stehen, liegt aufgrund des intensiven Wirtschaftsaustauschs zwischen Frankreich und Deutschland nahe.**

Dazu kommen Unterschiede zwischen der deutschen und französischen Wirtschaftsauffassung: Liberalismus auf deutscher, staatswirtschaftliche Überzeugungen auf französischer Seite.

Dieser Gegensatz hat sich immer wieder auf die Beziehungen zwischen deutschen und französischen Unternehmen ausgewirkt. Heute sind rund 2500 deutsche Niederlassungen in Frankreich ansässig und 1500 französische in Deutschland. Dazu kommen auf beiden Seiten zahlreiche Handelsvertretungen und andere Kooperationsformen.

Man sollte daher annehmen, die Partner auf beiden Seiten wüssten heute weitgehend übereinander Bescheid. Trotzdem hat die interkulturelle Thematik zwischen deutschen und französischen Unternehmen gerade in den letzten Jahren hohe Aktualität erlangt.

12.4   Gescheiterte Fusionen

Auslöser war vor allem das Misslingen mehrerer deutsch-französischer Großfusionen. Lange vorbereitete Zusammenschlüsse wie zwischen der Dresdner Bank und der Banque Nationale de Paris, der Commerzbank und dem Crédit Lyonnais oder der Deutschen Telekom mit France Télécom sind gescheitert. Bei Aventis, Arte oder EADS sind deutsch-französische Verständnisprobleme bis heute eine tägliche Begleiterscheinung.

Nie zuvor haben sich so viele und so große Unternehmen über Grenzen hinweg zum Zusammengehen entschlossen, wie im vergangenen Jahrzehnt. Dass dafür im Grunde jede Erfahrung fehlte, konnte nicht ohne Folgen bleiben.

Merke:	**Bei Fusionen dieser Größenordnung führt schon das Zusammentreffen der andersartigen Unternehmenskulturen zu Identitätskonflikten.**

Auf allen Stufen der Hierarchie geraten Aufgabengebiete und Zuständigkeiten von Mitarbeitern auf beiden Seiten miteinander in Kollision.

Hier zeigen sich, dass Unternehmen keine Summe wirtschaftlicher Fakten sind, sondern lebende Organismen mit Menschen als Handlungs- und Entscheidungsträgern. Werden deren Belange nicht im positiven Sinn in Fusionsprojekte einbezogen, so fehlt ein für deren Gelingen entscheidendes Element. Dies gilt ganz allgemein, das heißt unabhängig von der Nationalität oder der Landeskultur der beteiligten Unternehmen. Werden dabei auch noch Landesgrenzen überschritten, so kommt die interkulturelle Komponente zusätzlich hinzu.

12.4.1   Mitarbeiter frühzeitig einbeziehen

Entscheidend ist, unter welchen Voraussetzungen und in welcher Form internationale Kooperationen zustande kommen. Die Mitarbeiter verhalten sich anders, wenn es um die Gründung einer Tochtergesellschaft geht, als wenn ein Firmenkauf, eine feindliche Übernahme oder eine politisch bedingte Fusion bevorsteht.

Bisher wurden interkulturelle Probleme meist analysiert, nachdem sie aufgetreten waren. Man behandelte den Kranken, anstatt den Gesunden vor dem Krankwerden zu bewahren. Hier sollte ein grundsätzliches Umdenken erfolgen. Schon *vorher,* das heißt im Anfangsstadium einer Fusion, ist es erforderlich, dass eine positive Botschaft auf die Mitarbeiter zugeht, damit Ängste und Blockierungen möglichst gar nicht erst aufkommen.

Dass die interkulturelle Diskussion um deutsch-französische Probleme auch einen Widerspruch enthält, wird häufig übersehen. Wie hätte sich der deutsch-französische Handel seit Jahrzehnten zu Rekordhöhen aufschwingen können, wenn tatsächlich so viele Probleme zwischen deutschen und französischen Unternehmen bestünden? Zwischen Deutschen und Franzosen besteht offensichtlich eine besondere Neigung, sich ständig zu beobachten. In der Geschichte finden sich zahlreiche Beispiele dafür.

12.4.2   Erfahrungen mittelständischer Unternehmen

Ein Schlüssel zur Antwort liegt in der Unternehmensgröße. Bei den genannten Großfusionen ist die Größe der Organisationen selbst das eigentliche Hindernis des Gelingens. Die Kollision der Organisationen kumuliert sich hier mit jener der Nationalitäten.

Merke:	**Die aufgrund der unterschiedlichen Unternehmenskultur auftretenden Verständnisprobleme werden durch die deutsch-französische Komponente noch zusätzlich verstärkt und prägen das Verhalten von Zehntausenden von Mitarbeitern auf beiden Seiten. Die Folge sind Entscheidungspassivität und Wirtschaftlichkeitsverluste.**

Die meisten der in Frankreich tätigen deutschen Unternehmen sind jedoch mittelständische Unternehmen. Viele von ihnen sind bereits seit dreißig oder vierzig Jahren in Frankreich erfolgreich tätig. Ein persönlich geprägter Führungsstil und die kleinere Organisation erlauben hier meist eine flexiblere Anpassung an die französische Arbeitskultur, so dass hier Probleme zwischen deutschen und französischen Mitarbeitern in wesentlich geringerem Maß auftreten.

Es wäre eine Bereicherung für das interkulturelle Management, wenn es diese Erfahrungen stärker in die Untersuchungen einbezöge.

Ferner sollte in jedem Einzelfall geprüft werden, ob aufgetretene Missverständnisse tatsächlich aus dem Mentalitätsunterschied zwischen Deutschen und Franzosen resultieren oder ob sie nicht primär eine Folge des Zusammentreffens unterschiedlicher Unternehmenskulturen sind, möglicherweise sogar der Unverträglichkeit zwischen einzelnen Personen.

12.4.3   Bausteine einer interkulturellen Theorie

Eine Studie über Firmenübernahmen kam zu dem Ergebnis, dass die meisten Fusionen Werte vernichten. Gemeint war der Börsenwert der Aktien. Doch vernichtet werden bei gescheiterten Fusionen auch Werte an Leistung und Motivation der Mitarbeiter.

Dieser Befund hat die Aufmerksamkeit der Betriebswirtschaftslehre auf sich gezogen. Es sollen die Gründe des Scheiterns erforscht und Unglücksfälle dieser Art in Zukunft verhindert werden. Ziel ist die Entwicklung einer Theorie des interkulturellen Managements als Handlungs- und Entscheidungsgrundlage für international tätige Unternehmen.

Die wissenschaftliche Grundlegung hat dabei von folgenden Fragen auszugehen:

1. Wie werden interkulturelle Inhalte im Unternehmen definiert?
2. Welche kulturellen Inhalte wirken auf die Unternehmen ein und gehen von diesen aus?
3. Auf welche Weise wirken sie sich im Unternehmen aus?
4. Wie werden interkulturelle Inhalte in Verhaltensregeln umgesetzt?
5. Welche Anforderungen stellt das interkulturelle Management an Führungskräfte und Mitarbeiter?

Merke:	**Unter „ Kultur" wird in diesem Zusammenhang das gesamte Kräfte-feld verstanden, dass die Tätigkeit des Unternehmens umgibt. Sie ist die Summe der Denk und Bewusstseinsinhalte, die das Verhalten der Menschen innerhalb und außerhalb des Unternehmens prägen.**

12.4.4   Zusammenarbeit zwischen Lehre und Praxis

Kultur und Wirtschaft sind eng miteinander verbunden. Dies zeigt die tägliche Erfahrung. Wo wir glauben, wirtschaftlich rational zu handeln, lenken in Wirklichkeit Geltungsdrang, Sicherheitsbedürfnis, Furcht und Hoffnung unser Tun. So ist es auch im Unternehmen. Jeder Vorgang hat neben dem wirtschaftlichen einen kulturellen Aspekt.

Häufig bleiben im internationalen Geschäft kulturelle Fehlverhalten und deren wirtschaftli-che Folgen unerkannt.

Merke:	**Deswegen wäre daran zu denken, im Unternehmen die Funktion eines „Interkulturellen Controllers" zu schaffen.**

Seine Aufgabe wäre zu erfassen, wie viel Umsätze und Deckungsbeiträge dem Unternehmen als Folge interkultureller Ungeschicklichkeiten entgehen und Vorschläge zu machen, wie man solche Verluste vermeiden kann.

Die interkulturelle Lehre sollte stets den Aspekt der praktischen Umsetzung im Auge behal-ten. Diese Erwartung stellen die Unternehmen, und dort liegt ihr eigentlicher Nutzen. Ande-rerseits verfügen weltweit tätige Unternehmen oft über eine reiche interkulturelle Praxiser-fahrung, die den Fachleuten der interkulturellen Lehre und Beratung zugutekommen kann. Eine enge Zusammenarbeit zwischen Lehre und Praxis liegt daher im Interesse beider Seiten.

Mit diesem Ziel wurde an der Universität Paris 1 Panthéon-Sorbonne ein Studiengang über interkulturelles Management eingerichtet. Vorlesungen über interkulturelle Theorie wechseln darin ab mit Vorträgen von Managern und werden durch Betriebsbesichtigungen ergänzt.

Die Teilnehmer sind Studierende im Abschlussjahr eines fünfjährigen Betriebswirtschafts-studiums mit Fachrichtung Internationale Wirtschaft. Sie erhalten auf diese Weise einen Einblick in die Praxis für die spätere Umsetzung ihres theoretischen Wissens.

12.4.5 Weltweite interkulturelle Vernetzung

Unternehmen, die weltweit tätig sind, begegnen vielen Kulturen. Sie stehen im Zentrum eines weltumspannenden Fächers kultureller Verbindungen. Ihr Wirkungsfeld reicht stufenweise hinaus in nahe und ferne Länder und Kulturen. Man kann dies als die interkulturelle *Reichweite* bezeichnen. Mit jeder Stufe wird ein neues interkulturelles *Wirkungsfeld* betreten. Jedes Mal wirkt von dort ein andersartiges aufs Unternehmen zurück.

> **Merke:** **Daraus ergibt sich, dass interkulturelles Management keine ausschließlich deutsch-französische Angelegenheit sein kann. Das interkulturelle Wirkungsfeld des Unternehmens umfasst sämtliche Länder, in denen es tätig ist. Der Weltmarkt ist ein Netz globaler kultureller Interdependenz.**

Es wäre ein Irrtum zu glauben, der Begriff „interkulturell" beziehe sich nur auf das internationale Umfeld. Die kulturelle Außenwelt fängt schon am Werkstor an. Das zeigt sich bei regionalen mittelständischen Unternehmen. Dort weiß jedermann im Betrieb, was in der Stadt und in den umliegenden Dörfern geschieht, und draußen bleibt nichts vom Leben im Unternehmen verborgen.

Im übertragenen Sinn gilt dies für das gesamte internationale Umfeld. Dies führt zur Frage der interkulturellen Verantwortung. Jedes Unternehmen ist dafür verantwortlich, wie es auf andere Kulturen zugeht. Nur wer andere Kulturen respektiert, kann dort ebenfalls Respekt erwarten.

12.4.6 Stufen kultureller Identität

Das interkulturelle Management hat zu unterscheiden zwischen der individuellen Kultur, der Personen-, der Unternehmenskultur und regionalen bzw. nationalen Kulturen.

Kulturelle Identität ist eine Sache der einzelnen Menschen. Sie handeln innerhalb wie außerhalb des Unternehmens als ganzheitliche Kulturwesen, geprägt von Herkunft, Umgebung, Ausbildung und Lebenserfahrung.

> **Merke:** **Sodann hat jedes Unternehmen seine eigene kulturelle Identität, Unternehmenskultur genannt. Sie ist im Lauf seiner Geschichte entstanden und kommt in Führungspersonen, Arbeitsstil, Produkten und Werksanlagen zum Ausdruck.**

Zur individuellen Kultur und zur Unternehmenskultur treten regionale, nationale und internationale Kulturen. Diese drei Identitätsebenen überlagern sich ständig und sind in der Praxis nicht voneinander zu trennen.

Unterschiede zwischen den Kulturen sind nicht an sich schon ein Grund für Konflikte. Entscheidend ist die Art, mit ihnen umzugehen. Häufig sind Mentalitätsunterschiede komplementär und sollten in diesem Sinn genutzt werden. Bei deutschen Unternehmen in Frankreich bereitet die Zusammenarbeit in der Regel keine Probleme, wenn ihre Leiter es verstehen, deutsche und französische Mitarbeiter mit ihren spezifischen Fähigkeiten zu gemeinsamer Leistung zusammenführen.

12.4.7   Fach-, Sprach- und Landeswissen

Es geht im interkulturellen Management nicht darum, die Betriebswirtschaftslehre neu zu erfinden, sondern darum, die bisherige neu zum Bewusstsein zu bringen. Sind zum Beispiel Kostenrechnungs- oder Fertigungsverfahren überall gleich, so kann das Verständnis dafür in jedem Land anders sein. Die Frage heißt jedes Mal: Was müssen wir tun, damit, was bei uns klappt, auch in anderen Ländern funktioniert?

Interkulturelles Management ist auch eine Sache guter Informationen.

Merke:	Erzielt ein Unternehmen die Hälfte seines Umsatzes im Ausland, so müsste jeder zweite Mitarbeiter darüber Bescheid wissen, wie im Ausland, insbesondere auch in Frankreich, der Wirtschaftsalltag funktioniert.

Wollen Unternehmen als global players auftreten, so haben sie hier in vielen Fällen noch Nacharbeit zu leisten.

Nicht nur die ins Ausland entsandten Mitarbeiter, sondern Mitarbeiter aller Bereiche des Unternehmens sollten interkulturell geschult werden. Es gibt kaum eine Abteilung, die nicht in irgendeiner Form mit dem Ausland Berührung hat. Die Mitarbeiter des Stammhauses sind die Service-Zentrale für die im Ausland tätigen Mitarbeiter.

Soweit sie dabei mit Frankreich zu tun haben, ist die Beherrschung des Französischen ein Muss. Gute Beziehungen mit Franzosen lassen sich nicht auf Englisch pflegen.

12.4.8   Praktische Umsetzung im Unternehmen

Entscheidend ist, den Mitarbeitern den Nutzen interkultureller Schulung zum Bewusstsein zu bringen. Sie hat einen Verhaltens- und einen Sachaspekt. Der erste zielt auf die Schaffung des interkulturellen Bewusstseins, der zweite auf den Erwerb von Sachwissen über einzelne Länder. Es gilt die Erfahrung, dass ein Teil der interkulturellen Probleme bereits verschwindet, sobald man über andere Länder besser Bescheid weiß.

- Die organisatorische Umsetzung umfasst:
- Festlegung der Kriterien für interkulturelles Auftreten und Handeln,
- Auswahl und Förderung der Führungskräfte und Mitarbeiter,
- internationale Job-Rotation,

- Bildung internationaler Arbeitsgruppen,
- Sprach- und Länderschulung,
- Einrichtung eines internationalen Schulungszentrums.

Eine unentbehrliche Arbeitshilfe dabei sind Checklisten. Anhand einer Auflistung der Länder, in denen das Unternehmen tätig ist, kann für jeden Unternehmensbereich abgefragt werden, inwieweit er mit einzelnen dieser Länder in Beziehung steht, welche Mitarbeiter damit befasst sind und was, bezogen auf den eigenen Bereich, je nach Land anders sein kann oder besonders beachtet werden muss.

Das können Produktvorstellungen oder Kauf- und Verhandlungsgewohnheiten sein, aber auch Verhaltensregeln, Tabus oder die Einstellung zu Arbeit, Geld und Zeit. Hier ist beim Fragen Phantasie erwünscht, was ja schon die innere Bereitschaft zum Neuen und Andersartigen voraussetzt.

12.4.9   Interkulturelles Schulungskonzept

Auf Grundlage der gespeicherten Informationen lässt sich ein länderbezogenes Schulungs- und Trainingskonzept entwickeln. Es besteht aus Vermittlung von Sachwissen und aus Verhaltenstraining. Man wird dabei Schwerpunkte setzen müssen, damit die Fülle des Materials nicht ins Uferlose führt. Interkulturelles Management ist dem Wesen nach approximativer Natur.

Als Trainer sollten landeskundige Fachleute herangezogen werden. Sie können von außerhalb, aber zum Beispiel auch aus ausländischen Tochtergesellschaften kommen. Wesentlich ist, dass sie neben der Landeskenntnis auch über eine solide Kenntnis der betriebswirtschaftlichen Zusammenhänge verfügen.

Entscheidend ist der Anstoß in den Köpfen. Die Unternehmensführung sollte den Anfang machen und dem Projekt die notwendige Priorität verleihen. Unterschiedliche Kulturen sind keine Welt von Problemen, sondern ein Feld unbegrenzter Möglichkeiten. Sie beleben das Denken und öffnen den Blick für neue Lösungen.

12.5   Übungsaufgaben zur Selbstkontrolle

Aufgabe 30:
Welches sind die wesentlichen Hemmnisse der Aufnahme internationaler Beziehungen deutscher Unternehmen in Frankreich?

Aufgabe 31:
Welches sind die wichtigsten kulturspezifischen Unterschiede zwischen Deutschland und Frankreich?

Aufgabe 32:

Nennen Sie die wesentlichen Einflussfaktoren für das häufige Scheitern von Fusionen

Aufgabe 33:

Welche besondere Bedeutung spielt der Mittelstand in grenzüberschreitenden Aktivitäten und welches sind seine spezifischen Vorteile?

13 Besonderheiten der Auslandsentsendung nach Asien

Lernziele

Nach dem Studium dieses Kapitels sollten Sie in der Lage sein:

- Die wesentlichen Hemmnisse der Aufnahme internationaler Beziehungen deutscher Unternehmen in Asien zu benennen;
- Die wichtigsten kulturspezifischen Unterschiede zwischen Deutschland und Asien zu benennen;
- Wichtige Standortvorteile in der Region Asien zu beschreiben

13.1 Vorbemerkung

Das Engagement bundesdeutscher Unternehmen in Asien kann einerseits durch die große Entfernung und hohe Transportkosten und andererseits durch andere attraktive Märkte in der Nähe Deutschlands beeinträchtigt werden. Auch wird eine Steigerung des Engagements durch Handelshemmnisse, starke asiatische Konkurrenz und insbesondere durch Marktbesonderheiten, wie Auflagen und Geschäftsgebaren, verhindert (vgl. Dülfer/Jöstingmeier 2008). Ein weiterer wichtiger Grund für das geringe Engagement deutscher und hier insbesondere mittelständischer Unternehmen in Asien ist das Fehlen des Mittelstandes in einigen asiatischen Ländern, beispielsweise Indonesien, so dass kein geeigneter Partner für Kooperationen zur Verfügung steht. Im Gegensatz zu den Großunternehmen, die die Erfolgsaussichten eines Markeintrittes durch internationale Erfahrung beurteilen können, fehlt den mittelständischen Unternehmen das Know-how und die Erfahrung. Andererseits sind die Mittelständler aber an einem Eintritt in asiatische Märkte sehr interessiert. Für diese Unternehme ist auch die Kontaktanbahnung mit asiatischen Geschäftspartnern sehr schwierig, so dass Unterstützung gewährt werden muss, um die Einstiegskosten niedrig zu halten und einen erfolgreichen Markteintritt zu gewährleisten (vgl. Hummel/Zander 2009).

13.2   Personalmanagement

Werden ausländische Führungskräfte nach den in ihren Augen größten Schwierigkeiten im Chinageschäft befragt, so werden Probleme aus dem Bereich des Personalmanagements sehr oft an erster Stelle genannt (vgl. z.B. Wirtschaftswoche (Hrsg.)2004): Es ist davon auszugehen, dass Manager in einer chinesischen Niederlassung eines deutschen Unternehmens einen Großteil ihrer Arbeitszeit für Fragen des Personals und der Mitarbeiterführung verwenden. Trotzdem wird dieses Problemfeld der Unternehmensführung häufig zu Anfang dem chinesischen Kooperationspartner überlassen und vom deutschen Kooperationspartner eher vernachlässigt. Bei den Verhandlungen über die Vereinbarung eines Joint Venture sollte von deutscher Seite ausdrücklich auf Aspekte des Personalmanagements geachtet werden (vgl. Heiming 1999 sowie Hummel/Lu 2005).

13.2.1   Personalbeschaffung vor Ort

Die Personalbeschaffung vor Ort gestaltet sich häufig als sehr aufwendig. Im Allgemeinen wird die Meinung vertreten, dass Kooperationsunternehmen weniger Probleme bei der Personalbeschaffung haben, da sie bei der Rekrutierung auf den Mitarbeiterstamm des chinesischen Partners zurückgreifen können. So berichtete eine Führungskraft eines Joint Ventures in Qingdao:

> *„Mit den Leuten, die wir vom Partner haben, sind wir sehr zufrieden. Wir haben einfach ein Limit gesetzt: nicht alter als 45, eine gewisse Ausbildung, je nachdem welche Funktion man hat und bis jetzt können die Leute ihre Funktionen sehr gut. Bis jetzt haben wir kein Problem. Bei den Mitarbeitern vorn freien Markt haben wir eher Probleme, weil wir die Leute nicht genau kennen."*

Dies kann allerdings auch zum Problem werden: Nach Erfahrung von anderen deutschen Führungskräften zeigt der chinesische Partner häufig nur wenig Bereitschaft, sich von seinen besten Mitarbeitern zu trennen, und stellt eher die vergleichsweise unproduktiven Arbeitskräfte bereit.

Merke:	Chinesische Unternehmen sehen Joint Ventures u.U. als eine Art „Auffangbecken" für nicht mehr benötigte Mitarbeiter im eigenen Unternehmen.

Die sinnvollste Alternative erscheint in solchen Fällen – wie auch in der obigen Aussage deutlich geworden ist –, nur einen bestimmten Teil der Belegschaft nach bestimmten Kriterien auszusuchen und zu übernehmen und das weitere Personal extern zu rekrutieren. Das unterstreicht deutlich, wie wichtig es für einen bayerischen Investor ist, sich bereits bei der Vertragsgestaltung einen ausreichend großen Einfluss sowohl auf die Personalauswahl sowie die spätere Ausbildungsmaßnahmen vorzubehalten.

Generell besteht das Problem, dass nicht genügend qualifiziertes Personal zur Verfügung steht. Die befragten deutschen Führungskräfte attestieren chinesischen Arbeitskräften zwar eine fundierte theoretische Ausbildung. Andererseits bemängeln sie die fehlende Fähigkeit, das Gelernte selbständig in die Praxis umzusetzen, mangelnde Sprachkenntnisse sowie die geringe Bereitschaft, Verantwortung zu übernehmen. Zur Personalbeschaffung kommen im Allgemeinen folgende Methoden zum Einsatz:

Nutzung informeller Kontakte („Guanxi"): Rekrutierung von Verwandten und Bekannten der Belegschaft. Diese „chinesische Art" der Personalbeschaffung ist teilweise sehr erfolgversprechend, kann jedoch in bestimmten Fällen – insbesondere bei Personalfreisetzungen – zu Problemen führen, weil sich intransparente Seilschaften im Unternehmen bilden.

- Job-Börsen eignen sich für Berufsanfänger. An einigen Universitäten bestehen bereits solche Gelegenheiten.
- (Überregionale) Arbeitsvermittlungen
- Kooperation mit Hochschulen: Unterstützung geeigneter Bildungsinstitutionen mit Ausrüstungs- oder Geldspenden und Angebot von Praktika.
- Anzeigen in chinesischen Tageszeitungen oder Internet: eignen sich insbesondere für Berufsanfänger.
- Professionelle Personalberatung: besonders geeignet für die obersten Führungskräfte und Spezialisten.

13.2.2   Besetzung von Führungspositionen

Auf Führungspositionen ist der Einsatz von deutschen Expatriates – wie bereits erwähnt – meist unumgänglich. Der Einsatz in der VR China stellt an den entsandten Manager hohe Anforderungen. Einige deutsche Führungskräfte berichteten allerdings davon, dass gerade in den deutschen Stammhäusern der Frage, wer konkret für den Auslandseinsatz in China geeignet ist, nur wenig Aufmerksamkeit geschenkt wird, was sich zu einem späteren Zeitpunkt im Erfolg des Investments niederschlägt (vgl. Hummel/Schmeisser/Schindler/Ciupka 2005 sowie Neal 2000):

Viele deutsche Firmen scheinen sich gar nicht dafür zu interessieren, die geeignete Person auszusuchen und nach China zu schicken. Da hat man so den Eindruck, die deutsche Firma wollte ihr Flaschenpfand wieder haben. Meist — besonders bei den Großfirmen — werden die Personen entsandt, die (a) anderen bei der Karriere im Wege stehen und (b) Volkssturm oder Landwehr darstellen, also nicht die erste Garde. Das ist eine sehr schlechte Einstellung und diese Leute haben überhaupt keine Ahnung davon. wie es in China aussieht. Aber diese Firmen bekommen dann meist auch die Quittung.

Merke:	Der Erfolg des gesamten Engagements in China kann von der Auswahl eines geeigneten Managers abhängen. Gesucht sind deshalb Führungskräfte, die nicht nur über Geduld, Ruhe und Gelassenheit sowie freundliche Hartnäckigkeit und Zielstrebigkeit verfügen, sondern auch entsprechend der chinesischen Etikette selbstbewusst, aber bescheiden und höflich auftreten, insbesondere Konsensfähigkeit und hohe Frustrationstoleranz besitzen.

Zahlreiche Manager scheitern aufgrund der ausgeprägten kulturellen Unterschiede zwischen Deutschland und der VR China und kehren vorzeitig nach Deutschland zurück. Dies kann – zusätzlich zu den hierdurch entstehenden Kosten – auch negative Auswirkungen auf die Zusammenarbeit mit einem lokalen Partnerunternehmen oder lokalen Lieferanten/Abnehmern haben, da die in China sehr wichtigen persönlichen Beziehungen verloren gehen und erst wieder neu aufgebaut werden müssen.

Merke:	Die Auswahl eines zu entsendenden Managers stellt eine enorme Herausforderung sowohl für große, bereits international tätige Unternehmen als auch für mittelständische Firmen dar, in denen Personalarbeit häufig auf die Lohnbuchhaltung beschränkt ist und Personalauswahlentscheidungen im Wesentlichen vom General Manager oder Linienmanager getroffen werden.

Um die Wahrscheinlichkeit zu erhöhen, dass eine geeignete Führungskraft nach China geschickt wird, wurden von zahlreichen Stellen Vorschläge hinsichtlich der Gestaltung des Auswahlprozesses als auch der Art und Dauer der Vorbereitung des Entsandten und seiner Familie gemacht. Der Rekrutierungs- und Auswahlprozess lässt sich idealtypisch in folgende Phasen unterteilen:

- Vorauswahl der Rekrutierungsquelle: In einem ersten Schritt gilt es zu klären, ob im eigenen Unternehmen geeignete Manager tätig sind, die nach China geschickt werden können, oder ein Kandidat über den externen Arbeitsmarkt rekrutiert werden soll. Während die fachlichen Anforderungen der Entsendung häufig besser von Mitarbeitern des eigenen Unternehmens erfüllt werden, die mit den Produkten, Produktionsprozessen etc. vertraut sind, fehlen diesen meist Kompetenzen wie internationale Erfahrung, kulturelles Einfühlungsvermögen oder Sprachkenntnisse. Durch entsprechende Vorbereitungsmaßnahmen (vgl. unten) können diese Fähigkeiten vermittelt werden. Kleineren und mittleren Unternehmen, die in ihrem Mitarbeiterstab keine Mitarbeiter mit diesen zusätzlichen Funktionen haben, ist zu raten, – eventuell unter Beihilfe von Personalberatungen oder auch den Industrie- und Handelskammern – geeignete externe Kandidaten zu finden.
- Beurteilung der vorhandenen Fähigkeiten und des Lernpotenzials des zu Entsendenden
- Entscheidung über die Entsendung: An dieser Entscheidung sollte möglichst der Partner/die Familie der Führungskraft mitwirken. Letzteres ist von Bedeutung, da zahlreiche empirische Studien zeigen, dass die fehlende Anpassung des Partners/der Familie des Managers an die Bedingungen im Ausland eine der häufigsten Ursachen für das Scheitern

von Entsendungen sind. Von Bedeutung hierbei ist eine „Realistic Job Preview", welche dem Manager und seiner Familie die Konsequenzen einer Entsendung deutlich macht, sowohl im Arbeits- als auch im Privatbereich. Hierzu bietet es sich an, Manager mit Chinaerfahrung bzw. entsprechende Personalberatungsunternehmen zu Rate zu ziehen und eine Reise zum vorgesehenen Einsatzort durchzuführen.

Nach der Auswahl eines geeigneten Kandidaten bedarf es der Vorbereitung dem Managers und seiner Familie auf die spezifischen Bedingungen in der VR China.

Merke:	Diese ist insbesondere aufgrund der stark ausgeprägten kulturellen Unterschiede und Lebensbedingungen unerlässlich.

Im Folgenden werden einige wesentliche Punkte aufgezeigt, die von professionellen Stellen für wichtig erachtet werden. In den meisten Fällen muss diese Personalvorbereitung von darauf spezialisierten Beratungsunternehmen durchgeführt werden. Personalberater sind sich nicht einig hinsichtlich des optimalen Zeitpunktes für den Beginn der Vorbereitung. Insbesondere in den letzten Wochen vor der Abreise dominieren operative Probleme, wie der Verkauf des Hauses etc., den Alltag der Entsandten. Auf den Vorschlag, so früh wie möglich zu starten, lässt sich allerdings erwidern, dass der Manager die vemittelten Inhalte bis zur Abreise wieder vergisst (dies gilt allerdings nicht für das Sprachtraining, das möglichst früh begonnen werden sollte). Der optimale Zeitpunkt liegt gemäß professioneller Anbieter sogenannter „Pre-Departure-Trainings" zwischen 12 und 4 Wochen vor der Abreise (vgl. IFIM).

Hinsichtlich der Dauer und Intensität des Trainings lassen sich keinerlei generelle Aussagen treffen; obwohl kommerzielle Anbieter derartiger Vorbereitungsmaßnahmen die Dauer aus offensichtlichen Gründen möglichst hoch ansetzen, muss die letztendliche Entscheidung die bereits vorhandene internationale Erfahrung des Entsandten/seiner Familie, deren persönliche Motivation sowie auch die Kosten der Vorbereitung für das Unternehmen in Betracht ziehen. Entsandte sollten, trotz der mit dem Lernen einer komplexen Fremdsprache verbundenen Schwierigkeiten, anstreben, die Grundlagen der chinesischen Sprache zu erlernen, da sich Englisch unter chinesischen Managern nur langsam verbreitet und die Möglichkeit, „die gleiche Sprache zu sprechen", unerlässlich für den Aufbau persönlicher Beziehungen ~ Wie oben bereits angeführt, sollte das Sprachtraining frühzeitig gestartet werden. Zu Beginn des Sprachtrainings bieten sich „Crash-Kurse" an, in denen ein „Überlebenswortschatz" vermittelt wird. Nachfolgend kann mehr Wert auf Konversationsfähigkeit, Grammatik etc. gelegt werden. Im Idealfall sollten Entsandte vor der Abreise 100 bis 150 Stunden Sprachtraining erhalten haben. Ein – aus welchen Gründen auch immer – zu kurzes Vorbereitungstraining kann unter Umständen durch eine Fortführung des Trainings im Gastland ergänzt werden. Neben Fern- oder Selbstlernkursen (z.B. Sprachtraining via CD-Rom) können damit auch Beratungsunternehmen beauftragt werden. Wie schon im Rahmen des Auswahlprozesses ist es auch bei der Vorbereitung notwendig, die Familie des Managers mit einzubeziehen. Insbesondere der/die Partnerin des Managers sieht sich mit schwerwiegenden Änderungen konfrontiert. Während der entsandte Mitarbeiter arbeitet, ist es mitgereisten Ehepartnern selten erlaubt, einer bezahlten Beschäftigung in der VR China nachzugehen. Insbesondere hier ist daher eine entsprechende Vorbereitung des Ehepartners auf die neue Situation angezeigt, um unerwünschte Überraschungen und damit den Erfolg der Entsendung nicht zu gefährden.

Merke: **Zurzeit lässt sich in China eine Tendenz zur Lokalisierung bei der Besetzung von Führungspositionen, d.h. das Ersetzen deutscher Manager durch lokale Mitarbeiter, feststellen.**

Dies liegt zum einen daran, dass in Deutschland ein Mangel an Führungskräften herrscht, die neben den genannten Eigenschaften auch die Bereitschaft zu einem Einsatz in China mitbringen. Zudem ist die Entsendung deutscher Mitarbeiter mit sehr hohen Kosten verbunden: Der zusätzliche Aufwand kann je nach Unternehmen zwischen 200 und 300% der Bezüge in Deutschland betragen und stellt für chinesische Verhältnisse eine astronomische Summe dar.

Die ungebrochen hohe Nachfrage nach qualifizierten einheimischen Fachkräften und Managern trifft mittlerweile auch auf ein stetig wachsendes Reservoir an jungen Chinesen, die über gute Englischkenntnisse verfügen und westliche Managementmethoden kennen. Die Existenz eines derartigen Potenzials darf jedoch nicht darüber hinwegtäuschen, dass nach wie vor ein großer Nachfrageüberhang nach chinesischem Führungsnachwuchs besteht, der in erster Linie auf die geringe Anzahl an Ausbildungsplätzen und den Mangel an modernen Berufsbildern zurückzuführen ist. Es überrascht daher nicht, dass die Gehaltsforderungen der dermaßen qualifizierten Kandidaten kontinuierlich steigen und inzwischen weit über den durchschnittlichen Niveaus liegen.

13.2.3   Personalführung und Anreizgestaltung

Wie bereits erwähnt besteht in der VR China eine Überschussnachfrage nach qualifizierten Arbeitskräften. Ausländische und zunehmend auch lokale Unternehmen konkurrieren untereinander um die besten Mitarbeiter, und häufig versuchen Unternehmen, Mitarbeiter von anderen Unternehmen abzuwerben. Die zentrale Aufgabe der Personalführung, nämlich der Aufbau und die langfristige Sicherung von Humanpotenzial, erweist sich vor diesem Hintergrund als eine besondere Herausforderung. Ein generelles Problem bei chinesischen Mitarbeitern ist ihre begrenzte Loyalität gegenüber der abstrakten Einheit „Unternehmen". Häufige Arbeitsplatzwechsel („Job-hopping") sind in China keine Seltenheit. Gerade für mittelständische Unternehmen ist es eine bittere Erfahrung, wenn ein erfolgversprechender Kandidat nach Beendigung des kostenintensiven Trainingsprogramms das Unternehmen plötzlich verlässt. Wichtig ist nach Ansicht der befragten Führungskräfte eine sorgfältige Personalauswahl (vgl. Rotlauf 1999):

„Die Leute springen innerhalb kurzer Zeit von einer zur anderen Stelle. Deswegen lehnen wir ab, wenn der Mitarbeiter innerhalb der letzten zwei, drei Jahre schon zwei Mal gewechselt hat auch bei Leuten, die keinerlei Referenzen vorweisen können, sollte man vorsichtig sein."

Weitere Möglichkeiten, den Mitarbeiter im Unternehmen zu halten, sind – neben der angemessenen finanziellen Vergütung – Bonus-, Anreiz- und Erfolgsbeteiligungssysteme.

> **Merke:** **Im Prinzip entspricht dieses System den Wünschen der Chinesen, bei denen monetäre Anreize, Anerkennung durch öffentliches Lob sowie die Ausstellung von Zertifikaten nach durchgeführten Schulungen hohe Anerkennung finden.**

Werden diese Instrumente geschickt ausgestaltet, können sie eine Anreizwirkung für eine langfristige Mitarbeit im Unternehmen entfalten. So kann z.B. ein fester Bestandteil des Monatsgehalts an einen vom Unternehmen verwalteten Fonds abgeführt werden. Auf die eingezahlten Beträge kann der Mitarbeiter erst nach einigen Jahren zugreifen. Verlässt der Mitarbeiter das Unternehmen vor dem Ende der Sperrfrist, so verbleibt das Geld im Unternehmen. Auch an die Dauer des Arbeitsverhältnisses gekoppelte Incentives wie einmalige Sonderzahlungen oder Besuche in ausländischen Filialen bzw. des Stammsitzes des internationalen Unternehmens haben sich als wirksam erwiesen. Denkbar ist ferner die vertragliche Vereinbarung, dass der Mitarbeiter im Falle der Kündigung innerhalb einer gewissen Zeitspanne nach Abschluss der Fortbildung fit die dadurch entstandenen Kosten ganz oder teilweise selbst aufkommt. Unter Umständen greifen ausländische Unternehmen auch zu „unkonventionelleren" Maßnahmen: Eines der befragten Unternehmen finanzierte beispielsweise die Ausbildung der Tochter eines wichtigen Mitarbeiters im Ausland, um diesen im Unternehmen zu halten.

13.3 Personalentwicklung

Einen nicht zu unterschätzenden Kostenfaktor stellt die Tatsache dar, dass chinesische Mitarbeiter im Regelfall nicht mit der vom deutschen Unternehmen eingebrachten Ausrüstung und Technologie vertraut sind. Dies macht Ausbildungsprogramme vor Ort durch entsandte deutsche Fachkräfte genauso erforderlich wie in der Regel mehrwöchige Trainingsaufenthalte von chinesischen Mitarbeitern in Deutschland.

> **Merke:** **Das Prinzip des lebenslangen Lernens ist in China sehr bedeutend. Chinesische Mitarbeiter aller Managementebenen erwarten von einer Beschäftigung bei Ausländischen Unternehmen, dass ihnen Möglichkeiten der aktiven Erweiterung ihrer Kenntnisse und Fähigkeiten geboten werden und nehmen – nach Aussage der befragten deutschen Unternehmensvertreter – mit großer Bereitschaft an solchen Maßnahmen teil.**

Zur praktischen Umsetzung von Trainings- und Fortbildungsmaßnahmen schlagen die befragten Unternehmen unterschiedliche Wege ein. Ein wachsender Teil der ausländischen Unternehmen verfolgt auch bei der Personalentwicklung eine Strategie der Lokalisierung und betreibt lokale Trainings- und Ausbildungszentren für chinesische Mitarbeiter. Hier sollen sowohl technische als auch wirtschaftliche Kenntnisse vermittelt werden. Die Kurse erfolgen zumeist in chinesischer Sprache und werden neben entsandten deutschen Fachkräften häufig von Unternehmensexternen geleitet, von denen mittlerweile ein breites Angebotsspektrum zur Verfügung steht (Lehrpersonal aus den Hochschulen, unabhängige Trainingsinstitute, Beratungsunternehmen etc.). Ein derartiges Vorgehen erlaubt, auf die spezifischen Probleme chinesischer Mitarbeiter einzugehen und ist zudem um ein Vielfaches kostengünstiger als Überseetrainings, die von einigen deutschen Unternehmen weiterhin bevorzugt werden. Um Spezialwissen zu erwerben, sind allerdings Fortbildungsaufenthalte in Deutschland oder in Niederlassungen in Drittländern nach wie vor notwendig. Hier sollte der bayerische Investor jedoch darauf achten, dass die „prestigeträchtigen" Auslandsreisen nur Mitarbeitern vorbehalten bleiben, bei denen gewährleistet werden kann, dass diese für eine bestimmte Zeit in Unternehmen verbleiben (vgl. Schmeisser/Hummel/Hannemann/Ciupka (Hrsg.), 2005):

13.4 Darstellung von Institutionen der Außenwirtschaftsförderung

Die Außenwirtschaftsförderung hat den Zweck, gerade die mittelständischen Unternehmen, die sich außenwirtschaftlich betätigen wollen, zu beraten und zu unterstützen. Förderung der Außenwirtschaft wird seitens der Bundesrepublik Deutschland von verschiedenen Institutionen durchgeführt, die vom Staat oder von der Wirtschaft getragen werden. Das System der Außenwirtschaftsförderung besteht hauptsächlich bei den Wirtschaftsabteilungen der Botschaften und Konsulate, der Bundesstelle für Außenhandelsinformationen und den deutschen Auslandshandelskammern bzw. den Delegiertenbüros der Deutschen Wirtschaft. Neben diesen drei kooperierenden Institutionen werden im Folgenden der Ostasiatische Verein e.V. und die Deutschen Industrie- und Handelszentren dargestellt sowie ein Überblick über die Leistungen der Industrie- und Handelskammern und des Integrierten Beratungsdienstes der Privatwirtschaft in den Partnerländern gegeben.

13.4.1 Integrierter Beratungsdienst für die Privatwirtschaft in den Partnerländern

Der Integrierte Beratungsdienst für die Privatwirtschaft in den Partnerländern (IBD) hat als Ziel, die privatwirtschaftlichen Strukturen in den Partnerländern zu stärken. Die Partnerländer des IBD in Asien sind Indien, Indonesien, Malaysia, Nepal, Pakistan, die Philippinen und Thailand. Durchgeführt werden die Leistungen im Auftrag des Bundesministeriums für wirtschaftliche Zusammenarbeit und Entwicklung (BMZ) von der Deutschen Gesellschaft für Technische Zusammenarbeit (GTZ) und der Deutschen Investitions- und Entwicklungsgesellschaft (DEG). Während die GTZ hauptsächlich Organisationen in den Partnerländern berät und bei Bedarf auch Aufträge an Beratungsunternehmen vergibt, unterstützt die DEG mittelständische Unternehmen durch Investitions- und Kooperationsberatungen bei Investitionsvorhaben in den Partnerländern. Neben der Herausgabe von Informationsmaterialien bietet die DEG Beratung und Unterstützung bei der Umsetzung an. Auch schaltet die DEG bei Bedarf Beratungsunternehmen ein oder unterstützt die Unternehmen finanziell. Eine finanzielle Unterstützung erfolgt bei der Erstellung von Feasibility-Studien, wenn die Unternehmen einen bestimmten Jahresumsatz nicht überschreiten. Die Kosten der Studie, an denen sich die DEG mit 75% beteiligt, sind ebenfalls beschränkt.

13.4.2   Leistungsspektrum der Industrie- und Handelskammern

Die Industrie- und Handelskammern (IHKn) in der Bundesrepublik Deutschland, deren Spitzenorganisation der Deutsche Industrie- und Handelstag (DIHT) in Bonn ist, sind für die Unternehmen regionale Ansprechpartner. Das Dienstleistungsangebot beinhaltet die Erteilung von Auskünften über das deutsche Außenwirtschaftsrecht und über die Gesetze und Verordnungen des In- und Auslandes, die bei einer internationalen Unternehmenstätigkeit zu berücksichtigen sind. Des Weiteren sind sie unterstützend bei der Kontaktanbahnung tätig, in dem sie Adressen ausländischer Geschäftspartner zur Verfügung stellen sowie Informationen über diese einholen können. Auch Seminare und Veranstaltungen können von den IHKn angeboten werden, beispielsweise über die Investitions- oder Finanzierungsbedingungen. Die Kammern bieten je nach Struktur ihrer Mitgliedsunternehmen unterschiedliche Dienstleistungen an bzw. haben sich auf spezielle Leistungen oder Regionen spezialisiert. Die IHK in Hamburg beispielsweise hat sich auf die asiatisch-pazifische Region spezialisiert und betreibt zusammen mit dem Ostasiatischen Verein e.V. das „Asien-Pazifik-Büro". Hauptaufgaben dieses Büros sind die Erstberatung von Unternehmen, die einen Eintritt in asiatische Märkte erwägen, die Vermittlung von Geschäftskontakten zu Unternehmen in den ASEAN-Staaten, die Messeberatung und die Durchführung von Seminaren und Länderveranstaltungen über die asiatischen Märkte.

13.4.3   Der Ostasiatische Verein e.V.

Der in Hamburg ansässige Ostasiatische Verein e.V. (OAV) wurde im Jahr 1900 gegründet und dient zur Förderung der Wirtschaftsbeziehungen zwischen der Bundesrepublik Deutschland und den asiatischen Staaten. Der OAV ist neben dem DIHT und dem BDI ein Träger des 1993 gegründeten Asien-Pazifik Ausschuss der Deutschen Wirtschaft (APA). Der APA hat als Ziel die politischen und wirtschaftlichen Rahmenbedingungen für Direktinvestitionen in den asiatischen Ländern zu verbessern und dadurch das Engagement deutscher Unternehmen in dieser Region zu fördern.

Die Hauptaufgabe des OAV als Branchen übergreifender Wirtschaftsverband, der über 500 korporative Mitglieder hat, ist die Unterstützung der Unternehmen im Auf- und Ausbau von Geschäftsbeziehungen mit den asiatischen Ländern. Diese Aufgabe erfüllt er zum einen durch Bereitstellung von Informationsdiensten und Adressenverzeichnissen. Die Informationsdienste sind die „Mitgliederinformationen", die aktuell über die asiatischen Märkte informieren, das „Ostasien Telegramm", mit dem die korporativen Mitglieder kurzfristig unterrichtet werden, das „Asien-Pazifik Wirtschaftshandbuch„. das zusammen mit dem Institut für Asienkunde und den FAZ-Informationsdiensten erstellt wird und in dem ausführlich über die Länder Asiens informiert wird. Eine weitere Informationsquelle sind die „FAZ/OAV-Länderanalysen", die gemeinsam mit den FAZ-Informationsdiensten erstellt werden und zweimal im Jahr für einzelne Staaten Asiens erscheinen. Diese Informationsdienste sind auf die Bedürfnisse der Mitglieder abgestimmt und erteilen Auskunft über Personalien und wichtige Termine sowie über wirtschaftliche und politische Rahmenbedingungen, Märkte, Entwicklungstendenzen und Veränderungen in den Wirtschaftsstrukturen der einzelnen asiatischen Länder. Als Adressenverzeichnisse gibt der OAV zum einen den „Asien/Pazifik Kontakter" in Zusammenarbeit mit den Auslandshandelskammern heraus, in dem die Adressen der deutschen Investoren in den asiatischen Ländern verzeichnet sind, sowie andererseits das „Deutsch-Chinesische Adressenverzeichnis", das die Adressen von deutschen Unternehmen in China enthält. Durch diese Verzeichnisse kann deutschen Unternehmen die Suche nach möglichen Geschäftspartnern erleichtert werden. Weitere wichtige Tätigkeiten des OAV sind die Vermittlung von Geschäftskontakten und die Durchführung von Einzelberatungen über Branchen, Märkte, Messen und Investitionsmöglichkeiten oder -bedingungen Asiens. Recherchen über Länder, Branchen, Produkte und Geschäftskontakte können mit dem Online-Recherche-Dienst „APOLDA" durchgeführt werden, der Zugriff auf über 1000 nationale und internationale Datenbanken hat. Neben diesen Tätigkeiten organisiert der OAV auch Delegationsreisen oder Konferenzen und Seminare über verschieden Themen.

13.4.4   Die Deutschen Industrie- und Handelszentren in Asien

Deutsche Industrie- und Handelszentren (DIHZ) sollen hauptsächlich mittelständischen Unternehmen einen Eintritt in ausländische Märkte erleichtern, indem in ihnen ein umfangreiches Dienstleistungsangebot zusammen mit vielseitig nutzbaren Räumlichkeiten angeboten wird. Durch diese Zentren, die hauptsächlich auf die Anforderungen des Mittelstandes eingerichtet werden und die es in einer Stadt nur einmal geben wird, sollen den Unternehmen im Ausland eine lokale Ausgangsbasis für ihre Aktivitäten geboten werden. Durch die Zusammenlegung vieler deutscher Unternehmen werden zusätzlich Synergieeffekte erhofft. Die umfangreichen Dienstleistungen innerhalb der Zentren werden sowohl von den Auslandshandelskammern bzw. den Delegierten der Deutschen Wirtschaft und den Korrespondenten der Bundesstelle für Außenhandelsinformationen als auch von Consulting-Unternehmen angeboten. Dieses Dienstleistungsangebot soll aufeinander abgestimmt und für alle Unternehmen transparent sein. Ein vielfältiges Angebot von unterschiedlich großen Büro , Schulungs- und Konferenzräumen sowie von Ausstellungs-, Montage-, Produktions- und Lagerflächen steht zur Verfügung, das vergleichsweise kostengünstig angemietet werden kann.

Das erste DIHZ in Asien wurde 1987 in Yokohama (Japan) eröffnet. Es folgten im Juli 1994 die Eröffnung des DIHZ in Shanghai (VR China) und im Juni 1995 die eines weiteren in Singapur; ein weiteres Zentrum befindet sich in Peking (VR China). Seit diesem Zeitpunkt haben das Management des Zentrums, die Repräsentanz der Südwest-deutschen Landesbank und der Delegierte der Deutschen Wirtschaft ihre Tätigkeiten in dem Zentrum aufgenommen. Weitere Zentren befinden sich in Jakarta, in Seoul (Südkorea), in Bombay (Indien), in Bangkok (Thailand) und in Hanoi.

13.4.5 Leistungen der Wirtschaftsabteilungen der Vertretungen

Die hauptsächliche Aufgabe der Auslandsvertretungen ist die intensive Förderung von deutschen Wirtschaftsinteressen im Ausland, mit deren Erfüllung die Hälfte der Auslandsmitarbeiter der Vertretungen beauftragt ist. Die Wirtschaftsabteilungen arbeiten eng mit den Auslandshandelskammern bzw. den Delegiertenbüros zusammen und teilen sich mit ihnen die Aufgaben der Unterstützung. Daher werden in denjenigen Ländern oder Städten, in denen Auslandshandelskammern bzw. Delegiertenbüros nicht vorhanden sind, die Unterstützungsleistungen von den Vertretungen allein angeboten. Dazu gehören Beratungen bei Ausschreibungen, Hilfestellungen bei der Herstellung von Kontakten zu Behörden und die Unterstützung im Umgang mit ihnen?

13.4.6 Die Auslandshandelskammern und Delegiertenbüros der Deutschen Wirtschaft

Das Netz der deutschen Auslandshandelskammern (AHK) besteht aus Auslandshandelskammern, Delegiertenbüros und Repräsentanzen, die privatrechtliche Vereinigungen nach dem Recht der Länder sind, in denen sie sitzen, und dienen der Förderung der Wirtschaftsbeziehungen. In ihnen sind sowohl deutsche Unternehmen als auch Unternehmen aus dem jeweiligen Ausland zusammengeschlossen. Auslandshandelskammern, Delegiertenbüros und Repräsentanzen sind in zahlreichen asiatischen Ländern vorhanden, so dass mit Ausnahme der Philippinen, auf denen nur eine europäische Handelskammer vertreten ist, alle wichtigen und großen Länder Asiens mit ihnen ausgestattet sind. Im Unterschied zu den Delegiertenbüros sitzen die Auslandshandelskammern in den Ländern, die marktwirtschaftlich stark geprägt sind und in denen der Aufbau möglich war. Dagegen bestehen keine Unterschiede in dem Angebot und der Qualität der Dienstleistungen bzw. wird diese Gleichheit angestrebt. Ihre Aufgaben sind neben einer Forumsfunktion, in deren Rahmen Lobbyfunktionen durchgeführt werden, die Durchführung von Auskunfts-, Beratungs- und Organisationsaufgaben. Die AHKn und die Delegiertenbüros haben deutsche Geschäftsführer, die neben deutschen auch lokale Mitarbeiter haben, während Repräsentanzen nur mit lokalen Mitarbeitern besetzt sind. Nicht nur die örtliche Nähe der Kammern zum Markt, sondern auch die Mitgliedschaft ausländischer Unternehmen machen sie für deutsche Mittelständler interessant. Neben dem Ausbau des Netzes (Peking und Kanton) ist eine Steigerung der Effizienz verbunden mit der Einführung eines Management-Systemes und der Zertifizierung des Leistungsstandards zu erwähnen.

13.4.7 Die Bundesstelle für Außenhandelsinformationen

Die Bundesstelle für Außenhandelsinformationen (BfAI) ist eine Serviceeinrichtung des Bundesministeriums der Wirtschaft, die aktuelle und praxisnahe Marktinformationen über mehr als 150 Länder bereitstellt. Diese Informationen werden durch eigene Korrespondenten gesammelt oder es werden Informationen der Vertretungen oder anderer Informationsquellen ausgewertet. Durch diese Informationen sollen die Chancen und Risiken der Auslandsmärkte von den Unternehmen früh erkannt werden, damit von ihnen entsprechend reagiert werden kann. In Asien sitzen die Korrespondenten der BfAI in Bangkok (Thailand), in Neu Dehli (Indien), in Hanoi (Vietnam), in Hongkong, in Jakarta (Indonesien), in Peking (VR China), in Seoul (Südkorea), in Singapur, in Taipeh (Taiwan) und in Tokio (Japan). Das Leistungsangebot der BfAI für Asien umfasst ca. 650 Publikationen, die Zeitschrift „BfAI-Info-Asien", einen Auskunftsservice über Wirtschafts-, Rechts- und Zollfragen sowie Profildienste, d.h. speziell für den Bedarf der einzelnen Unternehmen zusammengestellte Information. Mit diesem Angebot stehen den Unternehmen Daten über die asiatischen Länder, die Märkte und die Produkte sowie Kontaktadressen und Basisinformationen über die jeweiligen Möglichkeiten und Bedingungen eines Markteintrittes zur Verfügung.

13.4.8   Bewertung der Außenwirtschaftsförderung

Im Gegensatz zu früheren Untersuchungen über den Bekanntheitsgrad, speziell über die a) Wirtschaftsabteilungen der Botschaften, b) über die Auslandshandelskammern und c) die Bundesstelle für Außenhandelsinformationen, kann heute gesagt werden, dass das große Informationsangebot, das vorhanden ist, zunehmend von den Unternehmen realisiert und in Anspruch genommen wird.

Im Rahmen der Unternehmensbefragung des BDI wurden auch diese drei Einrichtungen und die Deutschen Industrie- und Handelszentren beurteilt. Die DIHZ sind der Mehrzahl der befragten Unternehmen bekannt. Während der Bekanntheitsgrad mit der Unternehmensgröße ansteigt, werden diese Zentren hauptsächlich von den Mittelständlern genutzt. Ein weiterer Ausbau wird von ihnen besonders in der asiatischen Region befürwortet. Die Wirtschaftsabteilungen der Botschaften und ihre Leistungen sind den mittelständischen Unternehmen bekannt, doch werden sie weniger stark genutzt und ihre Leistungen werden als weniger wichtig angesehen. Neben einem Ausbau der Wirtschaftsabteilungen werden ihre Besetzung mit mehr erfahrenen Experten sowie ein leichterer Zugang, längere Sprechzeiten und mehr Motivation gewünscht. Die Auslandshandelskammern sind dem Mittelstand gut bekannt und werden von ihm als wichtige Einrichtung genutzt. Allerdings sollten die von ihnen angebotenen Leistungen preisgünstiger sein. Das Leistungsangebot sollte nach den Vorstellungen des Mittelstandes ausgebaut werden und mehr individuelle Informationen und Beratungen beinhalten. Bei der Vermittlung von Kooperationspartnern soll bessere Unterstützung geleistet werden sowie das gesamte Leistungsangebot preisgünstiger sein. Der Bekanntheitsgrad der Bundesstelle für Außenhandelsinformationen ist besonders bei den mittelständischen Unternehmen zu erhöhen, wird aber von denjenigen, die sie kennen, als wichtige Einrichtung genutzt. Von diesen Mittelständlern werden von ihr insbesondere mehr Brancheninformationen sowie Informationen über Investitionsmöglichkeiten und -bedingungen erwartet.

Generell wurde von den befragten Unternehmen die geringe Transparenz über die Institutionen und ihre Leistungsangebote bemängelt und die Einrichtung einer Leitstelle Ihr die Außenwirtschaftsförderung angeregt. Die Mittelständler wünschen sich einen stärkeren Praxisbezug der Einrichtungen, eine stärkere Ausrichtung auf die einzelnen Unternehmen und eine größere Mittelstandsorientierung. Die Außenwirtschaftsförderung sollte in Asien weiter ausgebaut werden, während sie in Westeuropa eingeschränkt werden kann.

Die von den Mittelständlern gewünschte Ausweitung der Beratungsleistungen in Asien verbunden mit einer stärkeren Mittelstands- und Praxisorientierung lassen auf zusätzlichen Bedarf an weiteren Beratungsunternehmen schließen, die diese Erwartungen erfüllen. Insbesondere diejenigen Beratungsunternehmen, die eine Kontaktanbahnung und die Unterstützung bei den Markteintritten in Asien durchführen, stoßen in eine Marktlücke.

13.4.9   Übungsaufgaben zur Selbstkontrolle

Aufgabe 34:
Worin sehen Sie die wesentlichen Hemmnisse der Aufnahme internationaler Beziehungen deutscher Unternehmen in Asien?

Aufgabe 35:
Welches sind die wichtigsten kulturspezifischen Unterschiede zwischen Deutschland und Asien?

Aufgabe 36:
Beschreiben Sie die wesentlichen Standortvorteile in der Region Asien.

14 Besonderheiten der Zusammenarbeit mit den USA

Lernziele

Nach dem Studium dieses Kapitels sollten Sie in der Lage sein:

- Die wesentlichen Besonderheiten der Aufnahme internationaler Beziehungen deutscher Unternehmen in den USA zu benennen;
- Die Besonderheiten der Personalgewinnung in den USA zu erkennen

14.1 Rekrutierung von Führungskräften in den USA

Schon immer galten die USA als Land der unbegrenzten Möglichkeiten. Nirgendwo kann man mehr erreichen, als in den USA, umgekehrt kann aber auch genauso schnell scheitern. Mit 270 Mio. Einwohnern (über 400 Mio. Einwohnern im NAFTA-Raum) sind die USA nach wie vor der größte zusammenhängende Einzelmarkt der Welt, nicht nur mit einer erheblichen Kaufkraft, sondern auch mit einer Konsumfreudigkeit, die Ihres Gleichen sucht. Unternehmerfreundliche Gesetze, eine stabile Währung, eine marktwirtschaftlich orientierte Regierung und eine leistungsbereite und bewusste Bevölkerung, garantieren den wirtschaftlichen Erfolg des Landes. Durch diese positiven Rahmenbedingungen ist der US-Markt einer der lukrativsten Absatzmärkte und Investitionsstandorte für deutsche Unternehmen (vgl. ausführlich Hummel/Zander 2005a, S. 156ff).

> **Merke:** Obwohl deutsche Unternehmen mehr als 27 Mrd. Euro in den USA investiert haben und der bilaterale Handel mehr als 107 Mrd. Euro ausmacht, scheitert, seriösen Untersuchungen zufolge, ein großer Prozentsatz deutscher Firmen in den ersten fünf Jahren im amerikanischen Markt oder kämpft jahrelang mit dem Durchbruch über den „break even" hinaus.

Dafür gibt es viele Gründe! Einer davon spiegelt sich deutlich im Personalbereich wider. Bedingt durch grundsätzlich verschiedene kulturelle Entwicklungen beider Kontinente, gestaltet sich das Finden von geeigneten Führungskräften und leitenden Mitarbeitern nicht nur für viele „new comer" als problematisch. Die nachstehenden Informationen verstehen sich als ein Beitrag zur Gewinnung von Führungskräften und leitenden Mitarbeitern in den USA.

14.1.1   Das Kandidatenprofil

Für die Personalstelle in der Muttergesellschaft und die Inhaber/Geschäftsführer ist es oft nicht einfach, dass Profil des gesuchten Mitarbeiters in Amerika darzustellen, da oft unbewusst aber nicht unbedingt nützlich, Erfahrungen und Erwartungen aus den deutschen und vielleicht europäischen Erfahrungen einfließen. Es ist daher ganz besonders wichtig, zu berücksichtigen, dass sich die gestellten Anforderungen an dem US- oder NAFTA-Geschäftsusancen ausrichten und erst in zweiter Linie die Vorstellung der Muttergesellschaft einfließen.

Branchenerfahrung: Für deutsche Unternehmer ist es besonders wichtig, dass die Kandidaten Produkt- oder Branchenerfahrungen mitbringen.

Merke:	Diese deutsche Einstellung ist in den USA nur bedingt typisch und richtig.

Viel wichtiger ist, dass die Kandidaten bewiesen haben, dass sie Fachhändler/Endabnehmer und/oder andere Vertriebskanäle verstehen und deren Wünsche umsetzen können. Während in Deutschland ein Arbeitnehmer während seiner ganzen Karriere die Branche oft nur ausnahmsweise wechselt, ist dies in den USA absolut üblich und gute Unternehmen haben erkannt, dass sie in die (Produkt)Ausbildung nicht nur ihres Fachhandels, sondern auch ihrer (leitenden) Mitarbeiter investieren müssen. Besonders wichtig ist daher, dass alle anderen Charaktereigenschaften des Kandidaten stimmen und, dass bei ihm „the right head on his shoulder" sitzt. Zu berücksichtigen ist ebenso, dass sich die Notwendigkeit der Produktkenntnis im Detail mit der Größe der Firma verringert, da dann die General Management und Führungsaufgabe in den Vordergrund rückt.

Persönlichkeitsstruktur: Zu berücksichtigen ist gerade bei der Auswahl von Geschäftsführern die Aufgabe für den Kandidaten. Ist es nach jahrelanger Expansion notwendig die Firma zu konsolidieren (oder umgekehrt), muss die Firma saniert und neu ausgerichtet werden, soll die Tochtergesellschaft für einen Verkauf vorbereitet werden etc. Entsprechend ist das Profil des Kandidaten zu beschreiben. Bitte bedenken Sie ebenfalls, dass in der Zusammenarbeit zu berücksichtigen ist, dass der Kandidat während des „communication windows" (dem amerikanischen Vormittag) als ihr entfernter, leitender Angestellter fungiert, während er am Nachmittag selbstständig als Unternehmer tätig ist und den entsprechenden Freiraum benötigt um Entscheidungen zu treffen. Wie bereits angedeutet, ist deshalb die charakterliche und professionelle Eignung/Einstellung ganz besonders wichtig.

Kandidatengespräche: Es ist hinreichend bekannt, dass eine Vielzahl von Fragen in einem Kandidatengespräch nicht gestellt werden dürfen und dies ist ungewöhnlich für deutsche Geschäftsführer/Inhaber oder die Personalabteilung in deutschen Unternehmen. Als Aufgabe

37 finden Sie ein leichtes Quiz, an dem Sie ihre Interview Kenntnisse für den amerikanischen Markt testen können. Sicherlich ist ein Unternehmen gut beraten bei Führungskräften mit Personalberaten zusammenzuarbeiten, die auch die Interviews als Kernkompetenz so durchführen, dass der Auftraggeber, die entsprechenden Informationen, die vielleicht auf dem direkten Weg nicht zu erfahren sind, bekommen.

Fremdsprachen: Je mehr Sprachkenntnisse Sie fordern, desto eingeengter wird das Feld der Kandidaten. Wenn auch auf vielen Resumes Sprachkenntnisse angegeben werden, so stellt sich jedoch in der Praxis heraus, dass diese Sprachkenntnisse sich auf oft wenige Worte begrenzen und für den geschäftlichen Gebrauch unzureichend sind.

14.1.2   Die Firmendarstellung

Ein immer wieder vorkommender „Faux pas" gerade deutscher mittelständischer Unternehmen, bei der Selbstdarstellung in den USA und in Gesprächen mit Kandidaten ist, dass „deutsche Understatement".

Merke:	**Aus vielen Gründen ist der mittelständische, deutsche Unternehmer, oft nicht bereit, sein Unternehmen in positivster Form gegenüber dem Kandidaten und Kunden darzustellen. Das ist in Deutschland unüblich und unterscheidet sich grundsätzlich von Geschäftsgebaren in den USA.**

Um erstklassige Kandidaten zu finden, ist es notwendig, dass das Unternehmen sich entsprechend darstellt. Dazu ist heute z.B. der Standard, dass professionelle PowerPoint Präsentationen mit Ton vorgeführt werden können. Dies wird einem erfahrenen Kandidaten suggerieren, dass es die deutsche Firma auch außerhalb des Produktmarketing versteht, sich zu präsentieren. Zu bedenken ist dabei ebenfalls, dass viele deutsche Firmen mit US Wettbewerbern um Marktanteile kämpfen werden und das es daher umso wichtiger ist, dass auch ein deutscher Unternehmer seine Firma genauso professionell darstellt wie sein amerikanischer Kollege. Ganz davon abgesehen wird im Normalfall der US Wettbewerber nicht nur wesentlich größer in den USA sein und entsprechend auftreten, sondern auch bekannter sein und bestens eingeführt.

Zu bedenken ist ebenfalls, dass der jahrzehntelange Erfolg in Deutschland und Europa keine Garantie ist, für einen Erfolg in den USA. Sollten die Marke und die Produkte noch nicht ausreichend in den USA bekannt sein, so müssen die Unternehmen davon ausgehen, dass die amerikanischen Konsumenten oder Endverbraucher oder der Fachhandel sich vom Europaerfolg nicht beeindruckt zeigen werden. Für das US-Team wird einzig und allein entscheidend sein, ob das deutsche Unternehmen es versteht seine Kompetenz so in den USA zu vermarkten, dass sie sich im Wettbewerb behaupten kann.

Merke:	Für den deutschen Unternehmer ist es wichtig zu wissen, dass der Aufbau eines Markennamens mit erheblichen Kosten verbunden ist und, dass der Erfolg in vielerlei Hinsicht von diesem Bewusstsein abhängt.

Qualifizierte Kandidaten werden Sie nach Ihren Plänen in dieser Hinsicht fragen und erwarten konkrete Aussagen.

Zielsetzung: Für potentielle Kandidaten ist es gerade bei einer ausländischen Firma ganz besonders wichtig, über die globale Strategie und spezifisch über die Strategie und die Erwartungen des US-Marktes Informationen zu bekommen. Selbst bei kleinen, amerikanischen Firmen ist es heute üblich, dass Mission- oder Vision Statements stehen, die die langfristigen Pläne der Unternehmung beschreiben und dann im persönlichen Gespräch ausgeführt werden können.

14.1.3   Die Kandidatensuche

Hier gibt es je nach Anforderungen an den Kandidaten verschiedene Wege um zum Erfolg zu kommen, wobei ich mich heute auf die Suche nach Führungskräften oder Geschäftsführern beschränken möchte. Selbst in diesem engen Bereich gibt es verschiedene Wege:

Zeitungsannonce: Die USA sind geographisch gesehen 27 mal so groß wie Deutschland und es gibt keine wirklich überregionale Zeitung. Selbst das Wall Street Journal hat nur eine relativ begrenzte Auflage, berücksichtigt man die 280 Mio. Amerikaner. Es bietet sich also eine Anzeige zum Beispiel im Wall Street Journal nur in Ausnahmefällen an und auch nur für ganz spezifische Fälle. Der Verband der „American Executive Search Consultants" hat kürzlich in einer Information vermerkt, dass über diesen Weg wahrscheinlich weniger als 10% der Führungskräfte in den USA gesucht werden. Für Management Positionen ist im Normalfall auch die lokale und zu regionale Tageszeitung ungeeignet, ebenso Fachzeitschriften wegen der 2- bis 3-monatigen Vorlaufzeit.

Internet: Sie finden heute im Internet über verschiedene Portale eine überwältigende Anzahl von Jobsuchenden. Überwiegend handelt es sich jedoch dabei um Kandidaten, die zur Zeit der Suche in keinem festen Arbeitsverhältnis stehen und dies steht im Gegensatz zu unserer Erfahrung, wonach über 95% der vermittelten Kandidaten in einem festen Arbeitsverhältnis stehen und in den überwiegenden Fällen nicht aktiv nach einer neuen Position suchen. Aus diesem Grunde erscheint das Internet als ein nur bedingt und sinnvolles Instrument. Abgesehen davon haben sich eine Reihe dieser Institutionen am Markt nicht halten können.

On-Campus-Recruiting: Viele „Fortune 500" und große Firmen, die im Finanz- oder, Technologiebereich angesiedelt sind oder auch Anwaltsfirmen etc., betreiben sehr aktives „Recruiting" an den verschiedenen Universitäten. In den meisten Fällen bietet sich das für mittelständische, deutsche Tochtergesellschaften nicht an, da Absolventen dieser Institutionen oft Erwartungen haben, die eine deutsche Tochtergesellschaft nicht erfüllen kann (Umsatz/Mitarbeiterzahl/Karriereaussichten etc.).

Personalberatung: Dies ist sicherlich diejenige Methode, über die der Auftraggeber die am besten geeigneten Kandidaten finden wird. Wichtig dabei ist zu berücksichtigen, dass es verschiedene Arten von „Headhunting„ gibt, wobei für Führungskräfte sicherlich nur „Retained Executive Search" in Frage kommt.

14.1.4   Kandidatenresumes

Diese Unterlagen unterscheiden sich ganz erheblich von dem in Deutschland gewohnten Standard. Aufgrund verschiedener Gesetze in den USA und nicht zuletzt wegen des rechtlichen Umfeldes, fügt ein Kandidat weder ein Foto noch ein Zeugnis eines früheren Arbeitgebers oder andere aussagekräftige Dokumente bei. Bestenfalls erhalten Sie ein Empfehlungsschreiben in Form eines Briefes von einem früheren Arbeitgeber, wobei der Inhalt jedoch auch meistens nur begrenzt aussagekräftig und informativ ist. Stattdessen führt der Kandidat auf 2 bis 3 Seiten das auf, was er in den vergangenen Jahren bei verschiedenen Arbeitgebern geleistet hat und was er gerne an Sie weitervermittelt. Ein gut ausgebildeter Amerikaner ist dabei durchaus in der Lage, sein Eigenmarketing mit höchster Kreativität zu Papier zu bringen und es bietet sich daher an, dass die gemachten Aussagen überprüft werden. Das fängt an bei Universitätsabschlüssen und geht bis zu der Überprüfung von Angestelltenverhältnissen bei den verschiedenen Arbeitgebern. Viel schwieriger wird es allerdings, besonders für jemanden der mit der amerikanischen Kultur nicht oder nur am Rande vertraut ist, die wirklichen „hard & soft facts" herauszubekommen und schon allein aus diesem Grunde bietet es sich an mit einem Personalberater zu arbeiten. Es ist die Kernkompetenz ihres Personalberaters sich die wichtigen und wirklichen Informationen über seine eigenen Kanäle zu besorgen und in einem Interview mit dem Kandidaten zu bestätigen oder über diese Gespräche weitere Details herauszubekommen.

Merke:	**Sicherlich ist es auch richtig, dass ein guter Personalberater nicht nur ganz andere Fragen an den Kandidaten stellen kann als ein Auftraggeber, sondern auch in der Lage ist, die feinen Nuancen des Gespräches wahrzunehmen und in die Auswertung mit einfließen zu lassen.**

Grafologie ist in den USA nicht üblich, wird jedoch immer noch von einer Reihe von Firmen praktiziert, sollte allerdings lediglich zur Bestätigung der im Interview gemachten Erfahrungen und nicht als wichtiges Instrument zur Beurteilung der Kandidaten dienen.

Das persönliche Gespräch mit dem Kandidaten
Auf die „Do's and Dont's" bei Gesprächen wurde schon hingewiesen. Empfehlenswert ist jedem deutschen der vor der Aufgabe steht einen amerikanischen Kandidaten zu interviewen denselben Kandidaten auch von einem Amerikaner interviewen zu lassen. Nicht nur hören 4 Ohren mehr als 2 sondern auch aus sprachlichen Gründen ist dies empfehlenswert. Dem Deutschen werden ohne Zweifel viele oft aussagefähige Kleinigkeiten entgehen.

Der Kandidat sollte zu der Tochtergesellschaft in den USA eingeladen werden, um ihm die Möglichkeit zu geben sich mit den Aktivitäten vertraut zu machen. Man sollte davon ausgehen, dass ein Kandidat sich in dem Interview von seiner besten Seite zeigen wird, selbstverständlich korrekt gekleidet und rhetorisch präpariert.

Nicht anders als in Deutschland auch versuchen offene Fragen zu stellen deren Antwort sich nicht auf ein „Ja/Nein" beschränken kann. Reden Sie so wenig als nötig; den Kandidaten „kommen lassen". Hinterfragen in positiver und konstruktiver Form worauf er seinen Erfolg in den einzelnen Karriereschritten basiert; ins Detail gehen. Daran denken, dass es sich um ein beiderseitiges „Verkaufsgespräch" handelt.

14.1.5   Offer of Employment

Am Ende eines beidseitig als erfolgreich bewerteten Interviews bittet der Kandidat dann darum, dass ihm ein schriftliches Angebot unterbreitet wird. Der Auftraggeber wird im Normalfall die bereits besprochenen Punkte und Details zusammentragen, um dann von dem Kandidaten eine entsprechende Bestätigung zu bekommen. Er wird umso überraschter sein, als er oft feststellen muss, dass der Kandidat unerwartet ein Gegenangebot unterbreitet. Es ist hierbei ganz besonders wichtig, dass der Auftraggeber dies nicht als Affront oder schlechte Manieren des Kandidaten bezeichnet, sondern als einen ganz normalen Verhandlungsprozess zwischen zwei möglichen Partnern.

Wichtige Komponente einer Vereinbarung:
Bei dem Basisgehalt ist zu berücksichtigen, dass bei Kandidaten, die eine feste Arbeitsstelle verlassen, ein Sprung des Basisgehaltes von 10 – 20% selbst auf Basis heutiger Konjunktur nicht ungewöhnlich ist. Dies mag bei Kandidaten die momentan in keinem festen Arbeitsverhältnis stehen anders aussehen.

Bonus: Ein Bonus für Mitglieder der Geschäftsführung oder der leitenden Mitarbeiter ist absoluter Standard in den USA.

Merke:	Die Gestaltung des Bonusses ist Verhandlungssache, sollte aber möglichst an verschiedenen Eckwerten bemessen werden, damit eine abgerundete Leistung vorgelegt werden kann.

Wichtig ist, dass die Boni nach oben nicht begrenzt sind, auch wenn die durchschnittlichen tatsächlich ausbezahlten Boni bei mittelständischen Firmen zwischen 30 – 60% liegen. Bitte berücksichtigen Sie dabei, dass ein Amerikaner durchaus versteht, dass er in einem Jahr z.B. $ 200,000 verdient im nächsten Jahr aber lediglich $ 160,000. Der amerikanische Mitarbeiter auf Geschäftsführerebene ist durchaus bereit ein derartiges Risiko zu akzeptieren.

Kündigungszeit: Es ist hinreichend bekannt, dass Kündigungszeiten in Amerika mehr oder weniger ungewöhnlich sind. Es ist durchaus üblich, dass auch Manager bei einer Kündigung (egal von welcher Seite) noch am gleichen Tag ihren Arbeitsplatz verlassen. Bei kleinen Firmen ist es jedoch auch nicht unüblich, eine Kündigungsfrist von 4 – 12 Wochen zu vereinbaren. Tatsache ist, dass die Loyalität eines Managers im Normalfall mit der Kündigung beendet ist.

Wettbewerbsklausel: Eine Wettbewerbsklausel sollte in jedem Fall in den von einem Anwalt aufgesetzten Vertrag eingeschlossen sein. Wichtig ist es, dass die Wettbewerbsklausel so eng als möglich gesteckt wird, damit sie gerichtlich anerkannt wird und das eine so genannte „Consideration" vereinbart wird, die dem Unterzeichnenden als Gegenleistung für die Unterschrift auf diese Wettbewerbsklausel ausgezahlt wird. Sind diese beiden Punkte nicht berücksichtigt ist es praktisch fast unmöglich die Forderungen durchzusetzen. Mit dem Anwalt im Detail über die Wünsche sprechen, da sich die gesetzlichen Bedingungen auch von Staat zu Staat stark unterscheiden können und die Rechtsprechung sich laufend ändert.

Benefits: Der Kandidat sollte ebenfalls als Bestandteil der Unterlagen eine Zusammenfassung der Benefits erhalten mit Auskunft über Holiday- und Vacationpolicy, Krankenversicherung, 401K (Altersversorgung) u.v.a.

14.1.6   6 Monate Follow-Up

Abschließend noch einige grundlegende Informationen geben, die für die ersten 6 Monaten nach Einstellung besonders eines amerikanischen Geschäftsführers/leitenden Mitarbeiters wichtig sein könnten:

Merke:	**Grundsätzlich halten Amerikaner nicht viel von langen Einarbeitungszeiten bei denen z.B. ein Vorgänger, wochen- oder monatelang mit dem neuen Kandidaten zusammenarbeitet.**

Der Amerikaner ist recht praktisch eingestellt und wie schon vorher erwähnt, gilt die Devise des „learning by doing". Wo Informationen fehlen, wird ein professioneller Kandidat sich diese besorgen und um Informationen bitten. Ebenso haben die meisten Amerikaner kein Verständnis dafür, dass wochen- oder monatelange Aufenthalte bei der Muttergesellschaft in Deutschland geplant werden. Ein Amerikaner ist vielmehr daran interessiert, welches die wichtigsten Aufgaben sind, die in den kommenden Wochen und Monaten angegangen werden müssen und er möchte gerne, dass es ihm überlassen wird, wie er diese Probleme löst. Sicherlich ist es dabei empfehlenswert, dass in vernünftigen Zeiträumen und in geeigneter Form über die Fortschritte gesprochen wird.

Bekannt sind auch Erfahrungen mit amerikanischen Mitarbeitern und Geschäftsführern, die es als unangenehm empfinden, wenn sie zu eng geführt werden („micro-managed") und ihnen nicht der notwendige Freiraum gegeben wird, die Herausforderungen auf ihre Art und Weise zu lösen.

Merke:	**Der Amerikaner ist sehr stark Ergebnisorientiert und lässt sich ungern dabei in die „Karten" schauen.**

Die Verantwortlichen in der Muttergesellschaft sollten jedoch immer am Ball bleiben und zu einer Einigung über die Form der Kommunikation kommen. Wichtig dabei ist, dass die Kommunikation konstruktiv und positiv stattfindet, nicht in der oft in Deutschland eher üblichen „pessimistischen und destruktiven" Form.

Berichtswesen: Das deutsche Unternehmen sollte US-Geschäftsführung nicht mit Berichtswesen belasten, die im Hause weder gelesen noch kommentiert werden. Es gibt nichts schlimmeres, als aufwendige Monatsberichte zu schreiben, über die der Geschäftsführer über Jahre nichts hört bzw. Feedback bekommt; ausschließlich sinnvolle Berichte/Kommentare vereinbaren.

Kommunikation: Selbst heute ist es in Deutschland noch oft ungewöhnlich, dass leitende Mitarbeiter bereit sind, sich mit der in den USA üblichen „Voice Mail" auseinander zu setzen. Oft wird das von Amerikanern damit interpretiert, dass der deutsche Kollege sich den Aufgaben nicht stellen möchte, oder aber, dass er damit die fehlende deutsche Kundenorientierung dokumentieren möchte.

Merke:	Ein Amerikaner erwartet beidseitige, prompte Kommunikation und E-Mails sollten am gleichen Tage zumindest bestätigt, wenn nicht beantwortet werden und Telefonate retourniert werden.

Erfahrungen deutscher Unternehmen zeigen, dass wenn ein Großteil der hier aufgeführten Punkte im personellen Bereich berücksichtig wird, ein Team in Amerika zusammengestellt werden kann, dass die Tochtergesellschaft in kürzester Zeit zum Erfolg führen kann (vorausgesetzt es gibt keine „hausgemachten" (Produkt)Probleme. Ist das Unternehmen bereit, sich mit dem amerikanischen Kulturgut auseinander zu setzen, wird die Tochtergesellschaft schnellstmöglich zum erhofften, positiven Durchbruch kommen.

14.2   Übungsaufgaben zur Selbstkontrolle

Aufgabe 37: Interview Quiz
Fragen zugelassen oder nicht?

1. Sie schalten eine Anzeige und bitten um Photo und Handschriftenprobe.
2. Sie bitten um Information über den Namen des Colleges und Datum des Diploms.
3. Zur Auflockerung im Gespräch erzählen Sie, dass Sie Deutscher sind und fragen den/die Kandidaten/in wo er/sie herkommt.
4. Zwei Kandidaten sind in der Endrunde verblieben. Der 39 jährige ist besser qualifiziert als der 28 jährige (Ihr Personalberater hat das Alter für Sie herausgefunden). Trotzdem entscheiden Sie für den jüngeren Kandidaten.
5. Sie suchen für Ihre Fabrik einen „Security Guard" und verlangen einen handschriftlichen Text

6. Sie wollen sich für eine/n von zwei prequalifizierten Kandidaten/innen entscheiden. Der/die Qualifiziertere ist an den Rollstuhl gebunden. Aus diesem Grund entscheiden Sie sich für den/die andere(n) Kandidaten/in

7. Sie fragen einen Kandidaten/in ob er/sie jemals ein Drogen- oder Alkoholproblem gehabt hat.

Aufgabe 38:

Welches sind die wesentlichen Besonderheiten der Aufnahme internationaler Beziehungen deutscher Unternehmen in den USA?

Aufgabe 39:

Welches sind die wesentlichen Besonderheiten der Personalgewinnung in den USA?

15   Zusammenfassung und Ausblick

Trotz verstärkter Globalisierung ist heute noch die Bedeutung nationaler Eigenarten stark. Manchmal geht die gegenwärtige Liberalisierung schon zu weit. Nach Meinung des langjährigen Chefökonomen der OECD wollen die Menschen ihre Besitzstände wahren und sich durch gezielte Bevorzugung Vorteile erringen. In Deutschland so z.B. die Gewerkschaften: Sie wollen ihre Besitzstände wahren, haben eine sehr starke Position und wollen nicht in die Situation wie in Ostdeutschland geraten, wo es mehr Wettbewerb auf dem Arbeitsmarkt gibt:

Er wendet sich gegen zu viele Regulierungen und Kontrollen, denn die Weltwirtschaft hat eine unglaubliche, nicht zu managende Komplexität: „Gerade deshalb ist es so wichtig sicherzustellen, dass die Märkte richtig funktionieren. Es bereitet mir große Sorgen, wenn die Leute anfangen, von der Notwendigkeit einer globalen Regierung zu sprechen".

Schon auf der Welthandelskonferenz in Singapur und danach in Doha wandten sich die Entwicklungsländer gegen Mindestbedingungen der sozialen Standards und des Umweltschutzes. Dadurch würden die Armenländer und die ärmsten Bevölkerungsschichten ihrer Chancen beraubt. Unverständlich für viele, im Namen der Menschenrechte Forderungen zu erheben, die durch formale Gleichbehandlungen und Regulierungen mehr Schaden anrichten als Nutzen zu bringen.

Merke:	Die engere Zusammenarbeit rückt auch auf internationalem Gebiet die Personalführung in den Vordergrund – sie ist eine wichtige Teilfunktion der Unternehmensführung.

Während die Unternehmensführung von den Unternehmenszielen und den daraus abgeleiteten unternehmenspolitischen Strategien bestimmt wird, verkörpert die Personalpolitik wiederum einen bedeutenden Teilbereich der Unternehmenspolitik. Personalführung erfolgt primär durch Führungskräfte.

Eine gute Personalführung kann stark erleichtert werden, wenn innerhalb eines Unternehmens ein verbindlicher Handlungsrahmen und anerkannte Maximen der Zusammenarbeit vorliegen.

Eine funktions- und leistungsfähige Personalführung hat einen hohen Stellenwert für den langfristigen Unternehmenserfolg, die Prinzipien der Personalführung gehören zum Kernbereich der Unternehmensführung sowohl bei national als auch bei international tätigen Unternehmen. Ein besonderes Problem bringt Controlling und Verwaltung, da diese Bereiche oft sehr unterschiedlich praktiziert werden.

> **Merke:** **Selten hat ein multinationales Unternehmen noch ein nationales Zentralmanagement. Immer mehr werden Vertreter aus wichtigen Ländern in die obersten Führungsetagen berufen. Unabhängig von den vielschichtigen Überlegungen zur Zentralisierung oder Dezentralisierung der Organisationsstruktur multinationaler Unternehmen gelten für die Personalführung einige Besonderheiten.**

Die Personalführung hat zu berücksichtigen, dass die Mitarbeiter der einzelnen Landesunternehmen in unterschiedlichen Gemeinschaften leben, denken und arbeiten. Sie muss auf unterschiedliche Sitten, Gewohnheiten, Erfahrungen und Ansprüche Rücksichten nehmen. Deshalb muss sie vom Grundsatz her dezentral ausgerichtet sein. Sinnvollerweise sollte sich deshalb der Einfluss der Zentrale auf Grundsätze der Personalpolitik und damit auf Probleme beschränken, die mehrere Länder gleichzeitig betreffen. Dabei sollten Entscheidungen möglichst nach übergreifenden Gesichtspunkten dort gefällt werden, wo die größte Sachkenntnis vorhanden ist.

Allerdings ist nicht zu verkennen, dass multinationale Unternehmen über zentrale Überlegungen zur Investitionsplanung und Finanzierung hinaus ein Mindestmaß an Zusammenhalt brauchen, ohne dass die Unternehmensstruktur zerfallen würde.

> **Merke:** **In großen und zunehmend auch in mittleren Unternehmen werden Führungspositionen meist aus den eigenen Reihen besetzt, internationale Chancengleichheit sowie die Berücksichtigung weiblicher Führungskräfte werden forciert. Die wichtigsten Qualifikationen für Führungspositionen sind immer mehr Auslandserfahrungen sowie die Fähigkeit, sich in andere Kulturkreise einzuleben.**

Für das obere Management sollte gelten, dass die wesentlichen Formen der Führung ähnlich sind und diese bei gemeinsamen Tagungen in gewissen zeitlichen Abständen auch angesprochen werden. Dabei ist ein wichtiger Gesichtspunkt, dass die Mitglieder dieser Führungsebene auch untereinander bekannt sind. Dies wird nicht einfach sein und die Unternehmensführung und das Personalmanagement verstärkt herausfordern. Manche Unternehmen können dabei nicht ohne Hilfe von externen Unternehmensberatungen, Arbeitsvermittlung und Anwaltskanzleien am Standort der Auslandsniederlassung die Aufgaben erfüllen. Das gilt besonders bei der Entscheidungsvorbereitung, bei Personalbedarfsbestimmung und Personalauswahl.

Schon seit Jahren werden die meisten großen Unternehmen nicht mehr zentral geführt. So sind z.B. Niederlassungen in den wichtigsten ausländischen Märkten strategisch von Bedeutung.

> **Merke:** **Mit der Globalisierung von Unternehmen wachsen auch die Ansprüche an Manager und Mitarbeiter.**

Offenheit alleine und das Beherrschen von Fremdsprachen reichen nicht sehr aus. Erfolg wird vielmehr von richtigen Umgang und Auftreten anderen Kulturen gegenüber abhängen. Doch diese Ansprüche lassen sich in der Regel nur durch entsprechende Personalentwicklungsmaßnahmen erreichen.

Am Ende dieser Weiterbildung allerdings steht der Globalmanager, der sich in verschiedenen Kulturen souverän bewegt.

Die weltweite Verflechtung von Wirtschaft und Gesellschaft setzt sich nicht nur fort, sondern scheint an Intensität noch zu gewinnen. Immer deutlicher hervortretende Trends transformieren unsere Welt zunehmend in ein „Global Village".

- Die fortschreitende Entwicklung der Kommunikations- und Transporttechnologien bewirkt eine immer engere Verknüpfung auch der Entferntesten Gebiete und damit potentiellen Märkten für die Unternehmen. Intelligente Kommunikationsstrukturen überwinden zunehmend nationale Grenzen.
- In der Konsequenz begünstigt dies den Prozess der Globalisierung der Wirtschaft.

Die wachsende internationale Verflechtung wirtschaftlicher Aktivitäten führt immer mehr Menschen aus den verschiedensten Kulturen zusammen. Zur erfolgreichen Führung internationaler Unternehmen bedarf es daher in zunehmendem Masse eines kultursensitiven Managements, das in der Lage ist, auf Geschäftspartner aus anderen Kulturen kompetent einzugehen.

Auch der Vorgang der gesellschaftlichen und politischen Globalisierung erhöht die Kontakte zwischen Personen unterschiedlicher Kulturzugehörigkeit erheblich, So steigt das Ausmaß grenzüberschreitender Bevölkerungsraten in den westlichen Industrienationen zum Teil beträchtlich an und verstärkt die Herausbildung multiethnischer und multikultureller Bevölkerungsstrukturen. Da interkulturelle Kontakte damit unvermeidbar werden, müssen die Angehörigen der verschiedenen Kulturen und ethnischen Gruppen lernen, sich auf die jeweils andere Identität einzustellen. Zugleich schwächt sich, aufs Ganze gesehen, auch die Idee der nationalen Identität ab, was durch die Entstehung ländergrenzenübergreifender politischer Gebilde wie EU, NAFTA, NATO noch unterstützt wird.

Merke:	**Der mit dieser Entwicklung einhergehende politische Bedeutungsrückgang des Nationalstaats fördert grenzüberschreitende Begegnungen unterschiedlicher Kulturen ebenso wie die weitere Migration ethnischer Bevölkerungsgruppen.**

In Zukunft wird das Zusammenleben der Menschen stärker als je zuvor vom erfolgreichen Umgang mit kulturellen Unterschieden abhängen. Somit reift in nahezu allen Bereichen von Wirtschaft und Gesellschaft die interkulturelle Kompetenz der Menschen zu einer Schlüsselqualifikation heran.

Bikulturell kompetent ist derjenige, der die fremde Kultur soweit verstanden hat, dass er die Erwartungen, Verhaltensweisen und Reaktionen ihrer Mitglieder ähnlich gut vorhersehen bzw. nachvollziehen kann wie die der Mitglieder seiner eigenen Kultur und weiß, wie er sich selbst in bestimmten Situationen verhalten muss, damit seine Absichten auch in seinem Sinne verstanden werden. Dabei impliziert „interkulturelle Kompetenz" eine Lernerfahrung der Erschließung anderer Kulturen, die sich auch auf neue Länder und Gesellschaften übertragen lässt.

Merke:	Interkulturelles Management beschäftigt sich mit den Kulturbedingten Unterschieden in Arbeitsorganisationen sowie im Führungs- und Arbeitsverhalten der Menschen.

Beispiel: In jeder Kultur gibt es klare Erwartungen, wie Vorgesetzte und Untergebene miteinander umgehen sollten: Ob der Vorgesetzte leicht zugänglich sein sollte, ob er mit Mitarbeitern scherzen darf, ob er eigene Fehler zugeben sollte, inwieweit er sich für das Privatleben seiner Mitarbeiter interessieren sollte, ob Mitarbeiter ihm widersprechen dürfen, wenn sie fachlich anderer Meinung sind, welche Statussymbole angemessen sind, etc.

Obwohl jede Führungskraft ihren eigenen persönlichen Stil entwickelt, wird sie nur anerkannt und erfolgreich sein, wenn ihr Stil wichtigen Erwartungen der Kultur nicht dauerhaft zuwiderläuft.

Fallbeispiel: So berichtet die **BASF-Gruppe** zum Grundwert Interkulturelle Kompetenz:

Wir fördern kulturelle Vielfalt innerhalb der BASF-Gruppe und arbeiten als Team zusammen. Interkulturelle Kompetenz ist unser Vorteil im globalen Wettbewerb.

Leitlinien
- Wir wollen persönlich und fachlich geeignete Mitarbeiter aus allen Kulturen und Nationalitäten gewinnen, die sich engagiert für die Ziele und Werte unseres Unternehmens einsetzen.
- Führungsnachwuchs gewinnen wir aus allen BASF-Gesellschaften und bilden ihn bevorzugt aus den eigenen Reihen heran.
- Wir diskriminieren niemanden wegen Nationalität, Geschlecht, Religion oder anderer persönlicher Merkmale".

Merke:	Personalführung in unterschiedlichen Kulturen ist aber nur ein Gegenstand des interkulturellen Managements, andere Themen sind das Verständnis von Arbeitsverhältnissen und Geschäftsbeziehungen, Verhandlungsstile, Konfliktmanagement, Kundenbeziehungen, Planung und Entscheidungsfindung, Risikobereitschaft und Regelungsbedarf im Arbeitsleben, Arbeitsanweisungen und Wissensvermittlung, Vertragsverständnis, Präsentation und viele andere.

Alles, was Menschen in Arbeitsleben tun, findet im Rahmen kulturell geprägter Vorstellungen statt.

Zu den wichtigsten Quellen des Unternehmenserfolgs zählen neben der Marktorientierung insbesondere die Mitarbeiterorientierung eines Unternehmens sowie die Qualität seiner Human-Ressourcen. In besonderem Maße gilt dies für international tätige Unternehmen, deren Erfolg auf Auslandsmärkten wesentlich von Einsatz Auslandsorientierter und international erfahrener Führungskräfte und Mitarbeiter abhängt.

Gemeinsame Prinzipien der Personalführung für die obere Führungsebene des multinationalen Unternehmens sind unabdingbar für seine Stabilität. Dabei kann es sich je nach Unternehmen um einen sehr amerikanischen, europäischem (z.B. auch deutschen, französischen oder skandinavischen) oder japanischen Stil handeln. Im Idealfall könnte das obere Management so geführt werden, dass nur die Vorteile aller dieser Stilvarianten zur Geltung kämen. Da es das multinational besetzte Management bislang selten gibt, sind wir von dieser Wirklichkeit noch weit entfernt. Gleichwohl ist es sinnvoll, sofern herausragende Führungskräfte vorhanden sind, sie anzustreben.

Dies hätte zur Konsequenz, dass das Management-Development des multinationalen Unternehmens den Führungsnachwuchs aller Tochtergesellschaften systematisch erfasst und Förderungsprogramme einschließt, die den internationalen Wechsel zwischen verschiedenen Führungspositionen vorsehen. In der Realität werden jedoch meistens Angestellte des Stammhauses zu den Landesgesellschaften entsandt, von wo sie nach einer bestimmten Zeit wieder zurückkehren. Diese Praxis hat nicht nur historische Gründe. Vielfach ist bei den Mitarbeitern der Landesgesellschaften kein ausreichendes Know-how vorhanden.

> **Merke:** **In vielen Ländern ist jedoch in den letzten Jahren eine Verbesserung des Ausbildungsstandes eingetreten, so dass der Anteil der „Stammhausangestellten" eher abnehmen dürfte.**

Ganz zu schweigen von den zunehmenden Schwierigkeiten, genügend inländische Mitarbeiter zu finden, die ins Ausland gehen wollen.

Man wird den kulturellen und gesellschaftlichen Bedingungen der einzelnen Länder am besten gerecht, wenn die Geschäftsführung der Landesgesellschaften, soweit die fachlichen und führungsmäßigen Voraussetzungen vorhanden sind, Führungskräften des jeweiligen Landes übertragen wird. Dabei sollte es dem nationalen Management überlassen sein, die Prinzipien der Personalführung im Hinblick auf kulturelle Besonderheiten (z.B. Bedürfnisstrukturen, Einstellung zur Arbeit usw.) zu modifizieren. Ein guter Vorgesetzter in Deutschland ist noch nicht automatisch der richtige Chef in Asien.

> **Merke:** **Es scheint heute manchmal so, als sei die internationale Zusammenarbeit in Konzernen und Unternehmensberatungsfirmen so weit fortgeschritten, dass Probleme der Kulturen in den Hintergrund getreten sind.**

Es gibt kaum Anhaltspunkte, dass sich Kulturen mit der Zeit international nähern. Unterschiede in den Werten bei Ländern, die bereits vor Jahrhunderten beschrieben wurden, gelten trotz fortdauernder intensiver Kontakte bis heute. Es entsteht sogar der Eindruck, dass die Unterschiede innerhalb eines Landes oft immer größer werden, dass sich ethnische Gruppen ihrer Identität erneut bewusst werden und politische Anerkennung fordern. Dazu tragen auch die internationalen Medien bei.

Darüber hinaus haben ethnische Minoritäten oft ein internationales Netzwerk gebildet und beeinflussen sogar die Weltwirtschaft. Das gilt z.B. für den Islam, aber auch für die Auslandschinesen. Sie sind neben den Wirtschaftsblöcken USA, Westeuropa und Japan eine vierte Wirtschaftsmacht geworden. Die aktuelle Situation in den USA zeigt neue Dimensionen auf.

Multinationale Unternehmen agieren in Ländern mit unterschiedlichen Wirtschafts- und Gesellschaftsstrukturen, auf die sie ebenfalls Rücksicht nehmen müssen. Auch internationale Organisationen, z.B. die UNO, die OECD oder die Europäischen Gemeinschaften, versuchen, Rahmenvorschriften auf bestimmten Rechtsgebieten zu erlassen. Davon ist abzuraten.

Insgesamt handelt es sich um den Versuch, einheitliche Maßstäbe bzw. Vorschriften festzulegen, die für alle Länder und Unternehmen gleichermaßen selten sollen. Den politischen, gesellschaftlichen und kulturellen Besonderheiten der einzelnen Länder steht der zwanghafte Wunsch zur Vereinheitlichung und Schematisierung gegenüber. Dies kann nur zu Bürokratie und Inflexibilität führen, auch wenn zuzugeben ist, dass manches Unternehmen in der Vergangenheit im Prinzip genauso schematisch und undifferenziert vorgegangen ist.

Es muss darüber nachgedacht werden, wie sich die Vorteile der unterschiedlichen Führungsformen in den einzelnen Ländern der Erde an besten auswirken können. Erfolgreiche Führungsprinzipien können nicht ohne weiteres auf andere Länder übertragen werden.

Die **wichtigsten Themen** für internationale Zusammenarbeit vor allem in Wirtschaft und Verwaltung sind:

1. Die wesentlichen Anforderungskriterien an internationale Mitarbeiter sind nach wie vor entsprechende Fremdsprachenkenntnisse, interkulturelle Kenntnisse und Erfahrungen sowie Persönlichkeitskriterien, wie Toleranz, Kontaktfreude und Geduld. Die Zusammensetzung und die Ausprägung der einzelnen Kriterien differieren dagegen je nach der unternehmensspezifischen Positionierung und der strategischen Zielrichtung.
2. Die Beschäftigung mit Auslandspersonalpolitik entspricht nicht der Bedeutung der deutschen Außenwirtschaftsaktivitäten. Dies gilt insbesondere für die Wachstumsregionen im asiatisch-pazifischen Raum und größenspezifisch für die mittelständisch strukturierten Unternehmen. In den meisten Unternehmen fehlt es an einer systematischen internationalen Personalentwicklung mit dem Ziel eines Ausgleichs von Defiziten bei Führungskräften international tätiger Unternehmen.
3. Die Unternehmen sind konfrontiert mit einer sinkenden Bereitschaft der entsprechenden Mitarbeiter für einen Auslandseinsatz. Die Gründe hierfür liegen im Wertewandel, wie Einstellungen zu Karriere und Familie, im sozialen Beziehungsnetz und in den erwarteten Reintegrationsproblemen. In den Unternehmen fehlt noch ein entsprechendes Problembewusstsein.

4. Auslandspersonalpolitik umfassend anzusetzen heißt: Ziele, Kosten und Personalarbeit in den Einzelfällen zu integrieren. Um ein System qualifizierter internationaler Personalentwicklung, bestehend aus Anforderungsprofilen und Maßnahmen, zu entwickeln, müssen zuerst die unternehmensspezifischen Voraussetzungen der Internationalität überprüft und festgelegt werden. Hierfür sind dann die Anforderungen der jeweiligen Märkte zu analysieren, die Positionierung des Unternehmens im internationalen Kontext zu bestimmen und die strategischen Ziele des Unternehmens im internationalen Kontext festzulegen.

5. Auslandsaktivitäten erfordern regelmäßig Entwicklungsprozesse bei den Mitarbeitern. Darauf beruht die personalpolitische Notwendigkeit, Personalarbeit in Einzelfällen als Personalentwicklung zu begreifen, zu planen und zu praktizieren. Ausgehend von dieser unternehmenspolitischen Ausrichtung können Anforderungsprofile für „internationale Mitarbeiter" entwickelt werden und entsprechende Maßnahmen der internationalen Personalentwicklung konzipiert und umgesetzt werden.

6. Die Planung der Personalentwicklung in Ausland muss Grundlagen der Auslandstätigkeit (Auswahl, Vorbereitung. Vertragsbedingungen), Betreuung während des Auslandseinsatzes und eine dynamische Rückgliederungs- und Integrationsplanung umfassen.

7. Ein Anreizsystem mit monetären und nichtmonetären Elementen ist die Antwort auf die abnehmende Bereitschaft von Mitarbeitern zur internationalen Karriereentwicklung. Neben den Vergütungselementen haben insbesondere die Karriereplanung und die Gestaltung der Reintegration im Anschluss an Auslandseinsätze eine hohe Bedeutung. Kernstück der Personalentwicklungsplanung im Ausland ist demnach eine dynamische Rückgliederungs- und Integrationsplanung.

Führen und Zusammenarbeit bedeuten auch Zusammenführen der Menschen eines Unternehmens. Führungskräfte bei unterschiedlichen wirtschaftlichen, politischen und sozialen Organisationen können sich heute kaum noch durch Geld und Besitz unterscheiden und sich auch selten auf den formalen Bildungsrang berufen. Die Führung der Veränderung erfordert die Veränderung der Führung. Wenn der Begriff Elite heute noch einen Sinn macht, dann nur noch als das Vermögen zur geistigen Führung. Und geistige Führung ist heute in einer grenzenlos kommunizierenden Welt gleichbedeutend mit der Fähigkeit zum Zusammenführen des Wissens aus unterschiedlichen Fachgebieten, Systemen und teilweise auch Epochen.

Eine der wichtigsten Voraussetzungen für alle Führungskräfte ist ein großes Einfühlungsvermögen den unterschiedlichsten Menschengruppen gegenüber. Nur dann können sie langfristig erfolgreich wirken.

Für die Unternehmensleitungen bleibt – selbst wenn sie jetzt zunehmend stark durch Weiterbildungseinrichtungen (vgl. z.B. IFIM) unterstützt werden – noch viel zu tun, wenn die eher zunehmenden Schwierigkeiten überwunden werden sollen.

16   Lösung der Übungsaufgaben

Aufgabe 1:
a) Entwicklung der Unternehmensstrategie 2. Internationales Projektmanagement und 3. Bildung von internationalen Kompetenzzentren
b) Zunehmend sind Unternehmen in außereuropäischen Regionen aktiv, deren Kultur stark von der deutschen abweichen. Kulturen sind bei alledem keinesfalls statisch, sondern verändern sich ständig durch die Auseinandersetzung mit Einflüssen von außen (Fremdkulturen) und innen (Subkulturen).

Aufgabe 2:
a) Globale Unternehmen haben die Fähigkeit, ihren Kunden weltweit die gleiche Leistungspalette zur Verfügung zu stellen. Diese Fähigkeit setzt voraus, dass die erforderlichen Kernkompetenzen entlang der Wertschöpfungskette von Forschung und Entwicklung über die Produktion bis zum Vertrieb global ausgerichtet und optimiert werden.
b) 1. Arbeitgeber und Gewerkschaften 2. Globalisierung und Wirtschaft 3. Globalisierung und Gesellschaft 4. Globalisierung und Politik 4. Steuer- und Finanzpolitik 5. Tarifpolitik und 6. Arbeitsmarktpolitik

Aufgabe 3:
Die Bedeutung des Personalwesens im Rahmen der Globalisierung von Management-Prozessen wird an vielen Punkten deutlich. Qualifizierungs-, Teamentwicklungs- und Motivationsinstrumente schaffen erst die Voraussetzung für eine gute internationale Zusammenarbeit in globalisierten Geschäftsprozessen.

Aufgabe 4:
Das internationale Personalmanagement beschäftigt sich mit allen Maßnahmen, durch die geeignete Humanressourcen in international tätigen oder multinationalen Unternehmen dauerhaft sichergestellt werden kann. Zum einen geht es dabei um Impulse, die das Personalmanagement gerade bei der Abwägung geben kann, ob, wo und wie sich das Unternehmen im Ausland engagieren sollte. Zum anderen geht es dabei um die Konzeption, Umsetzung und Steuerung des grenzüberschreitenden, internationalen Personalmanagements.

Interkulturelles Personalmanagement beschäftigt sich mit den kulturbedingten Unterschieden in Arbeitsorganisationen sowie im Führungs- und Arbeitsverhalten von Menschen.

Aufgabe 5:

Die Gestaltung des internationalen Personaleinsatzes sollte sich am sog. Global Employment-Cycle orientieren, dem die Auswahl-, die Vorbereitungs-, die Einsatz- und die Wiedereingliederungsphase entsprechend dem zeitlichen Ablaufprozess zugrunde liegt. Diese vier aufeinander aufbauenden Phasen sind unabhängig von Ursprung und Ziel der grenzüberschreitenden Beschäftigung.

Aufgabe 6:

Von Seiten der Gewerkschaften wird vor allen Dingen gefordert, dass die sozialen Errungenschaften, insbesondere im Arbeitsrecht und beim Arbeitsschutz, nicht als Hemmnisse auf dem Wege zur wirtschaftlichen Integration begriffen und dabei in Frage gestellt werden. Danach sollen EG-Regelungen, die z.B. weniger Schutz gewähren als nationale Regelungen, nur als Mindestnorm gefasst werden. Davon wären die Arbeitnehmer und Gewerkschaften direkt betroffen, aber auch das Interesse von Eigentümern und Management berührt. Dies gilt vor allem für kleine und mittlere Unternehmen, denn die internationalen Konzerne haben schon bisher eine internationale Zusammenarbeit praktiziert.

Aufgabe 7:

Die kürzesten Arbeitszeiten mit dem höchsten Lohnniveau, einen ausgeprägten Sozialstaat, und zwar schon seit einer Zeit, als das Wort Globalisierung noch keiner kannte. Ferner steht Deutschland für eine tickende demographische Zeitbombe, eine ungelöste Reformfrage, wie wir den Generationenvertrag so formulieren können, dass er von der jüngeren Generation noch verkraftet werden kann. Für hochkomplexe und überteuerte Steuer- und Abgabensysteme, die eine gewaltige Wertschöpfung in den „zweiten" Arbeitsmarkt treiben. Nach Berechnungen von Sachverständigen liegt die Größenordnung bei 16 Prozent des Bruttosozialprodukts sowie für einen überregulierten Arbeitsmarkt.

Aufgabe 8:

Ethnozentrische Strategien: Prägung der Unternehmenskultur durch das Stammhaus: polyzentrische Strategien: Betonung nationaler Eigenständigkeit in den Tochtergesellschaften und Niederlassungen. Regiozentrische Strategien: Regiozentrisch ist ein Mix aus polyzentrisch und geozentrisch. Strategien werden eng koordiniert innerhalb verschiedener Regionen (z.B. Europa); die Regionen operieren relativ unabhängig voneinander. Geozentrische Strategien: Integration der Länderkulturen wesentlicher Tochtergesellschaften und Märkte in eine multinationale Unternehmensphilosophie mit Leitbild, Führungsgrundsätzen, Kundenorientierung und Strategien.

Aufgabe 9:

Eigenschaften, die man zusammenfassen kann als a) fachliche Qualifikationen sinnvoll zu verwerten und b) die Führungsfunktion optimal zu gestalten.

Aufgabe 10:

Wir können davon ausgehen, dass wir in der nächsten Dekade mehr Veränderungen, Informationen, neue Produkte, Dienstleistungen, technologische, ökonomische und soziale Innovationen erleben werden, als in den vergangenen 20 Jahren insgesamt beobachtet werden konnten. Diese Ereignisse und Trends finden sich in diversen Szenarien und lassen sich grob auf die beiden Schlagworte ökonomische und technologische Umweltveränderungen reduzieren.

Aufgabe 11:

Selten hat ein multinationales Unternehmen noch ein nationales Zentralmanagement. Immer mehr werden Vertreter aus wichtigen Ländern in die obersten Führungsetagen berufen. Unabhängig von den vielschichtigen Überlegungen zur Zentralisation oder Dezentralisation der Organisationsstruktur multinationaler Unternehmen gelten für die Personalführung einige Besonderheiten. Deshalb muss sie vom Grundsatz her dezentral ausgerichtet sein. Sinnvoller Weise sollte sich deshalb der Einfluss der Zentrale auf Grundsätze der Personalpolitik und damit auf Probleme beschränken, die mehrere Länder gleichzeitig betreffen. Dabei sollten Entscheidungen möglichst nach übergreifenden Gesichtspunkten dort gefällt werden, wo die größte Sachkenntnis vorhanden ist.

Aufgabe 12:

Die fortschreitende Entwicklung der Kommunikations- und Transporttechnologien bewirkt eine immer engere Verknüpfung auch der entferntesten Gebiete und damit potenziellen Märkten für die Unternehmen. Intelligente Kommunikationsstrukturen überwinden zunehmend nationale Grenzen. In der Konsequenz begünstigt dies den Prozess der Globalisierung

der Wirtschaft. Die wachsende internationale Verflechtung wirtschaftlicher Aktivitäten führt immer mehr Menschen aus den verschiedensten Kulturen zusammen. Zur erfolgreichen Führung internationaler Unternehmen bedarf es daher in zunehmendem Maße eines kultursensitiven Managements, das in der Lage ist, auf Geschäftspartner aus anderen Kulturen kompetent einzugehen.

Aufgabe 13:

Internationale Organisationen, z.B. die UNO, die OECD oder die Europäischen Gemeinschaften, versuchen, Rahmenvorschriften auf bestimmten Rechtsgebieten zu erlassen. Davon ist abzuraten. Insgesamt handelt es sich um den Versuch, einheitliche Maßstäbe bzw. Vorschriften festzulegen, die für alle Länder und alle Unternehmen gleichermaßen gelten sollen. Den politischen, gesellschaftlichen und kulturellen Besonderheiten der einzelnen Länder steht der zwanghafte Wunsch zur Vereinheitlichung und Schematisierung gegenüber; Dies kann nur zu Bürokratie und Inflexibilität führen, auch wenn zuzugeben ist, dass manches Unternehmen in der Vergangenheit im Prinzip genauso schematisch und undifferenziert vorgegangen ist.

Aufgabe 14:

Es gibt kaum Anhaltspunkte, dass sich Kulturen mit der Zeit international nähern. Unterschiede in den Werten bei Ländern, die bereits vor Jahrhunderten beschrieben wurden, gelten trotz fortdauernder Intensiver Kontakte bis heute. Es entsteht sogar der Eindruck, dass die Unterschiede Innerhalb eines Landes oft immer größer werden, dass sich ethnische Gruppen ihrer Identität erneut bewusst werden und politische Anerkennung fordern.

Aufgabe 15:

Siehe den Beitrag von Hummel/Zander 2005 d).

Aufgabe 16:

- Positionsbeschreibung und resultierende Anforderungsanalyse. Rückgriff auf vorhandene Materialien, spezifische Bestellung nach den beschriebenen Methoden, Benchmarking.
- Positions- und landesspezifische Marktansprache. Hierbei gibt es die wesentlichen Alternativen der anzeigen gestützten Suche und der Direktansprache (Kontaktnetze, Empfehlungen, systematische Direktansprache auf der Basis von Zielfirmen).
- Erste Auswahlstufe auf der Basis von Telefoninterviews und schriftlichen Bewerbungsunterlagen. Hierbei Hinzuziehung derjenigen Anforderungskriterien, die über diese
- Form der Informationsdokumentation zuverlässig beurteilbar sind (in der Regel klares Primat von Fach- gegenüber Verhaltensanforderungen in dieser Phase). Des Weiteren klassische Ausschlusskriterien (Gehaltsgrenzen, räumliche Mobilität, Tabu-Firmen etc.).
- Bewerbergespräche. Idealerweise auf der Basis eines Anforderungsanalyse-gestützten teilstrukturierten Interviewleitfadens. Neben der Auswahlfunktion auch klare Motivierungsfunktion, um attraktive Bewerber für Folgegespräche zu gewinnen. Die professionelle Unternehmenspräsentation gemäß der Landeskriterien ist gerade für mittelgroße Unternehmen wesentlich, die ansonsten lokal häufig über kein profundes Arbeitgeberimage verfügen. Achtung: Die Nutzung renommierter Berater hat für Bewerber eine Signalfunktion und kann Personalmarketing-Defizite eines Auftrag gebenden Unternehmens kompensieren.
- Vertiefende Folgegespräche/Beurteilungsstufen. Klassische ist eine zweite Gesprächsrunde, evtl. angereichert durch Referenzinformationen (in Deutschland weitaus populärer als in den meisten interessanten ausländischen Wirtschaftsregionen). Zunehmender Einsatz von Fallstudien im Rahmen von halb- oder ganztägigen Einzel-Assessments. Idealerweise Beobachterteam mit Divisionschef und/oder Mutterhaus-Personalleiter.
- Vertragsverhandlungen und Abschluss. Gerade bei mittelgroßer Unternehmensgruppe lokal häufig durch wirtschaftsjuristische Unterstützung vor Ort. Bei vielen Beratungsunternehmen informeller Bestandteil des Leistungskataloges, obwohl in der Regel keine arbeitsrechtliche Beratung vollzogen werden darf. Alternativ Rückgriff auf Auslandspezialisierte Beratungsunternehmen/Standard-Vertragstexte.

Aufgabe 17:

Es besteht die Gefahr, dass der Mitarbeiter in der Auslandsniederlassung „zentrifugale Freiheiten" entwickelt, womit er sich schleichend von der Zentrale entfremdet und dort letztlich

„seine Lobby" verliert. Die Folge kann sein, dass sich der Arbeitgeber schwer tut, das Rückflugticket auszustellen, und eher versuchen wird, den Mitarbeiter im Ausland möglicherweise an einem anderen Standort zu belassen. Die Dauer von Entsendungen ist von verschiedenen Einflussfaktoren abhängig, Entscheidend können sein die jeweilige Hierarchieebene des Entsandten, die vor Ort wahrzunehmende Aufgabe sowie die familiäre Situation. Dabei dauert die Mehrzahl der Entsendungen zwischen einem und drei Jahren. Kürzere Entsendungen sind eher die Ausnahme, weil der Aufwand der Auswahl und Vorbereitung von Entsendungen häufig in keinem Ergebnis zum Erfolg stehen. Etwa ein Drittel der Unternehmen gibt daher an, dass die Entsendungen durchschnittlich länger als drei Jahre dauern (siehe Schaubild 3).

Aufgabe 18:

1. Die wesentlichen Anforderungskriterien an internationale Mitarbeiter sind nach wie vor entsprechende Fremdsprachenkenntnisse, interkulturelle Kenntnisse und Erfahrungen sowie Persönlichkeitskriterien, wie Toleranz, Kontaktfreude und Geduld. Die Zusammensetzung und die Ausprägung der einzelnen Kriterien differieren dagegen je nach der unternehmensspezifischen Positionierung und der strategischen Zielrichtung.

2. Die Beschäftigung mit Auslandspersonalpolitik entspricht nicht der Bedeutung der deutschen Außenwirtschaftsaktivitäten. Dies gilt insbesondere für die Wachstumsregionen im asiatisch-pazifischen Raum (vgl. die Übersicht 2) und größenspezifisch für die mittelständisch strukturierten Unternehmen. In den meisten Unternehmen fehlt es an einer systematischen internationalen Personalentwicklung mit dem Ziel eines Ausgleichs von Defiziten bei Führungskräften international tätiger Unternehmen.

3. Die Unternehmen sind konfrontiert mit einer sinkenden Bereitschaft der entsprechenden Mitarbeiter für einen Auslandseinsatz. Die Gründe hierfür liegen im Wertewandel, wie Einstellungen zu Karriere und Familie, im sozialen Beziehungsnetz und in den erwarteten Reintegrationsproblemen. In den Unternehmen fehlt noch ein entsprechendes Problembewusstsein.

4. Auslandspersonalpolitik umfassend anzusetzen heißt: Ziele, Kosten und Personalarbeit in den Einzelfällen zu integrieren. Um ein System qualifizierter internationaler Personalentwicklung, bestehend aus Anforderungsprofilen und Maßnahmen, zu entwickeln müssen zuerst die unternehmensspezifischen Voraussetzungen der Internationalität überprüft und festgelegt werden. Hierfür sind dann die Anforderungen der jeweiligen Märkte zu analysieren, die Positionierung des Unternehmens im internationalen Kontext zu bestimmen und die strategischen Ziele des Unternehmens im internationalen Kontext festzulegen.

5. Auslandsaktivitäten erfordern regelmäßig Entwicklungsprozesse bei den Mitarbeitern. Darauf beruht die personalpolitische Notwendigkeit, Personalarbeit in Einzelfällen als Personalentwicklung zu begreifen, zu planen und zu praktizieren. Ausgehend von dieser unternehmenspolitischen Ausrichtung können Anforderungsprofile für „internationale Mitarbeiter" entwickelt werden und entsprechende Maßnahmen der internationalen Personalentwicklung konzipiert und umgesetzt werden.

6. Die Planung der Personalentwicklung in Ausland muss Grundlagen der Auslandstätigkeit (Auswahl, Vorbereitung. Vertragsbedingungen), Betreuung während des Auslandseinsatzes und eine dynamische Rückgliederungs- und Integrationsplanung umfassen.

7. Ein Anreizsystem mit monetären und nichtmonetären Elementen ist die Antwort auf die abnehmende Bereitschaft von Mitarbeitern zur internationalen Karriereentwicklung. Neben den Vergütungselementen haben insbesondere die Karriereplanung und die Gestaltung der Reintegration im Anschluss an Auslandseinsätze eine hohe Bedeutung. Kernstück der Personalentwicklungsplanung im Ausland ist demnach eine dynamische Rückgliederungs-und Integrationsplanung.

Aufgabe 19:

Um die erwähnte Attraktivität für den Mitarbeiter und die Kosteneffizienz für das Unternehmen sicherzustellen sollte ein unternehmensweit gültiges Konzept erarbeitet werden, das wiederum Teil einer international kompatiblen Vergütungspolitik und damit Teil der Unternehmensstrategie ist. Internationale Vergütungspolitik reagiert flexibel auf lokale Besonderheiten, sie orientiert sich aber an weltweit einheitlichen Maßstäben und wird zentral koordiniert. Durch klare Zielvorgaben an für ihre Einheiten ergebnisverantwortliche lokale Führungskräfte und Expatriates und durch die Kopplung von Zielerreichung und Gehaltsfestsetzung kann ein Zusammenhalt des Ganzen gesichert werden. Internationale Vergütungspolitik hat also für weltweit agierende Unternehmen eine wichtige Klammerfunktion. Kritisch kann bemerkt werden, dass langfristig wohl eine Harmonisierung unterschiedlicher Regelungen entweder auf einem mittleren Niveau oder im Sinne eines Gesamtbetrages sinnvoll wäre, so dass dann innerhalb des dann vorgegebenen Rahmens eine Individualisierung des Entgelt eher möglich ist und darüber hinaus auch die Spielräume für eine Flexibilisierung größer werden. Seiner Einschätzung nach sind die meisten Unternehmen von diesem Ziel noch sehr weit und wohl auch noch sehr lange entfernt, so dass die tägliche Praxis eher von einem intelligenten „muddling-through" bestimmt wird. Hier besteht sicherlich ein lohnender Anknüpfungspunkt für die anwendungsbezogene Personalforschung.

Aufgabe 20:

Auslandseinsätze sind unverändert ein wichtiges Instrument der Unternehmensstrategie weltweit operierender Unternehmen und Organisationen, sie dienen:

- dem Aufbau und die Entwicklung von Märkten,
- dem Transfer von Wissen,
- der Durchsetzung von Konzerninteressen in ausländischen Tochtergesellschaften sind die vorherrschenden Motive, einen Mitarbeiter für mehrere Jahre ins Ausland zu entsenden.

Aufgabe 21:

- In der heutigen wirtschaftlichen Situation unterliegen die Unternehmen einem starken Kostendruck. Dies schlägt sich auf die Gestaltung der Konditionen für internationale Personaleinsätze nieder. Es wird auch zunehmend die Frage der Kosten-Nutzen-Relation zwischen Expatriates und lokalen Mitarbeitern gestellt. Aber nicht nur das Thema Kostenkontrolle und -effektivität spielt derzeit eine große Rolle bei den Unternehmen, viele weitere Themen stehen ganz oben auf der Agenda der HR Manager sei es die effektivere Organisation der Personaltransfers oder aber die Reaktion auf ganz neue Entwicklungen z.B. im internationalen Personalwesen.

- Immer mehr Firmen reduzieren Incentives für Entsendungen wie Mobilitätszulagen, Foreign Service Premiums oder Auslandszulagen und gehen über zur Zahlung leistungsabhängiger Prämien, die der Expatriate bei entsprechender Performance erreichen kann. Ebenso wird in vielen Fällen nach dem System des Gastlandes verfahren.

Aufgabe 22:

das Verhältnis zu Macht

Machtdistanz kann definiert werden ... „als das Ausmaß, bis zu welchem die weniger mächtigen Mitglieder von Institutionen bzw. Organisationen eines Landes erwarten und akzeptieren, dass Macht ungleich verteilt ist".

das Verhältnis zwischen Individuum und Gesellschaft

Eine Gesellschaft ist individualistisch, wenn die Beziehungen zwischen den Individuen unverbindlich sind.
Eine Gesellschaft ist kollektivistisch, wenn Individuen von ihrer Geburt an in starke, geschlossene Gruppen aufgenommen sind, die ihnen im Tausch für bedingungslose Loyalität lebenslangen Schutz bieten.

Die erwünschten Rollen von Mann und Frau

Eine Gesellschaft ist maskulin, wenn soziale Geschlechtsrollen klar getrennt sind: Von Männern wird erwartet, durchsetzungsfähig und hart zu sein und materielle Erfolge anzustreben; Frauen haben weich und gefühlvoll zu sein, und es wird erwartet, dass sie vor allem auf die Sorge für das Lebenswohl ausgerichtet sind.
Eine Gesellschaft ist feminin, wenn sich die Geschlechtsrollen überschneiden; sowohl von Männern als auch von Frauen wird erwartet, dass sie bescheiden und gefühlvoll sind und sich auf die Sorge um das Lebenswohl richten.

Unsicherheitsvermeidung

Unsicherheitsvermeidung bezeichnet das Ausmaß, in dem sich Mitglieder einer Kultur durch unsichere oder unbekannte Situationen bedroht fühlen; dieses Gefühl äußert sich unter anderem in nervöser Gespanntheit, einem Bedürfnis nach Vorausschaubarkeit und nach formalen und informalen Regeln.

kurz- und langfristige Orientierung

Langfristige Orientierung ist auf Investitionen gerichtet, die langfristige ihren Nutzen erweisen. Für die kurzfristige Orientierung ist der Wunsch charakteristisch, an Trends und Moden teilzuhaben, ungeachtet welche Konsequenzen daran in der Zukunft verbunden sind.

Aufgabe 23:

Es ist sehr wahrscheinlich, dass jedes Gruppenmitglied eine andere Vorstellung darüber hat, worin sein Beitrag zur effizienten und effektiven Gruppenarbeit besteht. Hinzu kommt, dass bei interkulturell zusammengesetzten Gruppen, die Auffassungen der einzelnen Gruppenmitglieder bei der Erfassung, Analyse, Behandlung und Bewertung Arbeitsbezogener Problemstellungen sowie den Beitrag, den der Einzelne in den unterschiedlichen Phasen zu leisten hat, divergieren.

Aufgabe 24:

Die Entwicklung zu einer Gruppe unterliegt einem Phasenprozess, der im Zeitablauf zu sehen ist und mit jeweils unterschiedlichen Verhaltensweisen der Gruppenmitglieder verbunden ist. Wer das Aufgabenverhalten in den entsprechenden Phasen nicht richtig einzuschätzen weiß, wird den Gruppenbildungsprozess unnötig erschweren, möglicherweise ihn sogar verhindern.

Für eine effektive Leitung ist es notwendig, dass der Leitende:

- eine deutliche Position gegenüber der Interkulturalisierung und den Konsequenzen, die das für die Entwicklung der Organisation und der Personalpolitik hat, einnimmt;
- Einblick hat in die Mechanismen, die die Beziehung zwischen Mehrheit und Minderheit bestimmen. Dabei geht es um die Kernbegriffe: Kultur, Macht und Identität;
- eine Haftung entwickelt, die sich durch Toleranz für unterschiede auszeichnet und in der der Mehrwert der interkulturellen Zusammenarbeit einen zentralen Platz einnimmt;
- über Fähigkeiten verfügt, die geplanten Ziele effektiv realisieren zu können, d.h. vor allem eine gute Kommunikation mit den Mitarbeiter(innen) zustande bringen, den passenden Leitungsstil anwenden und die vorhandenen Mitarbeiterpotenziale zielgerichtet entwickeln.

Aufgabe 25:

Die Organisationsstruktur international tätiger Unternehmen wird von einer Vielzahl von Variablen beeinflusst. In einem ersten Schritt können diese Variablen in **interne** und **externe** Determinanten aufgeteilt werden (siehe Abb.1). Im Hinblick auf die **externen** Faktoren lassen sich folgende Aussagen treffen:

Die Konkurrenzstruktur und das Konkurrenzverhalten beeinflusst die organisatorische Gestaltung von Unternehmen insofern, als zu unterscheiden ist, ob globale oder multinationale Wettbewerbsstrukturen vorliegen. Marktcharakteristika umfassen Strukturvariablen wie Marktgröße, Marktwachstum, Marktpotential, sowie die Innovationsintensität eines Marktes. Je nachdem hat sich die Organisation des international tätigen Unternehmens entsprechend anzupassen z.B. im Hinblick auf die Größe von Organisationseinheiten und deren Flexibilität. Bedeutende Größe aus Marketing-Sicht im Hinblick auf die Organisationsstruktur international tätiger Unternehmen stellen die Nachfragestruktur und das Nachfrageverhalten dar. Die Kundenorientierung muss sich also in der Organisationsstruktur niederschlagen. Räumliche Entfernungen ziehen häufig Kommunikationsprobleme nach sich. Von Bedeutung sind räumlich bedingte Zeitdifferenzen aufgrund verschiedener Zeitzonen, die eine sofortige Abstimmung zwischen Organisationseinheiten in verschiedenen Ländern verhindern können. Politische und rechtliche Reglementierungen haben insofern organisationalen Einfluss und wirken sich unmittelbar auf die zu implementierende Organisationsstruktur ein. Einen direkten Einfluss auf organisatorische Strukturen hat das Ausmaß an Umweltdynamik. Kulturelle Faktoren sind in organisatorischer Hinsicht sowohl in unternehmensinterner als auch in unternehmensexterner Hinsicht von Bedeutung.

Aus den **internen** Faktoren, welche im Gegensatz zu den externen Faktoren – zumindest weitgehend – dem Einfluss des Unternehmens unterliegen, lassen sich folgende Aussagen im

Hinblick auf ihren Einfluss auf die Organisationsstruktur eines Unternehmens ableiten: Von grundsätzlicher Bedeutung für das organisationale Gefüge in einem international operierendem Unternehmen ist die Grundorientierung des Unternehmens Darüber hinaus stehen die Unternehmens- und Marketingziele sowie -Strategien in einem Zusammenhang mit der Grundorientierung eines Unternehmens. Ein weiterer Faktor, welcher einen Einfluss auf Organisationsentscheidungen in international tätigen Unternehmen hat, ist die Bedeutung des Auslandsgeschäfts aus Sicht des jeweiligen Unternehmens, z.B. spielen Auslandsaktivitäten eine nur untergeordnete Rolle oder befindet sich ein Unternehmen am Anfang einer Internationalisierungsstrategie, so wird häufig der Export als Markteintrittsstrategie gewählt. In organisatorischer Hinsicht bedeutet dies die Einrichtung einer Exportabteilung. Das gewünschte Ausmaß an Unternehmensflexibilität im Hinblick auf Änderungen der Unternehmensumwelt (z.B. Änderung von Kundenbedürfnissen, Dynamik des Konkurrenzverhaltens, Häufigkeit rechtlicher Änderungen) tangiert die Organisationsstruktur. Die erfolgreiche Implementierung jeglicher Organisationsstruktur sowie deren Weiterentwicklung sind unmittelbar abhängig von der Qualifikation der Mitarbeiter bzw. des Management. Das Ausmaß an Auslandserfahrung prägt das organisationale Gefüge insofern, als bei geringer Auslandserfahrung und entsprechend hohem Marktunsicherheit im Ausland aus Sicht des Unternehmens häufig lediglich Exportabteilungen eingerichtet werden. Unmittelbar angesprochen sind auch die vorhandenen finanziellen Ressourcen, die einem Unternehmen zur Verfügung stehen. Die Art von einem Unternehmen angebotenen Produkte beeinflusst die Organisationsstruktur durch ihr Ausmaß an Erklärungsbedürftigkeit und notwendiger Serviceintensität.

Aufgabe 26:

- Unspezifische Organisationsstrukturen internationaler Unternehmungen
- Segregierte Organisationsstrukturen internationaler Unternehmungen
- Integrierte Organisationsstrukturen internationaler Unternehmungen
- Hybride Organisationsstrukturen
- Holdingstruktur
- Projektorganisation

Aufgabe 27:

Da jede Organisationsform spezifische Vorteile, gleichzeitig auch Nachteile aufweist, muss die Auswahl der „richtigen" Strukturalternative vor dem Hintergrund der Situation des jeweiligen internationalen Unternehmens getroffen werden

Aufgabe 28:

Die Realisierung des Transformationsprozesses obliegt Menschen, die in Verwaltung und Betrieben tätig sind. Ihnen das erforderliche Wissen über die Markwirtschaft und deren Gesetzmäßigkeiten sowie über Betriebsführung nach marktwirtschaftlichen Erfordernissen zu vermitteln, ist Ziel einer breit gefächerten Zusammenarbeit bei der Aus- und Weiterbildung von Fach- und Führungskräften der Wirtschaft. Damit kommt der beruflichen Aus- und Weiterbildung von Fach-, Führungs- und Führungsnachwuchskräften eine entscheidende Rolle für den erfolgreichen Verlauf des Transformationsprozesses zu.

Aufgabe 29:
Wesentlich diskutierte Standortvorteile sind: Kostenvorteile im Bereich der Arbeitskosten (Lohn- und Lohnnebenkosten); größere Flexibilität in den Arbeitsbeziehungen (Mitbestimmung und Einfluss der Gewerkschaften, gemessen am Organisationsgrad der Beschäftigten); zunehmende Annäherung im Qualifikations- und Produktivitätsniveau.

Aufgabe 30:
Will man in einem Land erfolgreich verkaufen, so sollte man es gründlich kennen. Jedes Unternehmen sollte seine ausländischen Märkte so gut kennen wie seinen eigenen. Zwar ist diese Forderung nur schwer umsetzbar, da die Unternehmen nicht über genügend Zeit und Mitarbeiter dafür verfügen. Trotzdem sollte man das Ziel im Auge behalten. Je besser man ein Land kennt, desto weniger begegnet man dort kulturellen Problemen. Mangelhafte Länderkenntnis ist der Hauptgrund für Misserfolge im internationalen Geschäft.

Aufgabe 31:
Interkulturelle Beziehungen spielen sich in erster Linie zwischen zwei Unternehmen ab. Sie sind erst an zweiter Stelle eine Frage der Nationalität. Kulturelle Konflikte können auch zwischen Unternehmen der gleichen Nationalität auftreten. Andererseits zeigen Beispiele, dass es zwischen Firmen unterschiedlicher Nationalität zu problemloser Zusammenarbeit kommen kann.

Zwischen den Verantwortlichen der Unternehmen in Deutschland und Frankreich besteht heute weitgehende Übereinstimmung darüber, wie angesichts der Globalisierung Unternehmen zu führen sind. Manager handeln nach betriebswirtschaftlichen Regeln. Diese sind in allen Ländern gleich.

Welche Art Problem liegt vor, wenn zwischen deutschen und französischen Unternehmen Missverständnisse auftreten? Liegt der Grund wirklich immer in kulturellen Unterschieden? Man sollte jedes Mal fragen, ob unzureichende Wirtschaftlichkeit bei deutsch-französischen Geschäftsbeziehungen nicht auch auf ungenügende Fachkompetenz oder fehlende internationale Erfahrung zurückgeht.

Aufgabe 32:
Auf allen Stufen der Hierarchie geraten Aufgabengebiete und Zuständigkeiten von Mitarbeitern auf beiden Seiten miteinander in Kollision.

Hier zeigt sich, dass Unternehmen keine Summe wirtschaftlicher Fakten sind, sondern lebende Organismen mit Menschen als Handlungs- und Entscheidungsträgern. Werden deren Belange nicht im positiven Sinn in Fusionsprojekte einbezogen, so fehlt ein für deren Gelingen entscheidendes Element. Dies gilt ganz allgemein, das heißt unabhängig von der Nationalität oder der Landeskultur der beteiligten Unternehmen. Werden dabei auch noch Landesgrenzen überschritten, so kommt die interkulturelle Komponente zusätzlich hinzu.

Aufgabe 33:
Ein Schlüssel zur Antwort liegt in der Unternehmensgröße. Bei den genannten Großfusionen ist die Größe der Organisationen selbst das eigentliche Hindernis des Gelingens. Die Kollision der Organisationen kumuliert sich hier mit jener der Nationalitäten.

Die meisten der in Frankreich tätigen deutschen Unternehmen sind jedoch mittelständische Unternehmen. Viele von ihnen sind bereits seit dreißig oder vierzig Jahren in Frankreich erfolgreich tätig. Ein persönlich geprägter Führungsstil und die kleinere Organisation erlauben hier meist eine flexiblere Anpassung an die französische Arbeitskultur, so dass hier Probleme zwischen deutschen und französischen Mitarbeitern in wesentlich geringerem Maß auftreten. Es wäre eine Bereicherung für das interkulturelle Management, wenn es diese Erfahrungen stärker in die Untersuchungen einbezöge.

Aufgabe 34:
Als wesentlich können die unterschiedlichen Arbeitsbeziehungen genannt werden. Hierzu gehören z.B. Fragen der Gewerkschaftsvertretung und Aspekte der Mitbestimmung. Standards des deutschen Arbeitsrechts (z.B. Kündigungsschutz) sind nach einer Novellierung des chinesischen Arbeitsrechts ansatzweise vorhanden. Nach der Lockerung entsprechender Gesetze haben sich die Beteiligungsmöglichkeiten deutscher Unternehmen an ausländischen Partnerunternehmen verbessert. Nicht zu unterschätzen ist ebenfalls die Gefahr der Übernahme des Know-Hows des Partners und einer damit einhergehende Konkurrenzsituation, die zu einer Trennung resp. dem Rückzug des deutschen Partners führen kann.

Aufgabe 35:
In erster Linie sind die führungsspezifischen Unterschiede zu nennen. Hierbei ist in jedem Falle zu prüfen, inwiefern in Deutschland erfolgreiche Führungsstile resp. Führungsmodelle in Asien eingesetzt werden können. Ebenso sind religiöse Einflüsse nicht zu unterschätzen. Die Akzeptanz westlicher Werte wie z.B. Arbeitsschutznormen werden nach wie vor kontrovers diskutiert und führen vor dem Hintergrund internationaler Normen und freiwilliger Vereinbarungen zu Auseinandersetzungen.

Aufgabe 36:
Wesentliche Standortvorteile sind unbestritten die geringen Lohnkosten, die sich zwar in den Transformationsstaaten angleichen, aber auf Sicht westliches Niveau nicht erreichen werden. Die in weiten Teilen wachsenden Märkte geben die Möglichkeit den innerasiatischen Markt zu bearbeiten (siehe z.B. China und die Strategien deutscher Automobilunternehmen). Damit verringert sich auch der Aspekt entsprechender Logistikkosten.

Aufgabe 37:
Antworten: (E=erlaubt, U=unerlaubt)
1.U, 2.E, 3.U, 4. E, 5.U, 6.U, 7.U

Aufgabe 38:

Zu bedenken ist ebenfalls, dass der jahrzehntelange Erfolg in Deutschland und Europa keine Garantie ist, für einen Erfolg in den USA. Sollten die Marke und die Produkte noch nicht ausreichend in den USA bekannt sein, so müssen die Unternehmen davon ausgehen, dass die amerikanischen Konsumenten oder Endverbraucher oder der Fachhandel sich vom Europaerfolg nicht beeindruckt zeigen werden.

Aufgabe 39:

Bedingt durch grundsätzlich verschiedene kulturelle Entwicklungen beider Kontinente, gestaltet sich das Finden von geeigneten Führungskräften und leitenden Mitarbeitern nicht nur für viele „new comer" als problematisch.

Viel wichtiger ist, dass die Kandidaten bewiesen haben, dass sie Fachhändler/Endabnehmer und/oder andere Vertriebskanäle verstehen und deren Wünsche umsetzen können. Während in Deutschland ein Arbeitnehmer während seiner ganzen Karriere die Branche oft nur ausnahmsweise wechselt, ist dies in den USA absolut üblich und gute Unternehmen haben erkannt, dass sie in die (Produkt)Ausbildung nicht nur ihres Fachhandels, sondern auch ihrer (leitenden) Mitarbeiter investieren müssen.

17 Glossar

Was versteht man eigentlich unter „Kultur"?
Gemeinsam ist allen Kulturen, dass sie für die mit dem Überleben und Zusammenleben ihrer Mitglieder verbundenen Fragen und Probleme jeweils spezifische, ihrer Umwelt und ihren Lebensbedingungen entsprechende Lösungen entwickeln müssen:

Problem Nr. 1: Wie sichern wir das materielle Überleben unserer Gesellschaft?

Problem Nr. 2: Wie sichern wir das friedliche Zusammenleben der Mitglieder unserer Gesellschaft? Was ist erwünschtes, was erlaubtes und was verbotenes Verhalten? Welche Führungs- und Entscheidungsstrukturen akzeptieren wir? Wie gestalten wir „soziale Rollen" aus?

Problem Nr. 3: Wie erklären, begründen und legitimieren wir die unter 1) und 2) gefundenen Lösungen? Wie schaffen wir Akzeptanz und Identifikation?

Damit kann „Kultur" in drei Aspekte unterteilt werden:

- **Materielle Kultur:** Die Beziehung des Menschen zur Umwelt, Sorge für die Existenz, Technologien, Verfahren und Instrumente zur Befriedigung menschlicher (Grund-) Bedürfnisse.
- **Soziale Kultur:** Die gesellschaftlichen Beziehungen der Individuen untereinander, gesellschaftliche Strukturen und Organisationsformen, Verhalten gegenüber Ereignissen, Rollen, Situationen, soziale Probleme (Konflikten).
- **Geistige Kultur:** Die gesellschaftliche Reflexion über Stellung in Natur und Gesellschaft, über Werte, Normen, die Schaffung von Ideen, Weltanschauungen, Philosophie, Religion und Kunst.

Kultur erscheint damit als

> *„... die erlernte, d.h. mit Hilfe der bereits integrierten Mitglieder einer Kultur entkulturisierte Lebensweise einer historisch bestimmten und bestimmbaren Gesellschaft, die sich von allen anderen in ihrem kulturellen Gesamtmuster, ihrer kulturellen Konfiguration, unterscheidet und gerade dadurch als „eine Kultur", d.h. als etwas Eigenständiges definiert werden kann."*

Kulturen sind bei alledem keinesfalls statisch, sondern verändern sich ständig durch die Auseinandersetzung mit Einflüssen von außen (Fremdkulturen) und innen (Subkulturen).

Hieraus lassen sich für Kulturanalysen und Kulturvergleiche drei fundamentale Aspekte ableiten

1. Kultur kann als „eine Kultur" in ihrem sozio-geographischen und sozio-historischen Rahmen als besonderes konfiguratives Muster des Wahrnehmens, Denkens, Fühlens und Verhaltens definiert werden, das die Antwort einer Gesellschaft auf ihre Umweltbedingungen und ihre spezifische Lebensweise beinhaltet.
2. Kultur kann zugleich aus historisch-anthropologischer und pädagogischer Sicht als historisch-gesellschaftlicher Gesamtprozess menschlicher Umweltaneignung definiert werden.
3. Kultur kann darüber hinaus als Fähigkeit des Menschen definiert werden, kulturell zu handeln, d.h. Umwelt und menschliches Verhalten in dieser Umwelt gestaltend zu verändern und sich in einem Lernvorgang anzueignen.

Was versteht man eigentlich unter „Subkultur" und „Unternehmenskultur"?
kennzeichnet die „interne Differenzierung" einer Kultur, die primär nach soziologischen Kriterien von Alter und sozialer Schicht erfolgt. Je differenzierter und pluralistischer eine Gesellschaft sich ökonomisch und politisch entwickelt, je vielfältiger und unterschiedlicher sich die sozialen Rollen in einer Gesellschaft entfalten, desto breiter wird i.d.R. das Spektrum an Subkulturen, die teilspezifische Antworten auf ihre teilunterschiedlichen Lebensbedingungen entwickeln (müssen).

Subkulturen sind folglich „gruppenspezifische Varianten" innerhalb einer komplexen und differenzierten Kultur, welche das gemeinsame „Fundament" bildet. „Subkultur" ist ohne „Gesamtkultur" nicht denkbar, denn sie ist lediglich eine gruppenspezifische Ausprägung ein und derselben Kultur auch dann, wenn sie in partieller Negation und Ablehnung („Anti-Haltung") zur umgebenden Kultur steht.

Subkulturen beschleunigen jedoch den Kulturwandel und Gesellschaftswandel und verändern damit die Entwicklungsdynamik einer Kultur. Deshalb stellen Subkulturen meist eine „Zeiterscheinung" dar: sie sind eher „kurzlebig" und / oder oft nur für einen bestimmten Lebensabschnitt prägend.

Unternehmenskultur ist zunächst nichts anderes, als eine spezifische Form von Subkultur. Denn kein Unternehmen kann sich erlauben, sich aus der sie umgebenden Kultur und Gesellschaft auszugrenzen. Unternehmen orientieren sich im Gegenteil sehr stark an den „dominanten Kulturelementen" und wählen aus diesen aus.

Unternehmenskulturen sind also eher konservative Subkulturen, wenn es um den Bereich der „sozialen Kultur" im Unternehmen geht. Hier erfolgt, insbesondere bei gewachsenen Traditionsunternehmen, häufig eine bewusste Verstärkung von sog. „Mittelschichtstandards": Etikette und Benehmen werden für wichtig erachtet, auf Kleidung und „angemessenes Verhalten" wird großer Wert gelegt, man ist stolz auf die eigene Problemlösekompetenz („bei uns macht man das so!"), die als wesentlicher Faktor des Unternehmenserfolgs gesehen wird.

Neue Industrien verhalten sich hier hingegen eher als Avantgarde. Sie orientieren sich an den „Jugend-Subkulturen" einer Gesellschaft, etablieren intern neue Spielregeln und Umgangsformen und machen sich auf diese Weise attraktiv.

Unternehmenskultur erfüllt damit intern wie extern jene Funktionen, die für Subkulturen kennzeichnend sind: Sie schafft durch Integration der Mitglieder und Abgrenzung nach außen „Wir-Gefühl" und Identifikation, baut sich ein möglichst unverwechselbares Image auf und nutzt dies „konkurrierend" mit anderen Unternehmenskulturen. Aufgrund des höheren Grads an Strukturiertheit sind Unternehmenskulturen dauerhafter, doch unterliegen sie gleichfalls dem Zwang zum Wandel. So sind auch sie letztlich Zeiterscheinungen.

Dennoch geht gerade auch von Unternehmenskulturen eine wesentliche innovative Kraft aus. Im Zeitalter der Globalisierung werden sie in bisher nie da gewesenem Ausmaß internationalen Einflüssen ausgesetzt.

In der modernen Industriegesellschaft repräsentieren sie weitgehend die „materielle Kultur" der Gesellschaft und bestimmen deren Entwicklungsdynamik. Sie beherrschen den Bereich gesellschaftlicher „Kulturtechniken" vom Wohnungsbau, der Kleidung bis hin zur Kommunikationstechnik. Auf diese Weise nehmen sie direkt (Organisationsformen, Führungskonzepte, Management-Know-how etc.) und indirekt (Angebot an neuen Technologien, Waren und Dienstleistungen) auch wesentlichen Einfluss auf soziales Leben und Sozialverhalten der Gesellschaftsmitglieder.

Doch bei alledem bleiben sie auf die gesamtgesellschaftliche Akzeptanz ihres Handelns angewiesen.

Was versteht man eigentlich unter Kulturstandards?
Mitglieder einer Kultur kennzeichnen sich – ungeachtet einer weiten Variation individueller Verschiedenartigkeit – durch jene kulturell erworbenen gemeinsamen Charakteristika, die den Mitgliedern dieser Kultur gemeinsam sind und sie von anderen unterscheiden.

Diese Charakteristika bilden zusammen einen wohl interpretierten Gesamtkomplex, welcher den Mitgliedern der Kultur / Gesellschaft gemeinsame Grundverständnisse und Werte liefert und einheitliche Gefühlsreaktionen und Verhaltensweisen gegenüber Situationen ermöglicht, in denen diese eine Rolle spielen.

Es entsteht ein geordnetes, strukturiertes Bündel gemeinschaftlicher Persönlichkeitselemente und sozio-kultureller Charakteristika, welche jedem einzelnen die Möglichkeit zur „Identifizierung" und dem Verstehen der Angehörigen seiner Kultur ermöglicht und Grundlage „kultureller Identität" darstellt.

Jene Verhaltensbereitschaften und Verhaltensmöglichkeiten (Dispositionen), die eine Person mit den Mitgliedern der sie umgebenden sozio-kulturellen Gruppe gemeinsam hat, werden als „cultural personality structure" bezeichnet. Im interkulturellen Kontext werden sie „kulturspezifische Verhaltensmuster" oder auch „Kulturstandards" genannt.

„Kulturstandards" sind dabei in der Regel eingebunden in Rollenmuster und situative Muster – zusammen ergeben sie die Antwort auf die Frage:
„Was ist in unserer Gesellschaft für Rolle X in dieser Situation ‚angemessenes Verhalten'?"

„Kulturstandards" sind dabei durchaus „emotional geladen": den Mitgliedern der Gesellschaft ist nicht egal, ob sie beachtet werden oder nicht. Verletzungen von Kulturstandards lösen folglich meist Reaktionen, sprich: Sanktionsbedürfnisse aus.

Ausländern gesteht man dabei durchaus für eine gewisse Zeit einen „Ausländerbonus" zu: „er kann es ja nicht wissen..." – doch Vorsicht: der Ausländerbonus hat Grenzen! Schon nach wenigen Wochen ist die Schonzeit vorbei: „inzwischen könnte er/sie es langsam kapiert haben..." Und: Benimmt sich der Ausländer aus Sicht der Einheimischen „zu sehr daneben", hilft auch kein Ausländerbonus mehr!

Was versteht man unter „interkultureller Kompetenz"?

Bi-kulturell kompetent ist derjenige, der die fremde Kultur soweit verstanden hat, dass er die Erwartungen, Verhaltensweisen und Reaktionen ihrer Mitglieder ähnlich gut vorhersehen bzw. nachvollziehen kann, wie die der Mitglieder seiner eigenen Kultur und weiß, wie er sich selbst in bestimmten Situationen verhalten muss, damit seine Absichten auch in seinem Sinne verstanden werden. Dabei impliziert „interkulturelle Kompetenz" eine Lernerfahrung der Erschließung anderer Kulturen, die sich auch auf neue Länder und Gesellschaften übertragen lässt.

Was versteht man unter „Interkulturellem Management"?

Interkulturelles Management beschäftigt sich mit den kulturbedingten Unterschieden in Arbeitsorganisationen sowie im Führungs- und Arbeitsverhalten von Menschen.

Beispiel: In jeder Kultur gibt es klare Erwartungen, wie Vorgesetzte und Untergebene miteinander umgehen sollten: Ob der Vorgesetzte leicht zugänglich sein sollte, ob er mit Mitarbeitern scherzen darf, ob er eigene Fehler zugeben sollte, in wieweit er sich für das Privatleben seiner Mitarbeiter interessieren sollte, ob Mitarbeiter ihm widersprechen dürfen, wenn sie fachlich anderer Meinung sind, welche Statussymbole angemessen sind, etc.

Obwohl jede Führungskraft ihren eigenen persönlichen Stil entwickelt, wird sie nur anerkannt und erfolgreich sein, wenn ihr Stil wichtigen Erwartungen der Kultur nicht dauerhaft zuwiderläuft.

Personalführung in unterschiedlichen Kulturen ist aber nur *ein* Gegenstand des interkulturellen Managements, andere Themen sind das Verständnis von Arbeitsverhältnissen und Geschäftsbeziehungen, Verhandlungsstile, Konfliktmanagement, Kundenbeziehungen, Planung und Entscheidungsfindung, Risikobereitschaft und Regelungsbedarf im Arbeitsleben, Arbeitsanweisungen und Wissensvermittlung, Vertragsverständnis, Präsentation und viele andere.

Alles, was Menschen im Arbeitsleben tun, findet im Rahmen kulturell geprägter Vorstellungen statt.

Was versteht man eigentlich unter „Kulturschock"?

Anders, als „Schock" impliziert, handelt es sich nicht um ein momentanes Phänomen, sondern um eine länger anhaltende Phase (ca. 3–6 Monate) ungewöhnlich ausgeprägter Gefühlsschwankungen zu Beginn eines längeren Auslandsaufenthalts.

Häufig beginnt der Kulturschock mit einer ausgeprägten Euphoriephase („ist ja alles viel angenehmer, als befürchtet), der ein allmählicher emotionaler Absturz folgt („ich werde die hier nie verstehen..."). Fremdheitsgefühle, Einsamkeit, Unverständnis, oft auch gelegentliche Ausbrüche prägen diese Phase. Sie wird häufig begleitet durch intensive Träume von Dingen, die man vermisst: Schokolade, Winter, Schweinebraten, Spaziergänge, Musik. oft sogar Dingen, die man zuhause gar nicht unbedingt zu schätzen wusste!

Dann erst allmählich pendelt sich die Gefühlslage wieder ein, meist auf altem Befindlichkeitsniveau. Einige (zwischen 15 und 25 %) bleiben darunter, werden Dauernörgler, leiden an ihrem Schicksal und am Ausland.

Die Ursache für Kulturschock ist der langsame Zusammenbruch erlernter gesellschaftlicher Orientierungen, die nunmehr immer wieder irreführen und das Gefühl auslösen, nichts und niemanden zu verstehen und auch selbst nicht verstanden zu werden.

Menschen und Situationen werden „unvorhersehbar" und damit „unberechenbar". Kulturschock ist nichts anderes als eine spezifische Form von Stress, welche durch diesen Orientierungsverlust ausgelöst wird.

Kulturschock lässt sich deshalb durch spezifische Verhaltensmuster, die man u.a. in der Auslandsvorbereitung erlernt, bezüglich seiner Intensität und Dauer wesentlich positiv beeinflussen.

Das Phänomen verschwindet in dem Maße, wie das „Verstehen" der Gastlandskultur wächst.

Literaturverzeichnis

Apfelthaler, G. (1999): Interkulturelles Management. Die Bewältigung kultureller Differenzen in der internationalen Unternehmenstätigkeit. Troisdorf: Fortis.

Ball, D.A., J.M. Geringer, M.S. Minor (2009): International Business: The Challenge of Global Competition. McGraw-Hill/Irwin

Barthold, H.-M. (1999): Das Fremde als eine andere Normalität begreifen. In: Frankfurter Allgemeine Zeitung, 30.10.1999, S. 63

Bittner, A., B. Reisch: Aspekte interkulturellen Managements. 4 Bände. IFIM

Bittner, A., B. Reisch: Internationale Personalentwicklung in deutschen Großunternehmen. IFIM

Bittner, A., B. Reisch: Ausreise. IFIM

Brühl, R., H. Groenewald, J. Weitkamp (1998): Betriebswirtschaftliche Ausbildung und internationales Personalmanagement. Wiesbaden: Gabler

Clermont, A., W. Schmeisser, D. Krimphove (Hrsg) (2001): Strategisches Personalmanagement in Globalen Unternehmen. Wiesbaden: Gabler

Christians, U., H. Zschiedrich (Hrsg.) (2009): Grenzüberschreitende Kooperationen. Erfahrungen deutscher und polnischer mittelständischer Unternehmen und Banken. Band 23, S. 241, München/Mering: Hampp

Deutsche Gesellschaft für Personalführung (Hrsg.) (1995): Der internationale Einsatz von Fach- und Führungskräften. Köln: Bachem

Deutsche Gesellschaft für Personalführung (Hrsg.) (2000): Globalisierung und Internationalisierung. Schwerpunktthema der Zeitschrift Personalführung, Heft 5

Deutsche Gesellschaft für Personalführung (Hrsg.) (1996): Going Global, Sonderheft" Personalführung Plus", Heft 10

Dülfer, E. (1997): Internationales Management in unterschiedlichen Kulturbereichen. München/Wien: Oldenbourg

Dülfer, E., B. Jöstingmeier (2008): Internationales Management in unterschiedlichen Kulturbereichen. München: Oldenbourg

Egloff, E. (2000): Netzwerke fördern Allianzen. In: Management & Tranining. Heft 12, S. 12–15

Friske, C., E. Bartsch, W. Schmeisser (2005): Einführung in die Unternehmensethik: Erste theoretische, normative und praktische Aspekte. Lehrbuch für Studium und Praxis. Band 12, S.204 , München/Mering: Hampp

Fritz, W. (2001): Interkulturelle Kompetenz. In: Management Berater, Heft 2

Gannon/Newmann (Ed.) (2002): Handbook of cross-cultural management. Oxford: Blackwell

Heidack, C., P. Robjsek, E. Zander (1999): Leistung als Prinzip. Konsensbildung und Kompetenzentwicklung in Ost und West. München/Mering: Hampp.

Heiming, I. (1999): Interkulturelles Personalmanagement. Vorbereitung auf den chinesischen Markt. Bielefeld: Bertelsmann

Herterich, Klaus W. (2000): Management deutscher Unternehmen in Frankreich, Paris

Hofstede, G. (1997): Lokales Denken, globales Handeln. Kulturen, Zusammenarbeit und Management. München: Beck

Hummel, Th. R. (1997): Weiterbildung osteuropäischer Führungskräfte und ihre Bedeutung im Transformationsprozess. In: Knebel, H., D. Wagner (Hrsg.): Management by Zander. Konzepte – Erfahrungen – Perspektiven. München/Mering: Hampp, S. 295–304

Hummel, Th. R., E. Zander (1998): Erfolgsfaktor Unternehmensberatung. Auswahl-Zusammenarbeit-Kosten. Köln: Wirtschaftsverlag Bachem

Hummel, Th. R., W. Jochmann (1998): Beurteilungs- und Erfolgskriterien des Personaleinsatzes im internationalen Personalmanagement. In: Kumar, B. N., D. Wagner (Hrsg.): Handbuch des internationalen Personalmanagements. München: Beck , S. 127–152

Hummel, Th. R. (2001): Intercultural Management: How to prepare corporate staff for global projects. In:Clermont,A., Schmeisser, W., Krimphove (Hrsg.): Strategisches Personalmanagement in Globalen Unternehmen, S. 503–515, Vahlen: München

Hummel, Th. R., E. Zander (2001): Unternehmensführung. Arbeitsbuch für das praxisorientierte. Studium. Stuttgart: Schaeffer- Poeschel

Hummel, Th.R., E. Zander (2002): Personalführung aus internationaler Sicht. In: Betriebsverfassung in Recht und Praxis (BV), Heft 3, Juni, Gruppe 3, S. 183–211. Freiburg: Haufe

Hummel, Th. R. (Ed) (2004): International Management – Text and Cases. Band 7 der Schriften zum internationalen Management, 277 S., München/Mering: Hampp

Hummel, Th. R. E. Zander (2004): Arbeitskosten und Arbeitsbeziehungen in den Ländern Mittel und Osteuropas. In: Betriebsverfassung in Recht und Praxis (BV), Heft 5, Gruppe 7, S. 829 – 865, Freiburg: Haufe

Hummel, Th .R. (2005): Internationale Entgeltfindung. In: Zander, E., D. Wagner (Hrsg.): Handbuch des Entgeltmanagements, München: Beck, S. 315–344

Hummel, Th. R., E. Zander (2005a): Interkulturelles Management. München/Mering: Hampp (Band 10 der Schriftenreihe „Schriften zum internationalen Management", hrsg. von Th. R. Hummel)

Hummel, Th. R., E. Zander(2005 b): Interkulturelle Herausforderungen für das internationale Personalmanagement. In: Betriebsverfassung in Recht und Praxis (BV), Heft 3, Juni, Gruppe 3, S. 227 – 273, Freiburg: Haufe

Hummel, Th. R., E. Zander (2005 c): Wo Arbeit billig ist. In: Personal – Zeitschrift für Human Resource Management, 57. Jg., Mai, S. 16–18

Hummel, Th. R., E. Zander (2005 d): Mitbestimmung in Europa. In: Personal – Zeitschrift für Human Resource Management, 57. Jg., September, S. 32–35

Hummel, Th. R., E. Zander (2005 e): Personalführung aus internationaler Sicht. In: Betriebsverfassung in Recht und Praxis (BV), Heft 6, Dezember, Gruppe 3, S. 275ff. , Freiburg: Haufe

Hummel, Th. R., J. Lu (2005): Die Entsendung von deutschen Führungskräften nach China – Ergebnisse einer explorativen Befragung. In: Schmeisser/ Hummel/ Ciupaka (Hrsg.):

Internationale Geschäftätigkeiten in Asien: Länderkulturforschung anhand ausgewählter Länder. München/Mering: Hampp, S. 45–96

Hummel, Th. R., W. Schmeisser, F. Schindler, D. Ciupka (2005): Geschäftsgebahren in Asien ausgewählter Länderkulturen: „Erfolg durch interkulturelle Kompetenz"). In: Schmeisser/Hummel/Hannemann/Ciupka (Hrsg.): Internationale Geschäftätigkeiten in Asien: Länderkulturforschung anhand ausgewählter Länder. München/Mering: Hampp, S. 1–15

Hummel, Th. R., B. Beckman (2006): Making an asset out of diversity. In: Fullerton, S., D. Moore (Ed.): International Business Trends. Contemporary Readings. Academy of Business Administration. Michigan-USA, S.150–153

Hummel, Th. R., W. Schmeisser (2006): Erfolg durch interkulturelle Kompetenz – Teil 1. In: Personal. Manager. HR International. März 2006, Heft 1, S. 20–22

Hummel, Th. R., W. Schmeisser (2006): Erfolg durch interkulturelle Kompetenz – Teil 2. In: Personal Manager. HR International. Juli, Heft 2, S. 17–19

Hummel, Th. R. (2007):Betriebswirtschaftslehre kompakt, mit Übungsaufgaben. 3., vollständig überarbeitete und erweiterte Auflage. München/Wien: Oldenbourg , 326 S.

Hummel, Thomas R., Ernst Zander (2008): Unternehmensführung. Lehrbuch für Studium und Praxis, Band 19, 2. Auflage, 452 S. , München/Mering: Hampp

Hummel, Th.R., Th.Steger und D. Wagner (2008): Industrielle Beziehungen und Arbeitskosten im internationalen Vergleich – unter besonderer Berücksichtigung ausgewählter Länder

Mittel – und Osteuropas. In: Betriebsverfassung in Recht und Praxis (BV), Heft 2, Gruppe 3, S. 359–407, Freiburg: Haufe

Hummel, Th. R., Ernst Zander (2009): Erfolgsfaktor Unternehmensberatung. Auswahl – Zusammenarbeit – Kosten – Fördermaßnahmen. Band 20, 5. völlig neu bearbeitete Auflage, 246 S. , München/Mering: Hampp

Hummel, Th. R., W. Schmeisser, A. Seifert (2010): Globalkompetenz durch Länderstudien II. Band 25, 154 S., München/Mering: Hampp

Hummel, Th. R. (2010): Innovationen in der Arbeitswelt und Auswirkungen auf die Work-Life-Balance. In: Wagner, D., S. Herlt (Hrsg., 2010): Perspektiven des Personalmanagements 2015, S. 177–193. Wiesbaden: Gabler.

Kasperson, G.J., Dobrzynski, M. (1995): Training and Development for a Market Economy: The Case of Poland. In: Culpan, R., Kumar, B. N. (Eds.) Transformation Management in Post communist Countries. London: Quorum, 119–138

KfW-Bankengruppe (Hrsg): Chancen. Spezial Osteuropa. Heft 4/2003

Knebel. H., D. Wagner (1997): (Hrsg.): Management by Zander, München/Mering: Hampp

Kutschker, M. (Hrsg.)(1999): Perspektiven der internationalen Wirtschaft. Wiesbaden: Gabler

Kutschker, M., S. Schmid (2008): Internationales Management. München: Oldenbourg

Ladewig, D.H., K. Loose (2000): Globalisierung und Auslandseinsatz. Die Hürden der Reintegration nach einem Auslandsaufenthalt in arabischen Ländern. In: Zeitschrift für Personalforschung, Heft 4, S. 355–378

Launer, M (2006): Ein Managementansatz zur Koordination ausländischer Tochtergesellschaften multinationaler Unternehmen. Eine empirische Untersuchung der Robert Bosch GmbH (1993), Hoechst AG (1994), SGL Carbon Group (1997) und Philipp Holzmann AG (2000). Band 15, 252 S., München/Mering: Hampp

Macharzina, K., J. Wolff (1996): Handbuch Internationales Führungskräfte-Management. Stuttgart: Raabe

Macharzina, K., M.-J. Oesterle (Hrsg.) (2002): Handbuch Internationales Management. Grundlagen – Instrumente – Perspektiven. Wiesbaden: Gabler, 2. Auflage

Morschett, D., H. Schramm-Klein, J. Zentes (2009): Strategic International Management. Text and Cases. Wiesbaden: Gabler

Müller, S., M. Kornmeier (2002): Strategisches Internationales Management. München: Vahlen

Neal, K. (2000): Chinas Manager von morgen lernen in deutschen Konzernen. In: Financial Times Deutschland, S. 39

O'Connell, J. (Ed.)(1998): The Blackwell Encyclopedic Dictionary of International Management. Oxford:Blackwell

Redding,G., B.W. Stening (Ed.;2003): Cross-Cultural Management. Edward Elgar Publ. UK

Rotlauf, J. (1999): Interkulturelles Management. Mit Beispielen aus Vietnam, China Japan und Saudi-Arabien. München/ Wien: Oldenbourg

Rothlauf, J. (2009): Interkulturelles Management. München: Oldenbourg

Simon/Kucher(Hrsg.) (seit Mai 1999 laufend) :Unternehmenskultur international. Serie in der Frankfurter Allgemeinen Zeitung

Söllner, A (2009): Einführung in das Internationale Management. Eine institutionenökonomische Perspektive. Wiesbaden: Gabler

Schmeisser, W., Grothe, J., Hummel, Th. R. (Hrsg.) (2003): Internationales Personalcontrolling und Internationale Personalinformationssysteme. Band 2, 171 S., München/Mering: Hampp

Schmeisser, W., H.-O. Brinkkötter, D. Krimphove(2004): Internationales Entgeltmanagement. Band 4, 223 S., München/Mering: Hampp

Schmeisser, W., T. R. Hummel, G. Hannemann, D. Ciupka (Hrsg.) (2005): Internationale Geschäftstätigkeiten in Asien. Länderkulturforschung anhand ausgewählter Länder. Band 13, 203 S., München/Mering: Hampp

Schmeisser, W., A. Meyer, Th. Waldhart (2005): Erfolgsfaktoren und Strategien international agierender Unternehmen im deutschen Einzelhandel. Eine empirische Branchenanalyse anhand des Porter-Ansatzes. Band 11, 198 S. und Anhang, München/Mering: Hampp

Schmeisser, W., M. Rönsch, I. Zilch (2009): Shareholder Value Approach versus Corporate Social Responsibility. Eine unternehmensethische Einführung in zwei konträre Ansätze. Band 21, 163 S., München/Mering: Hampp

Schmeisser, W., Th. R. Hummel (Hrsg.) (2009): Globalkompetenz durch Länderstudien. Band 22, 120 S. , München/Mering: Hampp

Schmeisser, W., D. Krimphove (2010): Internationale Personalwirtschaft und Internationales Arbeitsrecht. München: Oldenbourg

Schmid, S. (2007): Strategien der Internationalisierung. Fallstudien und Fallbeispiele. München: Oldenbourg

Stahl, G.K. u.a. (2000): Auslandseinsatz als Element der internationalen Laufbahngestaltung: Ergebnisse einer Befragung von entsandten deutschen Fach- und Führungskräften in 59 Länder. In: Zeitschrift für Personalforschung, Heft 4, S. 334–354

Strunz, H., M. Dorsch (2009): Management im internationalen Kontext. Mit 40 Fallstudien. München: Oldenbourg

Thomas, A. (1999): Mitarbeiterführung in interkulturellen Arbeitsgruppen. In: Rosenstiel, L.v., E. Regnet, M.E. Domsch (Hrsg.): Führung von Mitarbeitern, Stuttgart: Schaeffer-Poeschel, S. 513–532

Weibler, J. (2001): Master Competence für weltweit agierende Führungskräfte. In: Personal, Heft 1, S. 32–35

Wirth, E. (1996): Vergütung von Expatriates. In: Macharzina, K., J. Wolf (Hrsg.): Handbuch Internationals Führungskräfte-Management. Stuttart: Schaeffer-Poeschel, S. 373–398

Wirtschaftswoche (Hrsg.)(2004): Sonderheft China, insbes. der Beitrag: Verhandeln in China: Geschäftsregeln einhalten. Düsseldorf

Zander, E., G.J. Popp (2000): Taschenbuch Personalpolitik. Heidelberg: Sauer

Zander, E., K. Femppel (2001): Praxis der Personalführung. München: Beck

Zander, E. (2001): Zum Reformbedarf des Betriebsverfassungsgesetzes. In: Personal, Heft 4, S. 180

Zander, E. (2002): Brücken schlagen! Die Stärken der Globalisierung nutzen, die Schwächen managen. In: Personal-Manager HR International, Heft 1, S. 16–19

Zinzius, B. (2000): China Business. Der Ratgeber zur erfolgreichen Unternehmensführung im Reich der Mitte. Heidelberg: Springer

Zschiedrich, H., W. Schmeisser, Th. R. Hummel (Hrsg., 2004): Internationales Management in den Märkten Mittel – und Osteuropas. München/Mering: Hampp (Band 5 der Schriftenreihe „Schriften zum internationalen Management", hrsg. von Th.R. Hummel)

Zschiedrich, H. (2006): Ausländische Direktinvestitionen und Regionale Industriecluster in Mittel- und Osteuropa. Band 14,S. 251, München/Mering: Hampp

Zschiedrich, H., U. Christians (2007): Banken in Mittelosteuropa im Spannungsfeld von Transformation und Innovation. Band 18, S. 456, München/Mering: Hamp

Fachzeitschriften

Personal Manager HR International. Datakontext: Frechen

Personal – Zeitschrift für Human Resource Management. Verlagsgruppe Handelsblatt: Düsseldorf. www.Personal-im-web.de

Personalführung. Deutsche Gesellschaft für Personalführung e.V., Düsseldorf

Personalwirtschaft. Magazin für Human Resources. Kluwer: Neuwied

Zeitschrift für Personalforschung. Hampp: München/Mering

Internet-Adressen

http://www.aussenwirtschaftszentrum.de

http://www.iw-koeln.de

http://www.ifim.de

http://www.dgfp.de

http://www.simon-kucher.com

http://www.stmwvt.bayern.de/wirtschaft/aussenwirtschaft.html

http://www.dcw-ev.de

http://www.duei.de/ifa/

http://www.ahk-china.org

http://www.1.moftec.gov.cn/moftec_en/

http://www.imf.org

http://www.worldbank.org

http://www.un.org

http://www.wz-berlin

http://www.business-wissen.de

http://www.infopolen.de

http://www.aussenwirtschaftszentrum.de

http://www.iw-koeln.de

http://www.ifim.de

http://www.dgfp.de

http://www.simon-kucher.com

http://www.stmwvt.bayern.de/wirtschaft/aussenwirtschaft.html

http://www.dcw-ev.de

http://www.duei.de/ifa/

http://www.ahk-china.org

http://www.1.moftec.gov.cn/moftec_en/

http://www.imf.org

http://www.worldbank.org

http://www.un.org

http://www.wz-berlin

http://www.business-wissen.de

Stichwortverzeichnis

A

Anforderungskriterien 192
Anforderungsprofile 72
Anwaltskanzleien 188
Arbeitgeber 40
Arbeitgeberverbände 28
Arbeitnehmervertreter 40
Arbeitsgestaltung 10
Arbeitskosten 2, 64
Arbeitsmarktpolitik 28
Arbeitsschutzbestimmungen 41
Arbeitsvermittlung 188
Arbeitsvermittlungen 165
Arbeitszeiten 25
Asien-Pazifik Ausschuss 171
Asien-Pazifik Wirtschaftshandbuch 171
Assessment Center 49
Attraktivitätsgrad 105
Ausländische Führungskräfte 164
Auslandsengagement 64
Auslandsentscheidung 99
Auslandsentsendungen 14
Auslandserfahrung 115
Auslandsiederlassung 69
Auslandspersonalpolitik 66, 193
Außenwirtschaftsförderung 170
Ausweichstrategien 65

B

Benchmarking 77, 84
Beratungsunternehmen 175
Beratungsunternehmungen 82
Berichtswesen 184
Betriebsverfassungsgesetz 70
Beurteilungsdimensionen 80
Beurteilungskriterien 72

Bonus 182
Brancheninformationen 174
Branchensegmentierung 71

C

Consulting-Unternehmen 172

D

Dauer von Entsendungen 69
Delegationsstil 107
Delegiertenbüros 173
Deutsche Industrie- und Handelszentren 172

E

Egozentrische Ausrichtung 118
Einzel-Assessments 83
Empfehlungsschreiben 181
Employability 97
Entfremdungseffekte 70
Entscheidungsprozesse 48
Entscheidungsstrategie 69
Entsendung 54
Entsendungsbedingungen 95
Entsendungsdauer 95
Erfolgsbeteilgungssysteme 168
Erfolgsmanager 75
Ethnozentrische Strategien 43
EU – Osterweiterung 68
Expansion 178
Expatriate-Bonus 85
Expatriate-Gehalt 97
Expatriates 8, 15, 89
   -Vorbereitung 94
Expatriate-Vergütung 84

F

Fachkompetenz 78
Firmenübernahmen 157
Flächentarifvertrag 27
Fremdsprachenkenntnisse 66, 90
Fremdsprachenkompetenz 81
Führungsanforderungen 46
Führungsaufgabe 178
Führungsformen 61
Führungsnachwuchs 190
Führungspositionen 53
Führungsprinzipien 9
Führungsverhalten 48
Fusion 152

G

Gehaltsfestsetzung 85
Gehaltsforderungen 168
Gemischt-kulturelle Gruppen 102
General Management 178
Geozentrische Strategien 43
Geschäftsbeziehungen 64
Geschäftsführerebene 182
Geschäftsführern 180
Geschäftsgebahren 163
Geschlecht 190
Gewinnung von Führungskräften 178
Globale Teams 6
Globale Unternehmen 1
Globales Management 3
Globalisierung 5, 7, 13, 21, 23, 26, 54
Grafologie 181
Großunternehmen 65

H

Handelshemmnisse 163
Headhunting 181
Hofstede 101
Hofstedes Untersuchung 135
Holdinggesellschaft 125
Human Resources Management 106
Human Ressourcen 8
Hybrid-Strukturen 125

I

Idealmanager 75
Incentives 169
Industrie- und Handelskammern 171
Industrie- und Handelszentren 170
Instruktionsstil 106
Integration 68
Integrierte Organisationsform 118
Interkulturalisierung 106
Interkulturelle Beratung 154
Interkulturelle Kompetenz 8, 57
Interkulturelle Kontakte 189
Interkulturelle Sensitivität 81
Interkultureller Kooperationen. 153
Internationale Kooperationen 152
Internationale Organisationen 60
Internationale Vergütungspolitik 85
Internationales Erfahrungsspektrum 81
Internationales Management 4
Internationalisierung 1, 38, 56
Internationalisierungsgrade 71
Investitions- und Kooperationsberatungen 170
Investitionsmöglichkeiten 174

K

Kandidatengespräch 178
Karrieremodelle 49
Karriereplanung 67
Kernkompetenz 181
Kernkompetenzen 2, 76
Kleinstunternehmen 65
Kommunikation 184
Kommunikationstechnologien 69
Kompetenzzentren 16
Konkurrenzstruktur 114
Konkurrenzverhalten 114
Kooperation mit Hochschulen 165
Kooperationspartner 164
Kooperationsunternehmen 164
Kostendruck 95
Kostenneutralität 97
Kosten-Nutzen-Analyse 141
Kostensenkung 93
Kultur 8, 46

Kulturelle Identität 159
Kulturelle Vielfalt 190
Kulturgut 184
Kulturkonzepte 100
Kulturkreises 68
Kultursensitives Managements 189
Kulturstudien 131
Kulturzugehörigkeit 189
Kundenorientierung 184

L

Länderkompetenz 81
Landesgesellschaften 191
Leistungseinschätzung 78
Leitbild- und Strategieableitung 73
Leitlinien 190
Lernprognosen 78

M

Machtdistanz 101, 139
Management Positionen 180
Management-Development 191
Managementpraktiken 68
Management-Systemes 173
Management-Teams 75
Manager 166
Marktorientierung 191
Mitarbeiterbeurteilung 80
Mitarbeiterorientierung 56, 191
Mitbestimmung 10
Multikulturelle 189
Multikulturelle Arbeitsgruppen 104
Multikulturelles Auftreten 81
Muttergesellschaft 178, 183

N

Nachhaltigkeit 87
NAFTA-Raum 177
Nationalität 190
Networking 81
Newplacement 81

O

Organisation
  -lernende 47

Organisationskultur 47
Organisationsstrukturen 46, 47
Organisationsstrukturmodelle 113
Organisationsveränderungen 22
Ostasiatische Verein e.V 171
Osteuropa 141
Outplacement 81

P

Partizipationsstil 107
Personalauswahl 188
Personalbedarfsbestimmung 54, 188
Personalberater 181
Personalberatung 165
Personaleinsatz 15
Personalentwicklung 16, 44, 50, 57, 193
Personalentwicklungsmaßnahmen 189
Personalentwicklungsprogramme
  -internationale 95
Personalführung 7, 9, 14, 57, 64, 187
Personalmanagement 14, 188
  -eurostrategisches 38
  -euro-strategisches 48
Personalmarketing 50
Personalpolitik 7
Personalportfolio 80
Personalwesen 16
Personauswahl 54
Persönlichkeitsfragebögen 78
Persönlichkeitskriterien 66
polyzentrische Strategien 43
Polyzentrische Strategien 43
Potentialeinschätzung 78
Potentialeinschätzungsbogen 80
Praxisnahe Marktinformationen 173
Problemlösekompetenz 79
Produktmarketing 179
Profit-Center 120
Projektorganisation 126

Q

Qualifizierungsmaßnahmen 92

R

Rahmenbedingungen 177

Rationalisierung 38
Recruitment
   - intern – extern 81
Rekrutierungsquelle 166
Rekrutierungsstrategie 46
Religion 190
Reorganisation 38
Repräsentanzen 173
Rollenverhalten 105
Rollenverständnis 68
Rückgliederungs- und Integrationsplanung 67

S
Schlüsselqualifikation 189
Schlüsselqualifikationen 92
Segregierte Strukturen 116
Selbstdarstellung 179
Situationsbezogene Leitung 106
Sprachkenntnisse 179
Statussymbole 190
Stellenbeschreibungen 75
Stellenbewertungsverfahren 75
Steuerrecht 95
Strategieentwicklung 5
Strategiemodelle 79
Strukturvariablen 114
Synergieeffekte 172

T
Teamorientierung 79
Telearbeit 69
Tochtergesellschaften 66
Toleranz und Offenheit 81
Transferentscheidung 85
Transferzeitraum 96
Transformationsprozess 129
Transporttechnologien 189

U
Überzeugungsstil 107
Unternehmensbefragung 174
Unternehmensberatungen 188
Unternehmensexternen 170
Unternehmensflexibilität 115
Unternehmensführung 4, 7, 57, 188
Unternehmenskultur 48, 57
Unternehmenskulturen 46
Unternehmensstrategie 5
Unternehmensstruktur 188
US Wettbewerber 179

V
Veränderungsbereitschaft 78
Veränderungsfähigkeit 78
Vergütungspolitik 84
Verhandlungsstile 14
Versicherung 95

W
Wachstumsregionen 66
Weiterbildungsmaßnahmen 44
Welthandelskonferenz 187
Wertewandel 50
Wettbewerbsfähigkeit 140
Wettbewerbsklausel 183
Wirtschaftsabteilungen 174

Z
Zertifizierung 173
Zielerreichung 85
Zielsetzungsprozesse 16
Zielvereinbarung 80
Zukunftsmanagement 88
Zukunftsorientierte Positionsanalysen 73

www.ingramcontent.com/pod-product-compliance
Lightning Source LLC
Chambersburg PA
CBHW081102220326
41598CB00038B/7192